BEYOND DISRUPTION

BEYOND
DISRUPTION

비욘드 디스럽션
파고적 혁신을 넘어

김위찬, 르네 마보안

권영설 옮김 | 김동재 감수

한국경제신문

깊은 신념을 가진 낙관주의자들은 남과는 다른 이점이 있다.
어떤 일이든지 해결책이 있으며,
더 나은 세상을 만들 수 있다고 믿기 때문이다.

모두가 이기는 창조의 길

기업과 공공 부문 리더들은 아직도 자신이 속한 산업과 분야에서 경쟁자를 이기는 데 집중하고 있다. 제로섬 사고에 갇혀 자신의 승리를 경쟁자의 비용으로 얻으려고 한다. 혁신에 대한 관점도 마찬가지여서, 여전히 승자-패자의 도식을 벗어나지 못하고 있다. 예컨대 조지프 슘페터의 '창조적 파괴'와 같은 중요한 혁신 이론은 성장을 위해서는 창조가 필요하지만 새로운 것을 창조하기 위해서는 기존의 것을 파괴하거나 대체해야 한다고 말한다. 그런 접근 방식을 취할 때 파괴자는 이기겠지만, 파괴당하는 쪽은 패배하게 된다.

슘페터의 창조적 파괴와 마찬가지로, '파괴' 중심의 혁신 관점 역시 승자-패자 사고에 기초한다. 지난 20년 동안 파괴는 비즈니스 세계에서 전투 구호였다. '파괴하라. 그러지 않으면 파괴당한다!' 파괴를 요구하는 목소리가 곳곳에서 울려 퍼졌으며, 기업 리더들은 파괴만이 생존과 성장의 길이라는 이야기를 들어왔다. 그 결과, 오늘날 많은 사람이 파괴를 혁신의 동의어로 여기게 됐다. 그러나 우리 저자들은 30여 년에 걸친 연구를 통해 파괴 말고도 혁신으로 가는 대안이 있다는 사실을 밝혀냈다. 다만 아직까지 잘 알려지지 않았을 뿐이다.

우리 저자들의 전작《블루오션 전략》이 경쟁이 아닌 창조를 전략의 본질로 재정의했듯이, 이 책에서도 파괴나 대체 없이 이뤄지는 창조인 '비파괴적 창조'를 소개함으로써 기존의 혁신 관점을 재정의하고 확장한다. 전통적인 전략 또는 혁신의 접근 방식과 달리 블루오션 전략과 비파괴적 창조는 '비제로섬', 나아가 '포지티브섬' 사고에 기반을 둔다. 한마디로, 누구도 해치지 않고 승리할 수 있는 길이다. 그렇다고 해서 이 두 가지가 전통적인 혁신보다 '우월'하다는 의미는 아니며, 각각이 다른 역할을 하기에 오히려 '보완적'이라고 볼 수 있다.

이 책에서 우리는 비파괴적 창조의 개념을 소개하고 발전시키면서 파괴적 창조를 어떻게 보완할 수 있는지 논할 것이다. 또한 비파괴적 기회를 어떻게 발견하고 실행할 수 있는지도 안내하고자 한다. 우리는 블루오션에서 비파괴적 창조로 이어지는 몇십 년 동안의 연구 결과를 바탕으로, 포지티브섬 사고를 확립하고 전파하는 것을 목표로 하고 있다. 포지티브섬 사고는 오늘날 매우 중요하다. 우리가 제4차 산업혁명의 시대를 살고 있기 때문이다. 인공지능과 스마트 기기 등이 기존 산업과 기업 또는 인간의 직업을 크게 위협할 뿐 아니라, 사회적으로 책임 있는 자본주의 형태에 대한 요구도 증가하고 있지 않은가.

이 책은 비파괴적 접근법이 왜 타당한지, 그리고 왜 정부와 기업 리더 모두에게 앞으로 더 중요해질 것인지를 보여준다. 혁신에 대한 우리의 사고는 파괴를 넘어 사회와 비즈니스가 더욱 조화를 이룰 수 있도록 넓어져야만 한다. 기존 방식대로라면 승자는 더 부유해지고 패자는 더 가난해지며, 그에 따라 부의 격차와 사회 갈등이 심화될 수밖에 없다. 비파괴적 창조 방식은 이를 완화하며, 사회적 조정 비용 없이 경제적 성장을 추구하게 해준다. 그러므로 비즈니스와 사회의 조화로운 발전을 위해 세상에는 더 많은 비파괴적 혁신과 성장이 필요하다.

기업이 이익과 성장을 추구하는 방식에 사회적으로 책임 있는 자본주의를 접목하기 위해 현재 주로 사용되는 두 가지 접근 방식이 있다. 하나는 ESGEnvironment · Social · Governance (환경 · 사회 · 기업의 지배구조)와 같은 점수 체계를 사용하여 산업과 기업이 경제적 이익을 넘어 사회에 기여하도록 강제하는 것이다. 다른 하나는 다양한 사회 공유 프로그램을 통해 기업의 사회적 책임corporate social responsibility을 강화하는 것이다. 그러나 많은 노력에도 불구하고, 대부분 기업은 정부의 점수 체계를 사회주의적인 통제 수단으로 보거나 기업의 사회적 책임 프로그램을 비용 부담으로 인식하고 있다.

현재 시행 중인 이런 접근법과 달리, 비파괴적 창조는 사회를 파괴하지 않으면서 경제적 성장을 추구한다. 즉 기업이 '사회와 조화를 이루면서' 돈을 버는 방법이며, 그래서 모두에게 이로운 포지티브섬 접근법이라고 하는 것이다. 따라서 비파괴적 창조는 비즈니스와 사회가 한데 어울려 나아가도록 이끌어야 하는 리더와 혁신가들에게 매우 중요한 길이다.

코로나19가 끝났지만 지속되는 인플레이션과 경기 침체 때문에 승자 기업과 패자 기업, 잘사는 사람과 가난한 사람, 그리고 사회적 기관 등 다양한 이해관계자 간의 갈등이 증가할 것으로 예상된다. 또한 비즈니스 환경이 나빠진 상황에서 사회적 책임을 더 지도록 요구받게 될 기업과 사회 간의 긴장도 고조될 것이다. 특히 한국은 중요한 경제 파트너인 중국의 경기가 둔화하는 등 취약성이 높아져 더욱 도전적인 시기가 될 것으로 예측된다. 코로나19 이후의 성장을 위해 혁신을 주도하는 과정에서 비즈니스와 사회적 도전에 직면해 있는 한국의 리더들에게 이 책이 통찰력과 방향성을 제공할 수 있기를 바란다.

프랑스 퐁텐블로 인시아드 블루오션전략연구소에서

김위찬, 르네 마보안

Chan Kim & Renée Mauborgne

비파괴적 혁신: 가치 창출을 통한 지속적 성장

혁신은 발전과 성장의 열쇠다. 언제나 그랬지만, 코로나 팬데믹을 거치면서 경기 침체의 어두운 그림자가 드리워지는 요즈음 특히 성장이 키워드로 등장했다. ESG의 열풍이 일고, 용어에 대한 논란이 있긴 하지만 지속 가능한 성장을 해야 한다는 점에서 이견은 있을 수 없다. 결국 지속적 성장을 위한 혁신이 초미의 관심사다.

그런데 혁신을 해야 한다는 당위성에는 모두가 공감하지만, 정작 실천적인 움직임은 드문 것이 현실이다. 왜 그럴까? 다른 이유도 있겠지만, 무엇보다 혁신은 어렵다는 인식 때문이다. 그러면 왜 혁신이 어렵다고 여겨지는 것일까? 혁신은 기존의 것을 뒤집어엎고 파괴해야 하는 거라고 생각하기 때문이다. 경제 발전에서 혁신의 중요성을 선도적으로 주장한 슘페터는 혁신을 '창조적 파괴'라고 했고, 경영자들에게 혁신의 중요성을 일깨운 하버드 경영대학원의 크리스텐슨 교수는 아예 '파괴적 혁신'이라는 용어를 사용했다. 혁신은 두렵고 어려운 주제가 됐다.

블루오션 이론의 창시자인 인시아드 김위찬 교수와 르네 마보안 교수는 이런 기존의 생각에 대응해서 '비파괴적 혁신'을 제시한다. 이 책은 두 교수가 지난 30여 년간 축적한 연구 결과를 바탕으로, 혁신을 기존의 것을 파괴하거나 대체하는 측면에서만 볼 것이 아니라 기존의 것과 상생하고 보완하는 것으로 이해하자는 강렬한 메시지를 던지고 있다.

이제는 일상 용어가 되다시피 한 블루오션 이론이 소개된 지 벌써 25년이 넘었다. 저자들은 첫 번째 책인 《블루오션 전략》에서 이미 혁신에 대한 많은 내용을 언급했고, 후속작인 《블루오션 시프트》에서도 혁신에 대한 생각을 명확하게 제시했다. 이번에 발간되는 책은 혁신을 중심으로 그간의 연구 결과를 상세하게 전달한다는 의미가 있다. 머리말에서 밝히듯이, 자신들의 30년에 달하는 연구 결과를 총정리하는 측면도 있어 보인다.

전략경영 분야에서 김위찬 교수와 르네 마보안 교수의 공헌은 전략경영의 초기부터 자리 잡아온 소위 주류 이론인 하버드 경영대학원 마이클 포터 교수의 '경쟁 전략'에 대해 대안적이고 보완적인 관점을 제시한 데 있다. 이들은 경쟁에서 어떻게 이길 것인가에 대한 내용으로 채워진 전략경영 분야에서 '경쟁하지 마라. 경쟁을 불식해야 한다'라는 의외의 주장을 했다. 오로지 시장과 고객을 위한 가치 창출을 전략적 사고의 중심에 두어야 한다는 그 메시지는 신선하면서도 강렬했다. 패러다임의 변화를 시도하는 노력이라고 할 만하다.

두 교수는 이번에 발간되는 책을 통해서 또 한 번의 패러다임 변화를 시도하고 있다. 이번에는 혁신에 대한 이론이다. 경영학의 핵심 개념인 혁신에 대해서 기존의 주류 이론이라고 할 만한 '파괴적 혁신'에 대한 보완적 개념인 '비파괴적 혁신'을 제시하고 있다. '혁신은 파괴적일 필요가 없다, 기존의 것을 뒤엎고 파괴하지 않아도 훌륭한 혁신을 일구어낼 수 있다'는 내용은 혁신을 갈구하는 세상의 주목을 끌기에 충분하다.

사실상 혁신을 파괴라는 측면에서 바라본다면 혁신을 하려는 입장에서도 어려움이 있지만, 혁신의 대상이 되는 기존 기업 또는 산업 입장에서는 생사가 걸린 주제가 되어버린다. 가뜩이나 치열한 경쟁에 치여 생존의 엄중함에 짓눌리는 세상에서 누군가가 나를 파괴하려 한다는 공포감은 극렬한 반대와 저항으로 표출될 수밖에 없지 않겠나. 이런 상황에서는 부정적인 측면이 크게 부각되어서 혁신에 직접 관련된 당사자들을 넘어 사회 전반적으로 혁신에 대한 생각이 극단적으로 양분될 위험이 있다.

김위찬 교수와 르네 마보안 교수가 제시한 비파괴적 혁신의 개념과 사례들을 보면 혁신을 보다 넓은 맥락에서 바라볼 수 있다.

비파괴적 혁신은 혁신이 어떻게 기존의 것을 파괴하지 않으면서도 의미 있는 가치를 창출할 수 있는지를 보여준다. 이렇게 비파괴적 관점에서 바라보면, 비로소 혁신의 전체적인 모습을 파악할 수 있다. 급속한 기후변화와 증가하는 사회적 불안 요소들은 혁신을 특히 '지속 가능'이라는 측면에서 생각해야 한다는 당위성을 추가적으로 제기한다. 비파괴적 혁신은 제로섬이 아니라 포지티브섬을 빚어낼 수 있다는 점에서 지속 가능한 혁신으로 발상을 전환할 기회를 제공한다.

이 책은 특히 현재 한국의 독자들에게 각별한 의미를 준다. 고속 성장을 통해서 기적에 가까운 경제 발전을 이룩한 한국은 이제 문화적인 측면에서도 선진국의 위치에 올랐다고 할 만하다. 방문하고 싶은 나라 중에 한국이 우선적으로 꼽힌다는 기사들이 속출한다. 이런 외부인들의 시각과 달리, 정작 내부에 있는 우리는 걱정거리가 쌓여간다. 특히 성장의 문제는 심각하다. 낮은 경제 성장률이 이제는 당연한 것으로 받아들여진다. 세계로 뻗어나가던 한국 기업들의 미래에 대한 비관적인 전망이 여기저기서 제기되고 있다. 비파괴적 혁신의 관점에서 성장 전략을 재조명해야 하는 시점이다.

결국 혁신으로 귀결된다. 혁신을 통해서 지속적인 발전과 성장을 이뤄내야 세상은 나아질 수 있다. 이 책의 독자들이 비파괴적 혁신이라는 개념에 공감하고 실행으로 옮긴다면, 자신은 물론이고 자신이 속한 조직도 의미 있는 가치 창출을 통해서 지속적인 성장을 이뤄낼 수 있을 것이다. 김위찬 교수와 르네 마보안 교수가 블루오션에 대한 논문을 처음으로 세상에 내놓은 게 1997년 〈하버드 비즈니스리뷰〉를 통해서다. 그 논문의 제목이 '가치 혁신'이다. 저자들이 혁신에 대해 내놓은 이 책은 30여 년 연구의 출발점이자 종착역이라고 할 만하다. 비파괴적 혁신이 더 나은 세상을 만드는 모습을 상상해본다.

한국블루오션연구회장

연세대학교 김동재 교수

머리말

지난 시간 세상에서 일어난 모든 파괴disruption는 우리 자신과 조직을 상처받고 지치게 했으며, 늘 가슴 졸이며 불안에 떨게 했다. 그래서 우리는 비즈니스와 경제에서 덜 파괴적이고 더 희망에 넘치는 새로운 길을 갈망해왔다. 경제적 성장과 사회적 이익이 충돌해 서로 부딪히고 결국 둘을 갈라놓는 상충관계를 넘어서는 길, 그 길에서는 비즈니스와 사회가 발맞춰 걷고 함께 번창할 것이다.

이 책에서 우리는 혁신과 성장을 동시에 이룰 수 있는 길을 제시하고자 한다. 새로운 산업, 새로운 일자리, 수익성 높은 성장으로 가는 길이다. 문을 닫는 회사나 상처받는 지역사회도 없고, 파괴의 여파로 실직도 발생하지 않는 길이다. 우리는 이 길을 '비파괴적 창조nondisruptive creation'(김위찬, 르네 마보안 교수는 '비파괴적 창조'와 '비파괴적 혁신nondisruptive Innovation'을 동의어로 본다. 다만 이 책에서는 슘페터의 '창조적 파괴'와 크리스텐슨의 '비파괴적 혁신' 등과 명확히 구별하고 미묘한 차이를 보여주기 위해 일관되게 '비파괴적 창조'로 서술하고 있다. 번역도 그렇게 했다. 다만 두 교수는 인터뷰 등에서는 '비파괴적 창조'와 '비파괴적 혁신'을 혼용하고 있다-옮긴이)라고 부른다. 이 길에서는 파괴와 사회적 고통을 겪는 일 없이 모두가 혁신하고 성장할 수 있다.

- 비파괴적 창조는 무엇이며, 왜 중요한가?
- 비파괴적 창조가 시간이 갈수록 더 중요해지리라고 보는 이유는 무엇인가?
- 기업과 사회에 어떤 이점을 가져다주는가?
- 무엇보다, 어떻게 비파괴적 창조를 실현할 수 있는가?

이 책에서 우리는 이런 질문에 답하려고 한다. 만약 당신이 수익성 있는 성장과 사회적 이익 가운데 하나만을 얻는 데 만족하지 않고 두 가지 모두를 달성하는 혁신가를 꿈꾼다면, 제대로 찾아왔다. 우리와 함께하는 여정에서 해법을 발견하게 될 것이다.

우리 두 저자는 비파괴적 창조라는 아이디어를 오랫동안 연구해왔다. 출발점은 30년 전 미국 미시간주 앤아버에 있는 미시간대학교 경영대학원에서 나눈 대화였다. 그러니까 전략과 혁신에 관한 30년짜리 대화였던 셈이다. 우리의 대화는 때로는 캠퍼스에서,

때로는 교내 수목원의 산책길에서 이뤄졌다. 대화는 프랑스 인시아드INSEAD로 옮겨와서도 계속됐다. 블루오션전략연구소Blue Ocean Strategy Institute 캠퍼스와 퐁텐블로 숲의 긴 산책길에서도 이어졌다.

우리는 주로 이런 이야기를 나눴다.

"전략을 단순한 용어로 정의한다면 무엇이라고 할 수 있을까요?"
"많은 이들이 전략을 경쟁하는 방법에 관한 것이라고 믿고 있어요. 그러면 경쟁자를 물리치는 것이 목표가 되죠."
"정말 그렇습니다. 많은 경영자가 전략적 초점을 현재 사업을 영위하고 있는 업종에서 경쟁사들을 앞지르는 데 두고 있어요. 상대방이 쓰러져야 내가 이긴다는 '제로섬zero-sum' 사고방식에서 벗어나지 못한 겁니다."
"그런 논리적 틀에 매여 있기 때문에 기존의 파이를 두고 자기 몫을 차지하기 위해 서로 싸우는 거죠."
"그런데 만일 새로운 파이를 '창조'해내는 것이 초점이라면 그리고 그렇게 할 방법을 알고 있다면, 전략의 관점이 비非제로섬 사고방식으로 이동할 수 있어요. '경쟁'에 초점을 맞추는 전략 이론과 실천 방법론들에 크게 부족한 관점이죠."
"혁신에 대한 관점도 마찬가지예요. '승자 대 패자' 사고방식으로 형성돼 있습니다. 대표적인 혁신 이론인 '창조적 파괴'를 예

로 들면, 성장하기 위해서는 창조해야 하지만 그러려면 기존의
것을 부숴야만 한다고 강조하잖아요."

"게다가 대부분 리더와 혁신가가 파괴라는 개념을 기존의 기업,
일자리, 산업을 대체하는 것으로 받아들인다는 점도 문제예요."

"현재의 혁신 이론과 실천 방법론에 지배적으로 깔려 있는 '승
자 대 패자' 사고방식을 어떻게 하면 넘어설 수 있을까요?"

전략 분야에서 비제로섬 사고방식에 관해 그간 사색하고 연구해
온 결과를 《블루오션 전략》과 《블루오션 시프트》로 펴낸 이후, 우
리는 학자들과 현장 실천가들로부터 수많은 질문과 코멘트를 받았
다. 그 피드백 덕에 우리의 연구도 혁신의 영역으로 더욱 확장되고
깊어졌다. 즉, 누구도 더 나빠지지 않는 비제로섬 사고방식을 넘어
모두에게 득이 되는 '포지티브섬positive-sum' 사고방식으로까지 확
대됐다. 우리는 이런 연구가 비즈니스와 사회 모두에 아주 커다란
영향을 미칠 것으로 봤다. 만일 파괴적인 사회적 비용을 초래하지
않고 수익성 있는 성장을 달성할 수 있다면, 비즈니스와 사회가 더
조화롭게 발전할 수 있을 것이다.

그렇게 우리는 연구를 시작했고, 마침내 우리가 비파괴적 창조
라고 이름 지은 결론에 도달했다. 그리고 어떻게 하면 관리자들이
혁신에 관한 이 새로운 사고방식을 제대로 활용할 수 있을지도 찾
아냈다. 그 연구 결과를 망라한 것이 바로 이 책이다.

우리의 연구 여정은 블루오션에서 출발해 비파괴적 창조로 진화해왔다. 기존의 것을 부수거나 파괴하지 않고 새롭게 혁신해내는 포지티브섬 사고방식을 통해 사회와 조화를 이루는 비즈니스 세계를 구축해낼 수 있다고 우리는 믿는다.

생각해보면 짧지 않았던 연구 여정, 고생도 많았지만 즐거운 기억들과 무한한 감사뿐.

차례

• 제1부 •
왜 비파괴적 창조가 중요할까

• 제2부 •
어떻게 비파괴적 창조를 실현할까

제1부

왜
비파괴적 창조가
중요할까

파괴 없는 혁신과 성장

2018년 9월 21일 라스베이거스. 세상 어디에서도 본 적 없던 공연이 열렸다. 유난히 별이 밝은 아름다운 밤이었다. '인생은 아름다워Life Is Beautiful' 행사 가운데 하나의 프로그램으로, 업계 베테랑인 제이슨 플롬Jason Flom이 설립한 벤처 기업 '처치 오브 로큰롤Church of Rock & Roll'이 주최했고, 록 그룹 그레타 밴 플리트Greta Van Fleet가 공연했다.

이 공연은 이전의 어떤 록 공연과도 비교할 수 없었다. 음악이 시작됐을 때는 마치 시간이 멈춘 것 같았다. 첫 연주가 울려 퍼졌을 때 공연장에 있던 모든 사람은 경외감 외에 아무것도 느낄 수 없었다. 관객들은 아무 말도 하지 않았다. 온몸에 전율이 흘렀고 눈물이 뺨을 타고 흘러내렸다.

그날 밤 관객 중엔 태어나서 처음 록 콘서트에 온 사람들이 많았다. 공연장에서 친구들과 어울려 몸을 흔들거나, 밴드가 연주를 시작할 때의 황홀감을 경험해본 적이 없는 이들이었다. 이들은 왜 그날 밤 콘서트에 왔을까? 이 콘서트를 특별하게 한 것은 무엇일까. 밴드일까? 연주된 노래일까, 아니면 공연장일까? 모두 아니다. 이 콘서트를 특별하게 한 것은 바로 관객이었다.

이날 관객의 절반가량은 청각장애를 가진 이들이었다. 이들도 이번 콘서트에선 보통 사람과 마찬가지로 음악을 즐길 수 있었다. 연주가 흘러 나오자 일반인은 물론 청각장애인들도 음악에 맞춰 춤을 추기 시작했다. 분위기가 고조되자 관객들 사이에 웃음이 들불처럼 퍼져갔다. 이 공연은 미국, 아니 세계에서 최초로 열린 청각장애인을 위한 록 콘서트였다.

누가, 어떻게 이런 공연을 성공시켰을까? 그 주인공은 바로 뮤직 낫임파서블Music: Not Impossible, M:NI(음악이 불가능하지 않다는 뜻-옮긴이)이라는 회사였다. 믹 이벨링Mick Ebeling과 대니얼 벨커Daniel Belquer를 비롯한 M:NI의 크리에이터들이 청각장애인을 위한 착용형 진동감지기를 개발했다. 셔츠 위에 입을 수 있는 멋진 검은색 조끼로 허리와 목, 어깨 부분에 전략적으로 배치된 24개의 얇고 가벼운 진동기를 통해 소리를 들을 수 있게 했다. 방수조끼와 서프보드 발목밴드를 떠올리면 어떤 모습인지 짐작할 수 있을 것이다. 이 제품은 애브넷Avnet의 지원을 받아 제작됐으며, 음악의 뉘앙스와 악기에 맞게 다양한 강도와 주파수를 표현할 수 있었다.

여기에 놀라운 사실이 있다. 우리는 소리를 귀로 듣는 것이 아니다. 진동인 소리가 귀를 통해 뇌로 들어가지만, 실제로 듣는 효과를 만들어내는 것은 뇌다. 어딘가에 머리를 세게 부딪혔을 때 귀를 다치지 않았는데 청력을 잃기도 하는 게 이 때문이다. 이벨링과 그의 팀은 청각장애인의 귀가 진동 소리를 인식하지 못하더라도 뇌가 진동을 포착할 수 있도록 진동을 받아들이는 다른 방법을 찾을 수 있으리라고 추론했다. 그들의 생각이 맞았고, 결국 진동기를 만들어냈다. 그들은 진동을 뇌에 전달하는 매체로 귀 대신 피부를 사용했다.

기능적으로 청각장애인이 음악을 듣는 것은 불가능하다고들 하지만, M:NI는 절대 그렇지 않다는 것을 보여줬다. 미국에만 100만 명이 넘는 청각장애인이 있는 것으로 추정된다. 이들에게는 세상이 침묵으로 가득한 곳이다. 음악이 세상에 얼마나 많은 즐거움과 기쁨을 가져다주는지 생각해보라. 노래를 틀면 어린아이도 신이 나서 몸을 흔들며 춤추고 웃는다. M:NI와 함께라면 청각장애인도 라이브 음악을 즐길 수 있다. M:NI는 현재 런던의 음악 축제에서 필라델피아의 오페라, 브라질 심포니 오케스트라, 링컨 센터의 무성 디스코에 이르기까지 전 세계적으로 진동 촉각 제품을 제공해 청각장애인과 일반인 모두에게 다가가고 있다. 그들의 슬로건은 '모두를 위한 좋은 진동'이다.

우리는 M:NI가 이룬 혁신에 대해 생각해봤다. 분명히 점진적이지 않다. 또 혁신 하면 떠오르는 단어인 '파괴'와도 무관하다. 오히려 M:NI는 음악을 접할 수 있으리라곤 상상도 못 했던 사람들에게 기회를 만들어줬다. 기존 시장 또는 산업을 침범하거나 파괴하거나 대체하지 않았다. 그 시장은 '파괴 없이' 창조됐다.

M:NI가 이룬 혁신이 유별난 사례일까? 그렇지 않다. 오늘날 너무 흔해서 가치가 무시되기도 하는 시력 교정용 안경을 생각해보자. 안경이 등장하기 전에 시력에 문제가 있는 사람들은 손상된 시력으로 그냥 살아야 했다. 세계보건기구WHO가 발간한 〈세계 시력 보고서World Report on Vision〉에 따르면, 전 세계적으로 최소 22억 명이 시각장애인이다.[1] 칠판에 쓰인 글을 읽을 수 없는 근시 어린이나 책을 읽는 데 어려움을 겪는 원시 성인을 생각해보라. 두 장애 모두 학습 능력뿐만 아니라 생산력도 크게 떨어뜨린다. 그런데 안경을 쓰면 세상이 달라진다. '아, 이게 풀잎이구나! 내가 이걸 볼 수 있을 줄이야!', '칠판에 적힌 게 이거였어? 내가 수업을 못 따라간 이유가 있었네. 공부하기가 훨씬 쉬워졌어….'

안경은 전에 없던 기회를 만들었다. 안경 역시 M:NI와 마찬가지로 점진적인 혁신이 아니었다. 그들은 새로운 산업을 만들었다. 그리고 M:NI와 마찬가지로 파괴적이지도 않았다. 그들은 기존 산업을 파괴하거나 기존 플레이어를 대체하지 않으면서 성장을 창조했다. 많은 사람에게 더 밝은 시력을 제공했고, 기존에 없던 새 일자리를 창출했다. 오늘날 이 산업은 1,000억 달러 이상의 가치가 있다. 그런 혁신 사례는 이뿐만이 아니다. 앞으로 자세히 소개하겠지만, 수십억 명의 가난한 사람들을 위한 마이크로파이낸스microfinance(소액금융)를 비롯해 산업을 파괴하거나 사람을 대체하지 않고 만들어진 예가 너무나 많다.

그래서 우리 저자들은 더 깊이 파고들었다. 지난 20년 동안 '파괴'는 비즈니스 세계에서 전투 구호였다. '이것을 파괴하라. 저것을 파괴하라. 파괴하지 않으면 망한다.'[2] 파괴를 요구하는 이런 목소리가 실리콘밸리에서, 주요 기업의 이사회에서, 미디어에서, 그리고 세계 각지의 비즈니스 콘퍼런스에서 울려 퍼졌다.[3] 기업 리더들은 계속해서 자신들의 산업, 심지어 자신의 회사를 파괴하는 것이 생존하고 성장할 유일한 방법이라는 경고를 계속 받아왔다. 당연히 많은 사람이 '파괴'를 '혁신'과 동의어로 여기게 됐다.

그러나 혁신과 성장을 위한 유일한 방법이 파괴일까? 그것이 최선의 방법일까? 우리의 연구와 다양한 혁신 사례가 시사하는 바는 그렇지 않다는 것이다. 많은 사람이 파괴를 이야기한다. 파괴는 확실히 중요하며 우리 주변에 널리 퍼져 있다. 그러나 파괴에 지나치게 집중하는 바람에 혁신과 성장의 또 다른 길을 경시하게 됐다. 우리는 그 또 다른 길이 파괴 못지않게 중요하다고 생각한다. 그 길은 파괴나 대체 없이 새로운 시장을 창조하는 것을 의미한다. 우리는 이를 '비파괴적' 창조라고 생각하게 됐다.[4] 비파괴적 창조는 기업을 도산시키거나 일자리를 없애거나 시장을 무너뜨리지 않으면서 새로운 산업을 창출한다.[5] 이전에 없던 새로운 시장을 창출하는 엄청난 잠재력을 제공한다. 만약 또 다른 시장을 창조하는 혁신과 그 작동 방식을 더 잘 이해한다면, 그것을 달성하기 위해 더 잘 준비할 수 있을 것이다.

그래서 우리는 연구에 필요한 질문들을 하기 시작했다.

- 비파괴적 창조는 과학적 또는 기술적 혁신이거나 세상에 처음으로 선보이는 제품이나 서비스인가? 아니면 다른 것인가?
- 다른 것이라면 전 세계 모든 지역에 적용될까, 아니면 경제적 발전이 없어 산업 파괴가 적은 피라미드 맨 아래 시장과 같은 특정 지리적 영역에만 적용될까?
- 또, 한 지역이라고 한다면 사회경제적 피라미드 모두에 적용될까, 아니면 특정 계층에만 해당할까?

이런 질문에 대한 우리의 대답은 비파괴적 창조가 독창적이거나, 새로운 기술 또는 세계에 대한 혁신으로 정의되거나, 특정 지리적 시장 또는 사회경제적 수준에 국한될 수 없다는 것이다. 확연히 다른 신개념이다.

세상을 바꾼 세 가지 아이디어

당신이 남성이든 여성이든, 아마도 생리대에 대해 심각하게 생각해본 적이 없을 것이다. 그러나 생리대는 새로운 산업을 창조하고 세계 인구의 절반에 달하는 사람들에게 지대한 영향을 끼쳤다. 오늘날 선진국의 대부분 여성은 생리대 사용을 당연하게 여긴다. 생리로 인한 불편함과 지저분함을 해결하기 위해 10대 전후부터 50대 후반까지의 여성들이 매달 사용하는 일상용품일 뿐이다. 그러나 원래부터 그랬던 것은 아니다.

오늘날 흔히 볼 수 있는 생리대가 등장하기 이전에는 이 문제를 다루는 산업이나 시장이 없었다. 당시 여성들은 오래된 천이나 심지어 양털 등을 사용했는데, 흡수력이 부족한 데다 비위생적이어서 감염의 위험이 있었고 다른 건강 문제도 일으킬 수 있었다. 천을 속옷에 고정하기가 어려워 움직임에 제한을 받았을 뿐 아니라 제때 갈아주지 않으면 겉옷에까지 흘러나올 위험도 있었다. 이런 문제를 피하기 위해 월경 때면 결석을 하는 여학생들도 드물지 않았다.

그런데 위생 생리대라는 비파괴적 시장이 창조되면서 모든 것이 바뀌었다.[6] 생리대 덕분에 여성들이 걱정 없이 학교에 가고 스포츠도 즐길 수 있게 됐으며, 일하거나 가족을 돌보는 일도 훨씬 쉬워졌다. 생리대는 여성들이 생리 주기마다 겪는 수치심과 두려움을 없애줬다. 여성들의 직업, 교육 여건을 개선하고, 나아가 건강을 증진하는 데 큰 도움이 됐다고 말할 수 있다. 사회적 이익과 경제적 이익이 이 산업을 통해 함께 발전한 것이다. 오늘날 생리대 산업은 연간 220억 달러 이상의 수익을 창출한다.

최근 아루나찰럼 무루가난담Arunachalam Muruganantham은 인도의 시골 지역 여성들을 위해 새로운 생리대 시장을 개척했다. 이곳의 상황은 서구 사회와 매우 다르다. 월경에 대해 이야기하는 것은 여전히 사회적 금기로 여겨진다. 심지어 남편과 아내 사이에서도 그렇다. 무루가난담은 매우 간단하고 작은 생리대 제작기를 만들어 시골 마을 여성들에게 판매했다. 이 기계를 구입한 여성들은 생리대를 제작해 마을의 다른 여성들에게 팔았다. 지금까지 무루가난담의 기계는 인도의 시골에서 약 5,300개의 영리 소기업을 만들어 냈다.

새로운 유통 채널을 만들었다는 사실보다 더 중요한 것은 인도 인구의 절반에 영향을 미쳐온 금기를 극복했다는 점이다. 이런 기회는 아직도 세계 여러 지역에 존재한다. 우리가 당연하게 여기는 것이 다른 나라에서는 보편적이지 않을 수 있다. 무루가난담이 만든 시장은 비파괴적이면서도 거대한 시장이다. 인도의 시골 마을에는 미국 여성 인구 전체보다 많은 2억 명 이상의 여성이 살고 있다.

이제 마이크로파이낸스 산업에 대해 생각해보자. 약 40년 전만 해도 존재하지 않았지만, 오늘날에는 수십억 달러 규모의 산업이 됐다. 마이크로파이낸스는 약 7억 명에 이르는 세계 극빈층의 삶을 변화시켰다. 어떻게? 하루에 몇 달러, 심지어 1달러도 안 되는 돈으로 생활하는 사람들을 향해 오래 지속돼온 금융적 차별을 종식함으로써다.

이 산업은 방글라데시의 치타공대학교 경제학과 부교수였던 무함마드 유누스Muhammad Yunus가 시작했다. 그는 대학에서 수백만 달러의 자금을 다루는 이론을 구축했다. 그런데 심각한 기근이 방글라데시를 강타했고, 유누스는 가난한 사람들이 죽어가는 걸 목격하며 극심한 가난의 근본이 무엇인지 이해하려고 노력했다. 그가 발견한 사실은 극도의 가난은 자신이 경제학 수업에서 가르쳤던 것 또는 사람들이 게으르거나 어리석다는 것과는 아무 상관이 없다는 점이었다.

유누스는 탁자도, 의자도, 창문도, 마루도 없고 물도 안 나오는 흙바닥 집 작은 방에서 온종일 쪼그려 앉아 대나무로 바구니나 의자, 매트 등을 짜는 근면한 사람들을 봤다. 그들은 그렇게 일해서 겨우 생계를 이어가고 있었다. 이 극빈층은 수입이 너무 적어 저축은 꿈도 꾸지 못했고, 경제적 기반을 확장하기 위한 투자도 할 수 없었다. 이들에게 더 나은 삶은 1달러도 안 되는 푼돈에 달려 있었다. 하지만 이들을 위한 은행이나 금융기관은 어디에도 없었다. 가난한 사람들은 대출받기에 부적합하다고 여기며 무시할 뿐이었다.

마이크로파이낸스가 이를 바꿨다. 1983년, 유누스는 공식적으로

그라민은행Grameen Bank을 설립했다. 세계 최초의 마이크로크레딧 은행으로, 가난한 사람들에게 아주 소액의 대출을 제공했다. 오랫동안 아무도 거들떠보지 않던 문제를 해결함으로써 마이크로크레딧은 이전에는 자본에 접근할 수 없었던 사람들이 새로운 소상공업, 새로운 일자리, 더 높은 생활 수준, 그리고 희망을 창출할 수 있게 했다.

이 비파괴적인 움직임move(블루오션 전략에서 분석 대상은 기업이나 사람이 아니라 전략적인 움직임strategic move이다-옮긴이)은 다른 산업을 대체하지 않으면서 마이크로파이낸스라는 새로운 시장을 창조했다. 마이크로파이낸스는 현재 대출 상환율 98%를 보이며 수십억 달러 규모의 산업으로 성장했고, 앞으로의 성장 가능성도 크다. 유누스가 말했듯이, 마이크로크레딧이 모든 가난을 없애지는 못한다. 그러나 많은 이들이 심각한 가난에서 벗어나게 해줌으로써 모든 사람에게 더 공정하고 풍성한 미래를 구축하는 데 도움이 되고 있다.

이번에는 엘모, 빅 버드, 쿠키 몬스터를 만나보자. 이 멋진 머펫들을 전 세계는 〈세서미 스트리트〉를 통해 알게 됐는데, 이 프로그램은 세계의 미래인 아이들을 위한 완전히 새로운 기회를 만들어 냈다.

〈세서미 스트리트〉는 미국에서 시작해 서구 국가를 비롯하여 선진국에서 먼저 방영됐고, 이후 개발도상국으로 확산됐다. 오늘날

이 프로그램은 미국은 물론이고 아프가니스탄, 일본, 브라질을 포함한 150여 개국의 아이들에게 도움을 주고 있다. 심지어 세렝게티의 한복판에서도 방영되며, 최근에는 난민 캠프의 아이들도 시청한다.

자녀가 있는 사람들은 대부분 알겠지만, 〈세서미 스트리트〉를 통해 취학 전 아동들은 숫자 세는 법, 색깔과 도형의 이름, 알파벳 읽는 법 등을 배운다. 더 나아가, 서로 친절하게 대하고 차이를 받아들이며 충동을 조절하고 집중하는 법도 배운다. 가장 좋은 점은 사랑스러운 머펫들이 등장하고 신나는 노래가 흘러나오는 방송을 보면서 아이들이 너무나 즐거워한다는 것이다. 그러는 동안 아이들은 자신이 얼마나 많이 배우고 있는지 실감조차 하지 못한다. 부모들은 이를 잘 알기 때문에 〈세서미 스트리트〉를 사랑하는 것이다. 교육 분야의 관계자들이 비판하는 것과는 정반대로, 이 프로그램은 어린아이들을 매혹하고 즐겁게 해주면서 유익한 내용을 가르친다.

〈세서미 스트리트〉는 유치원이나 도서관을 대체하지 않았고, 부모들이 잠자리에서 아이에게 동화책 읽어주는 시간도 없애지 않았다. 오히려 아이들과 학습을 위한 새로운 기회를 만들어냈고, 이전에는 거의 존재하지 않았던 취학 전 아동을 위한 에듀테인먼트 edutainment('교육education'과 '오락entertainment'의 합성어로 오락성이 더해진 교육용 소프트웨어 등을 가리킴-옮긴이)라는 비파괴적 시장을 개척했다. 오늘날, 취학 전 아동을 위한 에듀테인먼트는 수십억 달러 규모의 산업이 됐다. 〈세서미 스트리트〉는 역사상 가장 성공적이고 오랜 기간 방영된 어린이 TV 프로그램으로, 189회의 에미상과 11회의 그래미상을 받았다.

무엇을 배울 수 있나

우리가 '비파괴적 창조'라고 이름 지은 이 개념에는 세 가지 특징이 있다.

첫째, 이는 과학적 발명이나 기술 중심적 혁신으로 생성될 수 있다. 예를 들어 여성용 생리대가 그렇다. 한편으로는 과학이나 기술 중심적 혁신 없이도 생성될 수 있다. 마이크로파이낸스가 그 예다. 또한 기존 기술의 새로운 조합이나 응용으로 만들어질 수도 있다. 〈세서미 스트리트〉가 대표적인 예로, 기존의 TV 기술을 활용해 에듀테인먼트 산업을 개척했다.[7] 이는 과학적 또는 기술적 혁신에 투자할 자원이나 투자 의지가 없는 많은 기업 및 기업가들에게 좋은 소식이다. M:NI의 대니얼 벨커는 "개별 부분은 이미 존재했지만 이런 요소, 즉 하드웨어, 소프트웨어, 웨어러블 기술이 M:NI를 탄생시키는 데 새로운 방식으로 결합됐다"라고 말했다.

둘째, 비파괴적 창조는 특정 지역이나 사회경제적 계층에 국한되지 않는다. 선진 시장이든 피라미드 맨 아래에 있는 시장이든, 전 세계 모든 지리적 영역에 적용할 수 있다. 〈세서미 스트리트〉, 생리 대, M:NI 등은 모두 선진국에서 나왔고 처음에는 선진국을 위해 만들어졌다.[8] 그에 비해 마이크로파이낸스와 인도의 생리대 기계는 초기에 피라미드 아래쪽에 있는 시장을 위해 만들어졌다.[9] 비파괴적 창조의 기회는 전 세계 모든 지역에 존재한다. 그 기회는 한 지역의 사회경제적 피라미드의 모든 층에 있다. 교정용 안경이나 생리대는 처음에는 사회경제적 지위의 상위 계층을 위한 것이었지만, 마이크로파이낸스나 인도의 생리대 기계는 애초부터 하위 계층을 대상으로 했다. 이 개념은 우리 모두에게 열려 있다.

셋째, 비파괴적 창조는 일반적으로 언급되는 '세계 최초의 혁신'과는 다르다. 세계 최초의 혁신은 비파괴적일 수도 있고 파괴적일 수도 있다. 무루가난담의 기계는 새로운 시장과 일자리, 강력한 성장을 창출했지만 기존의 주요 기업이나 시장을 대체하지 않았다. 그의 제안은 해당 지역에서는 새롭고 비파괴적이었다. 하지만 이미 시장 참가자들이 생리대를 쉽게 만들 수 있는 개발된 지역에서 그의 기계가 판매됐다면 그들에게는 파괴적이었을 것이다. 따라서 무루가난담의 비파괴적 창조는 '지역 최초의 혁신'이다. 이에 반해 〈세서미 스트리트〉가 개척한 취학 전 아동을 위한 에듀테인먼트 산업은 전 지구에 걸쳐 파괴적 창조를 이뤄낸 '세계 최초 혁신'의 한 예다.[10]

이 모든 것이 의미하는 바는 비파괴적 창조가 단지 과학적 발명이나 기술적 혁신 자체, '세계 최초의 혁신' 제품이나 서비스, 특정 지역 시장이나 사회경제적 계층과는 다르다는 것이다. 이를 혼동해서는 안 된다. 비파괴적 창조는 '기존 산업의 경계 외부outside나 그 너머beyond에서 완전히 새로운 시장을 창조하는 것'으로 보편적으로 정의할 수 있는 명확한 개념이다. 기존 산업 경계의 '외부'에서 새로운 산업이 창출되기 때문에 이미 존재하는 시장 또는 기업들이 혼란을 겪거나 실패할 일이 없다. 비파괴적 창조의 정의와 세 가지 독특한 개념적 특성을 표 1-1에 정리했다.

표 1-2는 표 1-1을 보완해 비파괴적 창조의 다양한 기회를 간략히 정리해 보여준다. 표에서 볼 수 있듯이, 비파괴적 창조를 적용할 때 특정한 사회경제적 위치의 제한을 받지 않는다. 이는 한 지

표 1-1 성장을 위한 혁신으로서 비파괴적 창조

정의	기존 산업의 경계 밖에서 새로운 시장을 창출하는 것
세 가지 특징	독창적인 신기술로 나타날 수도 있지만, 기존 기술의 조합 또는 응용으로도 이루어진다. 이는 과학적 발명이나 기술 혁신 자체와 관련된 것이 아니다. 세계 최초의 혁신일 수도 있지만, 반드시 그럴 필요는 없다. 이미 한 지역에 제공된 것이 다른 지역에 제공될 때는 새로운 것으로 인식될 수 있으므로, 그 지역에서는 새로운 혁신이자 새로운 시장을 창출할 수 있다. 세계의 어떤 시장이든 적용 가능하며, 이미 개발이 이루어진 시장이나 사회 맨 하단의 시장에도 적용될 수 있다. 특정 지역 혹은 사회경제적 위치나 수준에 따라 제한되지 않는다.

표 1-2 비파괴적 창조가 가능한 범위

기술	독창적인 신기술 ◀━━━▶ 이미 존재하는 기술
제안(제품이나 서비스)의 새로움	세계 최초의 제안 ◀━━━▶ 지역 최초의 제안
지역 시장	선진 시장 ◀━━━▶ 후진 시장
사회경제적 수준	높음 ◀━━━▶ 낮음

역 내 사회경제적 피라미드의 꼭대기부터 바닥까지 모든 수준에서 비파괴적 창조가 발생할 수 있음을 의미한다. 이런 광범위한 적용성이 비파괴적 창조를 우리 모두에게 관련 있는 주제로 만든다.

비파괴적 창조는 우리 주변에 항상 있었다

'비파괴적 창조'라는 용어는 새롭지만, 그 존재는 새롭지 않다. 이는 비즈니스의 현실이며 과거, 현재, 미래에도 계속되는 사실이다. 영리기업, 비영리기관, 공공 부문, 심지어 정부에도 적용된다. 비파괴적 기회는 사이버보안 산업과 같이 거대한 규모일 수 있는가 하면, M:NI처럼 규모는 훨씬 작지만 그 개념이 선구적이고 비즈니스의 핵심일 수 있다.

〈세서미 스트리트〉는 비영리 사업이지만 마이크로파이낸스는 영리 사업이며(실제로 수익도 낸다), 교정용 안경과 생리대 역시 영리 사업이다. 남성용 화장품 산업, 환경 컨설팅, e스포츠, 공지 통신airto-ground communication(항공기에서 지상의 기지국으로 송신하는 단방향 통신-옮긴이), 3M 포스트잇 메모지, 라이프코칭, 스마트폰 액세서리 등 많은 산업이 비파괴적 창조의 대표적인 사례다. 미국 정부가 여섯 번째 군대로 창설한 우주군Space Force 역시 비파괴적 창조의 예다. 이들은 수백만 달러에서 수십억 달러에 이르는 새로운 산업을 개척하고 성장시키며, 무수히 많은 새 일자리를 창조하고 있다.

트웬티스리앤드미23andMe라는 회사는 고객이 직접 유전자 검사를 받을 수 있는 새로운 시장을 만들었다. 고객은 이 회사에 키트를 요청해 자신의 침을 담은 뒤 우편으로 되돌려 보내면 된다. 이 검사를 통해 예전에 잃어버린 가족을 찾거나 이전에 알지 못했던 혈연관계를 확인하는 등 자신의 혈통을 이해할 수 있다. 또 고령에 발생하는 알츠하이머병, 파킨슨병, 녹내장, 셀리악병 같은 유전적 경향성도 알아볼 수 있다. 이전에는 사람들이 자신의 유전적 경향성을 확인할 실질적인 방법이 없었지만, 트웬티스리앤드미가 이를 가능케 했다. 오늘날 이 회사의 가치는 10억 달러 이상이다.

간단한 예로 차창 와이퍼는 어떤가. 지금은 모두 당연하게 여기지만, 와이퍼가 없던 시절에는 비나 눈이 내리면 시야를 확보하지 못해 운전하는 데 큰 불편을 겪었다. 차창 와이퍼는 어떤 파괴도 없이 새로운 시장을 창조했으며, 우리 삶을 더 안전하게 해줬다. 핼러윈 때 반려동물을 꾸며주는 패션 산업도 생각해보자. 사람들에게 자신의 반려동물을 매력적인 타코, 간호사, 심지어 슈퍼히어로로로 꾸밀 기회를 제공하며 커다란 즐거움을 선사한다. 이조차도 오늘날 5억 달러의 산업이 됐다.

이런 예시에서 드러나듯, 비파괴적 창조라는 렌즈로 세상을 보면 비파괴적 창조가 우리 주변에 늘 존재했음을 쉽게 알 수 있다. 북미산업분류체계North American Industry Classification System를 살펴보면 더욱 잘 드러난다. 1997년 이후 이 체계는 여러 차례 수정되면서 산업의 창조, 재창조, 성장과 함께 발전해왔다. 새 버전을 보면, 파괴가 확실히 일어나기는 하지만 이전에 없던 분류도 생성돼 새로운 비파괴적 시장 영역과 산업이 등장하고 있음을 알 수 있다.[11] 선진국이든 개발도상국이든 상관없이, 역사는 비파괴적 창조가 비즈니스 생태계의 특징임을 보여준다.

그러나 파괴에 대한 거의 강박적인 관심 탓에 비파괴적 창조는 크게 주목받지 못했다. 일반적으로 사용되고 이해되는 개념으로서 파괴는 새로운 시장을 창조해 기존 시장과 기존 시장의 주요 플레이어들을 대체할 때 발생한다. 여기서 핵심은 '대체'라는 용어이며, 대체가 없으면 어떤 파괴도 일어나지 않는다. 그래서 사람들은 '파괴'라는 용어를 기존 시장이 새로운 혁신으로 대체되는 것으로 이해한다.

최근 연구에 따르면, 대체는 기존의 고가 및 저가 시장 양쪽에서 발생할 수 있다.[12] 예를 들어 아이폰, 전자계산기, 디지털카메라, 대서양 항공 여객기 등은 고가 시장에서 기존 시장을 대체했다. 이로 인해 피해를 본 산업은 피처폰, 슬라이드 룰, 필름 카메라, 대서양 여객선이었다. 다른 한편으로 아마존Amazon(서적 소매 업체 대체), 스카이프Skype(통신 산업 대체), 크레이그리스트Craig's List(신문 광고 대체)는 저가 또는 무료로 제공되는 제품을 통해 기존의 저가 시장을 파괴했다. 이는 클레이튼 크리스텐슨Clayton Christensen의 파괴적 혁신 개념과 일치한다.

크리스텐슨의 파괴적 혁신에 대한 영향력 있는 연구의 영향으로 '파괴'라는 용어가 널리 사용됐지만, 우리가 이 책에서 언급하는 파괴는 그가 정의한 저가 시장 또는 상향식 파괴를 의미하는 것이 아니다.[13] 오히려 우리는 이 용어를 더 포괄적인 의미로 사용해 새로운 것이 고가 및 저가 시장 양측에서 기존의 것을 대체하는 파괴 현상을 설명한다.

조지프 슘페터Joseph Schumpeter는 오래전에 '창조적 파괴creative destruction'라는 고전적인 표현을 통해 파괴나 대체 현상의 본질을 포착했다. 혁신의 아버지로 널리 알려져 있는 그는 1942년에 출간한 책 《자본주의·사회주의·민주주의》에서 창조적 파괴의 개념을 소개했다.[14] 즉, 창조적 파괴는 새로운 시장을 창조하는 혁신이 기존 시장을 파괴하고 대체하는 현상이라는 주장이다.

슘페터가 나타나기 전까지 대부분 경제학자는 기존 시장에서의 경쟁과 점진적 개선이 경제 성장의 주요 원동력이며, 최우선 목표는 완전 경쟁을 촉진하는 것이라는 견해를 지지했다. 그러던 중 슘페터가 과거의 경기 변동 주기 연구에서 중요한 발견을 한 후 다른 견해를 내놓았다. 그는 기존 제품과 서비스를 놓고 경쟁하고 개선하는 것이 좋은 일이긴 하지만, 결국엔 구매자의 요구가 충족되고 이익이 경쟁적으로 감소하면서 한계 수익이 나타나게 된다고 주장했다.

슘페터에 따르면, 경제 성장의 실제 원동력은 새로운 종류의 기술, 상품 및 서비스를 생성하는 시장 창조형 혁신market-creating innovation이다. 새로운 기술은 독창적인 것이거나 기존 기술의 새로운 조합 또는 응용일 수 있다. 그러나 이런 창조에는 문제가 하나 있는데, 슘페터는 이를 파괴에 의존하는 것이라고 봤다. 다시 말해, 슘페터의 세계관에서 창조와 파괴는 불가분의 관계였다. 그는 창조적 파괴가 끊임없이 옛것을 파괴하고 새것을 창조한다고 주장했다.

예를 들어 등유 램프는 촛불을 창조적으로 파괴하며 인공 광원으로서의 지배적 지위를 차지했다. 이후에는 새로운 상품인 백열전구로 대체됐다. 마찬가지로 마차 산업은 자동차 산업으로 대체돼 사라졌다. 각각의 새로운 시장은 이전 시장을 대체해 구매자들에게 전달되는 가치를 창조적으로 높이고, 새로운 구매자들을 유치하며, 경제의 새로운 성장 가능성을 열었다.

슘페터의 창조적 파괴는 현재 비즈니스 세계에서 일어나고 있는 파괴 현실을 설명하는 데 좋은 개념적 기반을 제공한다. 기존 산업에서 상향이든 하향이든 대체가 발생하고 있기 때문이다.[15] 그렇지만 '파괴destruction'라는 단어는 현존하는 많은 산업 플레이어가 실제로 파괴disrupt되지만 반드시 전멸하거나 완전히 대체되지는 않는 현재 세계를 설명하기엔 너무 제한적이다('destruction'은 낡은 건물을 부수는 것처럼 완전한 파괴를, 'disruption'은 그보다 적은 부분적 파괴를 뜻한다-옮긴이).

우버Uber와 택시, 그리고 아마존과 기존 서점을 생각해보자. 우버와 아마존은 기존 산업을 교란하고 수많은 수요를 기존 시장에서 새로운 시장으로 이동시켰지만, 예전 것을 완전히 파괴하거나 대체하지는 않았다. 크게 축소된 건 사실이지만 과거가 여전히 남아 있다. 이런 맥락에서 우리가 사용하는 '파괴적 창조'는 기존의 것을 파괴하지만 완전히 대체하지는 않는 새로운 것을 창조한다는 의미를 지닌다.

오늘날의 파괴 현실에서는 슘페터학파가 말한 기존 시장의 파괴, 즉 증기기관이 내연기관으로 완전히 대체되는 것과 같은 일은 아주 드물게 일어나는 극단적인 사례일 뿐이다. 우리가 '파괴적 창조'라는 용어를 쓰는 것은 '성장을 위한 새로운 시장 창조'라는 슘페터의 개념을 따르는 것이다. 동시에 이는 새로운 것과 기존의 것이 공존하며, 기존 시장에서 벌어지는 대체도 고가 시장과 저가 시장에서 모두 일어나고 있다는 현실을 더 잘 반영하고 포착하고자 하는 목적도 있다.[16]

시장을 창조하는 혁신의 스펙트럼

파괴적 창조와 비파괴적 창조는 새로운 시장을 창조하고 성장시키는 창조와 성장의 혁신 스펙트럼에서 정반대에 자리한다. 비파괴적 창조는 기존 산업 경계 '외부'나 그 '너머'에서 새로운 시장을 창조하는 것을 의미하며, 파괴적 창조는 기존 산업 경계 '내부within'에서 새로운 시장을 창조하고 확장하는 것을 뜻한다.[17]

두 가지를 구별하는 중요한 요소는 경제와 사회에 미치는 영향이다. 파괴적 창조는 새로운 것이 기존의 것과 관련된 회사와 일자리를 대신해 등장하는 승자-패자win-lose의 게임이 되거나 승자독식winner-takes-most의 경제적 결과를 가져온다. 여기서 새로운 시장 창조에 의한 성장은 기존 시장과 그 안에 있던 기업 및 일자리가 대체되는 것과 같은 산업적·사회적 파괴를 초래한다. 그리고 이런 파괴는 세상이 이 대체에 적응하는 동안 경제적 이익과 사회적 이익이 상충관계trade-off에 놓이게 한다.[18]

이와 달리 비파괴적 창조는 기존 시장 및 그와 관련된 기업과 일자리에 영향을 주지 않고 새로운 것을 실현한다. 승자가 없고 어떤 시장 참가자도 불리해지지 않기 때문에 포지티브섬 성장을 만들어 낸다. 즉 산업과 사회에 파괴와 고통을 발생시키지 않으며, 경제와 사회적 이익 간의 격차를 좁히는 데 도움이 된다.

그림 1-1은 파괴적 창조와 비파괴적 창조의 사회적 의의가 어떻

그림 1-1 새로운 시장을 창출하는 두 가지 명확한 패턴과 사회적 의의

파괴적 창조	비파괴적 창조
기존 산업 경계 내에 새로운 시장이 형성되고 확장되면서 경제가 성장하며, 이 과정에서 사회적 비용이 발생한다.	기존 산업 경계 외부나 그 너머에서 새로운 시장이 형성되며, 이때는 사회적 비용 없이 경제적 성장이 이뤄진다.

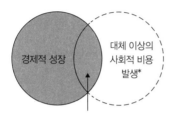
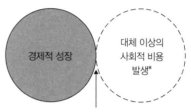

기존 시장 참여자들이 대체되는 혼란을 겪고 이로 인해 불리해지는 과정에서 사회적 비용이 발생한다. 원의 중첩된 부분은 상충 관계를 나타낸다.	기존 시장 참가자들이 대체되거나 불리해지지 않기 때문에 사회적 비용이 발생하지 않는다. 상충관계도 존재하지 않는다.

* 공기와 물의 오염, 소음 공해와 같은 부정적 외부 효과 때문에 비용이 발생할 수는 있다.

게 다른지를 보여준다(이 두 가지 성장의 경제적 및 사회적 의의는 제2장에서 구체적으로 다룰 것이다).

그림에서 나타난 것처럼 '기타 조건이 동일할 경우' 파괴적 창조와 비파괴적 창조의 차이는 대체에 따른 사회적 비용이다. 이 그림은 실제 경제 성장 또는 사회적 비용의 크기를 나타내는 것은 아니며, 차이점을 개략적으로 표현한 것이다.

왜 공통의 이해와 이론이 필요한가

만약 비파괴적 창조가 우리 주변에 드물지 않게 존재하며 사회적 비용을 발생시키지 않고 경제적 성장을 이룬다면, 왜 그동안 혁신의 세계에서는 주목하지 않은 걸까? 그리고 비파괴적 창조를 실현하는 기업조차도 자신들을 파괴적이라고 부르는 이유는 무엇일까? 비파괴적 창조를 이뤄낸 기업이라면, 어찌 됐든 자신들의 혁신이 비파괴적이라고 알려지기를 원하지 않을까? 일자리를 빼앗지 않고 어떤 산업이나 기업에도 해를 끼치지 않는 새로운 시장을 창조하는 혁신을 이뤄냈다면, 세상에 알리고 싶지 않을까? 새로운 일자리와 성장을 창출함으로써 경제적·사회적 이익의 간격을 좁히는 데 도움을 줬으니 말이다. 와튼스쿨 교수 조나 버거Jonah Berger의 《컨테이저스: 전략적 입소문》은 회사에 긍정적인 영향을 미치는 요소들이 사회적 가치를 가지며, 직원들은 이를 많은 사람에게 전파하고 싶어 한다는 사실을 알려준다.[19] 비파괴적 창조는 이런 기준을 크게 충족한다. 그렇다면 기업들은 왜 이 전략적 통찰력을 활용할 기회를 포기하고 있었을까?

이 지점에서 호기심이 발동했다. 우리는 왜 '파괴'가 세계의 상상력을 사로잡았고, 혁신에 대한 일반적인 용어가 됐는지 원인과 이유를 파고들기 시작했다. 노벨 경제학상 수상자인 영국의 경제학자 존 힉스John Hicks의 다음 말을 떠올려보자. "분석 도구로 간주되는 이론들은 눈가리개라고 할 수 있다. (…) 좀 더 예의를 갖춰 말하자면 그것들은 표적의 일부만 비추는 불빛이다. 이를 사용하면 같은 정도로 중요한 다른 것들은 보지 못하게 된다."[20]

형성된 이론과 단어들은 우리에게 큰 영향을 미친다. 그것들은 방향과 의미를 제시하며, 일정한 것에 민감히 반응하도록 우리의 뇌를 조종한다. 연구들은 우리가 찾는 것이 우리가 보고 기록하는 것을 결정한다는 사실을 일관되게 발견해왔다. 우리가 가진 가정과 언어는 우리의 무의식을 이끌어, 관심 분야를 전면에 내세워 집중하고 나머지는 배경으로 밀어두게 한다.

힉스가 말한 대로, 우리가 가진 이론은 우리가 품고 있는 가정들의 중요한 근거 중 하나다. 세상을 보는 데 사용되는 정신적 모델이나 렌즈가 되며, 지각도 형성한다. 지각은 우리가 환경 자극을 감지하고 해석하는 과정이다. 인간의 지각이 중요한 이유는 단순히 주변 자극을 받아들이는 게 아니기 때문이다. 우리는 주어진 환경에서 자신의 이론과 일치하고 일관성 있는 측면에 주의를 기울이고, 일치하지 않거나 간과되거나 경시되는 요소들은 무의식적으로 무시한다. 실제로 우리 뇌는 정신적 개념을 사용해 우리가 보는 것을 조절하고 결정한다.

예컨대 스타벅스만 가치 있는 커피라는 단순한 이론을 가지고 있다면(많은 사람이 그렇게 생각한다), 혼잡한 도시에서 운전하면서도 눈에 보이는 대부분의 스타벅스 매장을 주목할 것이다(와, 매장이 여기 또 있네!). 그러나 다른 커피 매장은 거의 인지하지 않을 것이다. 스타벅스가 좋다는 이론은 당신이 커피를 마시려고 찾는 게 아니더라도 매장이 나타날 때마다 당신이 주의를 기울이게 할 것이다. 이는 우리의 이론과 신념이 얼마나 강력한지를 보여준다. 정신 모델에 근본적으로 굳어져 있는 이론일수록 지각에 더욱 지배적인 영향을 미친다.

이 통찰을 혁신 분야에 적용해보면, 신규 시장 창조에 대한 설득력 있고 오래된 프레임('창조적 파괴'라는 슘페터의 개념에서 시작하여 '파괴'라는 보편적 아이디어까지 연결되는)이 시간의 시험을 견뎌낸 중요한 현상을 밝히는 데 빛을 비추고 있음을 알 수 있다. 그러나 동시에 이 프레임은 우리가 파괴라는 렌즈로 현실을 해석하고, 시장을 창조하는 혁신을 찾아내거나 인지할 때도 계속 그 렌즈에 집중하게 하는 제한된 합리성을 유도하기도 한다. 쉽게 말해서, 갖고 있는 것이 망치라면 모든 것이 못으로 보인다는 얘기다.

그래서 비파괴적 창조의 사례들은 관심 밖으로 밀려나는 경향이 있다. 심지어 그 사례들을 머릿속에서 파괴적 창조로 분류하기도 한다. 만약 비파괴적 창조라는 개념이 우리의 정신 공간에 존재한다고 하더라도, 분명하게 정의되고 이름 지어지며 확실하게 중요하다고 인식되지 않는 한 우리가 사고하고 행동할 때 전면에 나타나지 않을 것이다. 실제로, 우리에게는 이 개념에 대한 공통적인 이해나 이론 또는 언어 체계가 없었기 때문에 '파괴'와 '창조적 파괴'라는 개

넘으로 형성된 관습적인 프레임에 도전해 새롭게 시야를 넓힐 방법이 없었다. 이것이 비파괴적 창조의 개념이 항상 존재했음에도 혁신의 세계에서 주목받지 못한 이유 중 하나라고 생각한다.

혁신과 성장을 더 폭넓게 바라보자

오늘날 혁신은 지속 가능한 성장을 이루고자 하는 모든 기업에 필수다. 그리고 번영하는 미래를 만들기 위해서는 혁신해야 한다는 사실을 모든 기업과 국가가 알고 있다. 2018년에는 저명한 경제학자인 폴 로머Paul Romer가 경제 성장에 대한 혁신의 영향을 효과적으로 모델링한 연구로 노벨 경제학상을 받았다.[21]

일반적으로 경제 성장에서 혁신이 중요한데, 특히 시장 창조형 혁신이 핵심이다. 이는 새로운 산업과 획기적인 제품 및 서비스를 창출하는 데 기반이 됐다.[22]

50년 전만 하더라도, 개발도상국의 가난한 사람들은 꾸준한 고용이나 신용 이력이 없으면 대출을 받을 수 없기 때문에 은행에서 소규모 비즈니스를 위한 자금을 지원받을 수 있다고 생각하지 못했다. 하지만 약 40년 전 그라민은행이 마이크로파이낸스 산업을 개척하면서 이런 상황이 바뀌었다. 또 약 50년 전에는 크루즈 여행을 즐길 수 있는 사람들도 거의 없었지만, 크루즈 관광 산업이 만들어지면서 이제는 휴가 옵션이 하나 더 늘었다. 나아가 현재는 버진갤럭틱Virgin Galactic, 스페이스XSpaceX, 블루오리진Blue Origin 같은 선구자들이 우주여행 산업을 개척하고 있다. 아마존에서 온라인 쇼핑을 하든 대형 슈퍼마켓에서 오프라인 쇼핑을 하든, 요즘 사람들은 중세 시대 프랑스 왕보다 훨씬 다양한 선택지를 갖게 됐다.

이것들은 일부 예시에 불과하다. 비파괴적 창조와 파괴적 창조는 역사 속에서 항상 작용해 시장을 창조하고 재창조함으로써 산업의 범위를 지속적으로 확장해왔다. 이 두 가지는 성장을 위한 새로운 시장 창조에 대한 보완적인 접근 방식으로, 새로운 산업을 창조하고 기존 산업을 재창조하고 확장하는 데 각자 다른 역할을 한다. 비파괴적 창조를 명시적으로 인정하고 혁신에 관한 대화에 포함한다면, 그 특징적인 강점을 완전히 활용할 수 있다. 그리고 두 가지 창조 모두를 포용하는 넓은 시각을 가진다면, 훨씬 더 광범위하게 잠재적 성장 기회를 탐구하고 포착할 수 있다.

블루오션 전략부터 비파괴적 창조까지

우리 저자들은 어떻게 여기에 도달했을까? 우리는 왜 비파괴적 창조와 그 영향을 탐구하고 이해하려고 했을까? 간단히 말하면, 이 개념에 대한 우리의 통찰은 전략 분야에서의 연구가 혁신 분야와 결합하면서 시작됐다. 그 과정을 설명해보겠다.

30여 년 전인 1980년대 중반, 우리는 전략 분야에서 연구 여정을 시작했다. 당시에는 기존 산업에서 경쟁하는 방법이 주된 초점이었다. 성공하기 위해서는 조직이 속한 산업을 분석하고 경쟁자를 이기기 위해 경쟁 우위를 구축해야 했다. 이런 전략적 관점은 산업이 매력적인 경우에는 특히 중요하고 잘 작동하기도 한다. 그러나 1980년대 중반부터 말기에 이르기까지는 세계가 새로운 산업 현실로 점점 흔들리고 있었다. 엄청난 수의 글로벌 경쟁자들이 미국과 세계 경제에 침투했다. 이에 따라 이익 마진이 축소되고, 비용이 상승하며, 매출이 정체되거나 감소하고, 시장 점유율 경쟁이 심해졌다. 이런 와중에 미국에서 '러스트 벨트Rust Belt(제조업이 쇠퇴하면서 몰락한 미국 중서부와 북동부의 공업지대-옮긴이)'라고 불리는 지역이 등장하기도 했다. 한 지역사회가 글로벌 경쟁의 파도 탓에 산업 기반을 완전히 잃는 상황이 벌어진 것이다.

이런 상황을 관찰하면서 우리에겐 몇 가지 질문이 떠올랐다.

- 산업이 점점 혼란스러워지고 매력이 떨어지는 상황에서도 전략은 여전히 기존 산업에서의 경쟁에 초점을 맞춰야 할까?
- 새로운 시장을 창조해서 이처럼 치열한 경쟁을 피하는 것도 전략이 될 수 있지 않을까?
- 강하고 수익성 있는 성장을 위해서는 무엇이 필요할까?

이런 질문에 대한 답을 찾기 위해 우리는 신시장을 창조한 150여 개의 전략적 움직임strategic move을 연구했다. 연구 범위는 30여 개 업종, 100년 이상에 걸쳐 있었다. 그 결과를 집약해서 2005년에 출간한 책이 《블루오션 전략》으로, 시장 경쟁과 시장 창조라는 명확하게 구별되는 두 가지 전략 패턴을 제시했다. 전자를 '레드오션 전략'이라고 불렀는데, 이는 기존 산업에서의 경쟁이 점점 치열해져 피투성이가 된 것을 의미한다. 후자를 '블루오션 전략'이라고 명명했는데, 이는 아직 창조되지 않은 시장이 넓게 펼쳐진 푸른 바다와 같다는 의미다.[23]

《블루오션 전략》이 전 세계적으로 공감을 끌어내자, 사람들과 조직들의 관심도 바뀌었다. '블루오션 전략이 무엇인가?'라고 묻는 대신 '블루오션 전략의 이론과 도구를 어떻게 적용하면 레드오션을 블루오션으로 바꿀 수 있는가?'라는 질문이 늘었다. 2017년에 출간한 《블루오션 시프트》는 이 문제를 다뤘다.[24]

블루오션에 대한 관심이 높아짐에 따라 혁신 분야에서 활동하는 실무자, 학자, 컨설턴트들로부터 반복적으로 질문이 제기됐다. 그들은 다양한 방식으로 질문했지만, 기본적으로 블루오션 전략이 창조적 파괴나 창조적 혁신 또는 파괴적 혁신과 어떻게 다른지에 대한 것이었다.

이 문제를 해결하기 위해 우리는 혁신의 관점에서 블루오션 데이터를 재검토했고, 노보노디스크Novo Nordisk의 인슐린 펜과 같은 사례를 발견했다. 이 인슐린 펜은 애플의 아이폰이 기존 피처폰 산업을 전적으로 대체한 것과 유사하게 기존 인슐린 시장 제품을 대체했다. 이들 회사는 기존 산업을 재창조했고, 그들의 혁신적인 제품이 기존 제품을 압도적으로 대체하면서 빠르게 성장했다. 정말로 이들 회사의 혁신적인 움직임은 우리가 앞에서 정의한 대로 파괴적 창조에 꼭 맞는 사례였다. 그러나 이 두 회사와 같은 사례는 우리의 블루오션 데이터에는 거의 포함돼 있지 않았다. 다시 말해, 인슐린 펜과 아이폰은 기존 업종 '내부에서' 창조됐지만, 대부분의 블루오션 사례는 업종 경계에 '걸쳐서across' 창조됐다.

실례로 '태양의 서커스Cirque du Soleil'를 생각해보자. 이는 서커스와 극장의 기존 경계에 걸쳐서 새로운 시장 공간을 창조했다. 서커스와 극장에서 일부 점유율을 빼앗으면서 일정 수준의 파괴를 일으켰지만, 큰 시장 공간을 열었을 뿐 두 산업 중 어떤 것도 크게 대체하지 않았다. 새로운 시장이 기존 업종 내부가 아니라 업종 간 경계에 걸쳐서 창조될 때는, 파괴적 및 비파괴적 성장의 조합이 일어난다. 기존 업종의 완전한 파괴나 대체는 발생하지 않는다.

우리는 비즈니스 실무에서 널리 사용되는 파괴 또는 창조적 파괴와 달리, '파괴적 혁신'은 블루오션과 개념적으로 공통점이 거의 없다는 사실을 발견했다. 예를 들어 블루오션 사례 중 하나인 아이폰은 저가 시장의 저평가된 기술로 산업을 혁신한 것이 아니다. 오히려 고가 시장의 우수한 기술로 이를 이뤘다. 아이폰의 혁신 과정은 크리스텐슨의 파괴적 혁신 이론과 일치하지 않았고, 노보노디스크의 인슐린 펜 역시 마찬가지였다. 게다가 블루오션 전략은 조직이 경쟁이 아니라 창조를 통해 성장을 달성하는 방법을 설명하는 것이 목표다. 따라서 이 전략은 신시장 창조와 성장에 집중한다. 반면 크리스텐슨의 파괴적 혁신은 '처음에는' 왜 업계 리더 기업들이 저가 시장의 파괴자들 때문에 실패하는지를 설명하는 것이 목표였다. 크리스텐슨은 이에 대해 파괴적 혁신은 성장을 목표로 한 것이 아니라 파괴에 대한 경쟁적 대응을 강조한 것이라고 언급했다.[25]

블루오션 데이터를 조사한 결과, 매우 흥미로운 사실을 발견했다. 시간이 지남에 따라 원래 데이터베이스에 추가된 몇 가지 사례에서 스퀘어리더Square Reader, 콩트니켈Compte-Nickel(2018년에 니켈Nickel로 사명 변경), 인도프리미어리그Indian Premier League, IPL 등은 어떤 파괴나 대체도 유발하지 않았다. 앞으로 더 자세히 다루겠지만, 콩트니켈은 프랑스에서 은행 서비스를 받지 못하는 사람들을 위해 새로운 시장을 창조했고, IPL은 크리켓 및 스포츠 산업의 범위를 넘어 크리켓테인먼트cricketainment라는 완전히 새로운 산업을 만들었다. 기존 업종의 일부를 대체한 사례(대부분 블루오션 사례가 이 범주에 속한다)와 달리 우리의 블루오션 데이터베이스에 있는 몇 가지 사례는 어떤 대체도 일으키지 않았으며, 그래서 강한 호기심이 생겼다. 이에 따라 다음과 같은 연구 질문들이 제기됐다.

- 기존 시장을 파괴하지 않고 새로운 시장을 창조하는 혁신의 정체성은 무엇인가?
- 그 존재는 하찮고 무의미해서 기존의 혁신 이론과 실무에 미미한 영향밖에 미치지 못하는가?
- 그러나 그것이 시간과 함께 어떤 의미를 갖고 존재했다면, 왜 혁신과 성장의 세계에서 주목받지 못했을까?
- 이 혁신이 현재와 미래에 비즈니스와 사회에 주는 함의는 무엇인가?
- 만일 이 혁신이 경제적 이익과 사회적 이익을 연결하는 중요한 역할을 하고 기업이 성장하면서도 사회에 유익한 집단이 될 방향성을 제시한다고 할 때, 이를 체계적으로 구상하고 실현할 수 있는 프로세스나 접근 방식이 있을까?

이런 질문들은 우리에게 영감을 줬고 비파괴적 창조에 대한 연구에 동기를 부여했다. 이를 위해 우리는 시간을 되돌려 영리기업과 비영리 및 공공 부문에서 비파괴적 창조의 과거와 현재 사례를 수집했다. 그 과정에서 블루오션 전략에 관한 자료와 경영 활동의 새로운 데이터베이스를 구축했다. 또한 인류학적 요소를 포함하기 위해 기업의 문서와 분석가들의 보고서, 그리고 우리가 비파괴적 창조라고 생각하게 된 전략적 움직임을 만들어낸 주요 인물들의 공개된 인터뷰, 연설문 등을 수집했다. 그중 몇 명과는 비공개 대화도 나눴다.

우리의 목표는 비파괴적 창조와 그것이 실현되는 공통 패턴, 공유 프로세스, 요인을 발견하는 것이었다. 또 비파괴적 창조와 대조적으로 블루오션 및 파괴적 창조의 기존 사례도 분석에 활용해 주요 차이점을 파악하고자 했다. 이를 위해 비파괴적 창조의 움직임들 간 수렴되는 양상과 신시장 창조의 다양한 형태에서의 분화를 조사한 뒤 그 결과를 교차 점검하고 확인했다.

표 1-3에 제시된 바와 같이, 우리의 연구 결과 비파괴적 창조는 파괴적 창조 및 블루오션 전략과 구분되는 개념임이 드러났다. 그에 따라 성장에도 다른 영향을 미친다. 파괴적 창조는 기존 산업 경계 '안에서' 새로운 시장을 형성해 파괴적 성장을 가져오는 반면, 블루오션 전략은 기존 산업의 경계에 '걸쳐서' 새로운 시장을 창조하며 파괴적 성장과 비파괴적 성장의 혼합된 형태를 보인다. 이에

표 1-3 파괴적 창조 vs. 블루오션 전략 vs. 비파괴적 창조

파괴적 창조	블루오션 전략	비파괴적 창조
기존 산업 경계 내에서 새로운 시장이 창출된다.	기존 산업의 경계에 걸쳐서 새로운 시장이 창출된다.	기존 산업 경계 외부에 새로운 시장이 창출된다.
기존 시장 수요의 일부 또는 대부분이 새로운 시장으로 이동된다.	수요는 부분적으로는 새로운 것이며 부분적으로는 기존 시장에서 유입된 것이다.	수요의 전부 혹은 대부분이 새롭게 생긴 것이다.
상당한 수준의 파괴적 성장이 이루어진다.	파괴적 성장과 비파괴적 성장의 조합이 생성된다.	주로 비파괴적 성장이 이루어진다.

비해 비파괴적 창조는 기존 산업 경계 '외부에서' 새로운 시장을 창조하며 대부분 비파괴적 성장을 생성한다는 특징이 있다.[26]

표에서 보여주는 것처럼 파괴적 창조가 혁신 스펙트럼의 한쪽 끝에 있고 비파괴적 창조가 다른 쪽 끝에 있을 때, 블루오션 전략은 두 가지의 조합으로 볼 수 있으며 중간에 자리한다. 블루오션 전략에 대해서는 충분한 문서 자료가 이미 존재하기 때문에 이 책에서 우리는 비파괴적 창조에 초점을 맞췄다. 비파괴적 창조는 주목받지 못하고 개척되지 않은 혁신 경로다. 그 독특한 정체성과 패턴, 영향력을 드러내고 완전히 이해하기 위해 우리는 비파괴적 창조를 혁신 스펙트럼의 반대쪽 끝에 있는 파괴적 창조와 대조했다.

미래는 우리가 창조하는 것

이 책에서 우리의 목표는 두 가지다. 첫째, 비파괴적 창조를 포함해 기존의 혁신과 성장에 대한 시각을 확장하는 것이 오늘날 매우 중요하며 앞으로도 그 중요성이 더욱 커질 이유를 보여주고자 한다. 이를 위해 비파괴적 창조의 독특한 강점을 설명하고, 어떻게 하면 조직이 성장의 중요한 원천이 되는 동시에 선한 영향력을 행사할 수 있을지 이야기할 것이다. 둘째, 어떻게 비파괴적 창조를 생성할 수 있을지 설명할 것이다. 비파괴적 기회를 발견하고 활용하는 데 필수적인 기반 요소들을 살펴봄과 함께, 특히 가능성이 큰 분야를 개요로 제시해 활용할 수 있게 안내하고자 한다.

이어지는 장에서는 다음과 같은 내용을 논한다. 제2장에서는 비파괴적 창조가 경제적 성장과 사회에 어떤 영향을 미치는지 살펴보고, 파괴적 창조의 영향과 어떤 차이가 있는지 비교할 것이다.

제3장에서는 비파괴적 창조가 조직 차원에서 왜 중요한 문제인지 다룬다. 내부 이해관계자, 외부 이해관계자, 신규 참여자, 기존 기업의 관점에서 파괴와 비교해 비파괴적 창조의 비즈니스상 네 가지 독특한 이점을 탐구한다. 그런 다음 산업 간 관련성을 다룰 텐데, 여기에는 세계에서 가장 경쟁이 심하고 강력하게 규제되는 산업 중 하나가 포함돼 있다. 또 기업 차원에서 수익 성장에 미치는 영향도 살펴볼 것이다.

제4장에서는 비파괴적 창조가 중요한 개념일 뿐만 아니라 앞으로 더욱 중요해질 것으로 보이는 이유에 대한 증거를 제시한다. 오늘날 전 세계적으로 조직들이 직면한 두 가지 새로운 힘이 존재한다. 하나는 제4차 산업혁명으로 인한 스마트 기계와 새로운 기술의 등장이고, 다른 하나는 이해관계자 자본주의에 대한 증가하는 수요다. 이 주요한 힘들이 미래의 경제적·사회적 가치에 어떤 영향을 미칠지 자세히 살펴본다. 기업뿐만 아니라 정부도 성장, 일자리, 사회적 안정성 간 동적 균형을 관리하기 위해서는 이 두 힘의 영향을 고려하는 것이 중요하다.

제5장에서는 제1부를 종합하며 새로운 혁신 노력을 기울일 때 도움이 될 시장 창조 혁신의 성장 모델을 제시한다. 이 모델은 새로운 시장을 창조하는 세 가지 혁신 경로를 따르는데, 각각의 경로로 이끄는 요소가 무엇인지 알아볼 것이다. 또한 서로 다른 유형의 성장인 파괴적, 비파괴적, 그리고 두 유형의 혼합을 어떻게 생성하는지도 살펴본다. 이를 이해하면 조직에서 혁신에 노력을 기울일 때 분명한 목표 의식을 가질 수 있을 것이다.

비파괴적 창조의 중요성을 이해했다면, 제2부에서는 방향을 바꿔 비파괴적 창조를 실현하는 방법을 다룬다.

제6장에서는 성공적인 비파괴적 창조자들이 공통적으로 갖고 있는 세 가지 근본적인 관점을 제시한다. 이런 관점은 행위 주체와 환경, 기술, 그리고 창의성의 근원에 대한 인식을 중심으로 하는데 비파괴적 창조자들의 사고 과정과 대화, 그들이 혁신을 구상하고 실현하는 과정에서 형성된 문화를 소개할 것이다. 이 관점을 갖추면 비파괴적 기회를 파악하고 실현하는 과정과 행동에 대한 나침반을 확보한 셈이 된다.

이 나침반을 기반에 깔고, 제7장부터 제9장까지는 비파괴적 창조를 실현하는 구성 요소와 분석 도구를 설명한다. 특히 제7장에서는 비파괴적 기회를 찾아내고 시장 잠재력을 평가하며, 이를 실현 가능하게 구성하는 방법을 탐구한다.

제8장에서는 두 번째 구성 요소를 다룬다. 즉 기회를 포착하는

방법으로, '가정-함의 분석'을 소개한다. 비파괴적 기회를 가로막아온 기존의 가정을 찾아내고 명확히 표현하는 구조화된 방법을 제공함으로써 그 가정의 비즈니스적 함의를 도출하고 도전하며 재구성해 기회를 포착하는 방법을 찾게 할 것이다. 또 이 단계에서 예상되는 도전 요소들을 제시해 다른 사람들의 지적에 흔들리지 않고 제 갈 길을 꿋꿋이 걸을 수 있도록 안내한다.

제9장에서는 세 번째이자 마지막 구성 요소인 비파괴적 기회를 실현하는 방법을 다룬다. 비파괴적 창조의 세 가지 촉진 요인과 그들이 어떻게 창의적으로 활용될 수 있는지, 그리고 고영향high-impact 저비용low-cost 방식으로 기회를 잡는 방법을 보여주는 프레임워크를 제공한다. 나아가 '해야 한다should'가 아니라 '할 수 있다could'라고 정신 무장을 하는 것이 왜 강력한 도구인지도 설명한다. 이런 마인드라야 올바른 비즈니스 모델을 도출하고, 조정과 최적화를 위한 빠르고 반복적인 피드백 시스템을 만들 수 있기 때문이다. 이 장은 비파괴적 창조를 실현하기 위해 자신이 시장 및 다른 사람들과 함께 성공의 길에 있는지 평가할 수 있는 자신감-역량 맵으로 마무리한다.

제10장에서는 우리가 함께 더 나은 세상을 만들기 위해 탐구할 수 있는, 비파괴적 창조와 성장의 가능성이 있는 분야를 개요로 제시한다.

비파괴적 창조의
경제적·사회적 영향

다음 예시를 보라.

넷플릭스Netflix 대 블록버스터Blockbuster, 아마존 대 서점 또는 소매 업계, 우버 대 택시, 비행기 대 대서양 횡단 선박.

이 외에도 서로 다른 산업과 시기를 가로지르며 다양한 사례가 있다. 이들은 공통으로 세 가지 주요 요소를 갖고 있다. 첫째, 모두 파괴적 창조의 사례라는 점이다. 이들에 관한 기사나 리포트, 경영진 인터뷰, 투자 분석 보고서 등을 읽어보면 이런 역학을 설명하기 위해 가장 자주 사용된 단어가 '파괴'다. 둘째, 모두 명확한 승자-패자 상황을 반영한다는 점이다. 셋째, 소비자에게 이로움을 제공하는 경우에도 사회에는 고통스러운 조정 비용을 부과한다는 점이다. 좀 더 자세히 알아보자.

일단 긍정적인 면을 이야기하자면, 소비자와 구매자들에게 커다란 이점이 제공된다. 그래서 사람들이 넷플릭스, 아마존, 우버 등의 파괴적인 제품이나 서비스에 매료되는 것이다. 제품이나 서비스가 기존 시장을 파괴하려면 가치가 엄청나게 도약해야 한다(일반적으로 새로운 비즈니스 모델로 강조된다). 안 그러면 해당 산업은 혼돈에 휩싸이지 않을 것이며, 기업이나 소비자가 기존 제품에서 새로운 제품으로 전환할 이유가 없을 것이다.

넷플릭스가 어떻게 블록버스터를 파괴했는지 생각해보라. 연체료가 없고, 저렴한 월간 요금으로 영화를 무제한 볼 수 있다. 예전에는 우편을 통해 집으로 배달했지만 지금은 온라인 스트리밍으로 전달된다. 비디오 가게에 갈 필요가 없어졌을 뿐 아니라 사전에 예매하지 않고도 영화를 볼 수 있다. 넷플릭스의 혁신적인 비즈니스 모델은 블록버스터를 비롯한 독립 비디오 대여점과 비교할 때 소비자들이 거부할 수 없는 가치를 제공했다. 그 보답으로 2억 명 이상의 소비자가 지갑을 열어 넷플릭스의 강력한 성장과 가치 상승을 견인했다.

아마존을 보자. 초기에는 서점들을 파괴했고, 알다시피 현재는 소매 업계를 파괴하고 있다. 소비자나 기업들에 아마존을 선택하는 이유를 물어보면 긍정적인 응답이 쏟아진다.

"원하는 책이나 상품을 항상 찾을 수 있다는 점이 좋아요."

"고객 리뷰와 평점이 좋고 도움이 돼요."

"관심이 있는 제품만이 아니라 연관된 제품까지도 쉽게 찾을 수 있어요."

"결제가 빠르고 간편해요."

"집에서 모든 것을 주문할 수 있고, 배송 속도가 놀랍도록 빨라지고 있어요."

우리가 강연할 때 청중 가운데 한 여성은 "크리스마스 때는 아이들에게 '아마존에 없는 건 세상에 없는 거란다'라고 말해요"라고 했다. 아마존의 가치가 비약적으로 높아졌음을 보여주는 증거로 이보다 강력한 것도 없으리라. 그 여성의 마음속에 다른 가게는 없다.

경제적인 측면을 보자면, 파괴자가 제공하는 소비자 이익이 높을 뿐 아니라 사회의 자원들이 더 효율적으로 사용될 수 있는 곳에 할당된다. 소비자 이익이 커지기에 아마존에서 쇼핑을 하고, 우버를 타며, 넷플릭스를 중독적으로 시청하는 것이다. 사람들은 그 회사들이 삶을 더욱 향상시킨다고 느낀다. 이처럼 파괴적 창조는 혁신적인 비즈니스 모델 덕에 매력적인 가치를 선사함으로써 기존 산업의 고객들이 파괴적인 제품이나 서비스를 더 자주 사용하도록 고무시키고, 기존의 제품이나 서비스를 구매하지 않았던 새로운 이용자들까지 유인함으로써 산업을 성장시키는 경향이 있다. 예를 들어, 블록버스터에서 DVD를 대여하던 때보다 더 많은 사람이 넷플릭스를 시청하고, 필름으로 사진을 찍던 시절보다 확실히 더 많은 사람이 디지털 사진을 찍는다. 마찬가지로, 비행기가 등장한 이후 배를 이용하던 시절보다 더 많은 사람이 바다를 건넌다.

또한 소비자 잉여consumer surplus의 큰 도약은, 제1장에서 논한 것처럼, 파괴적 창조가 저가와 고가 시장 양쪽에서 발생하는 이유도 설명한다.[1] 소비자 잉여는 가격 자체가 '아니라' 제공되는 더 큰 가치로 결정되기 때문이다. 여기서 가치는 비가격적 성능 또는 주어진 가격에서 얻을 수 있는 혜택을 뜻한다. 가격에 비해 제공되는 혜택이 이전보다 상당히 클 때 파괴가 발생하는 경향이 있다. 예를 들어 백열전구는 석유 램프보다 비쌌지만 신뢰성, 안전성, 편의성, 건강 측면에서 대단한 우위를 차지해 소비자 이익이 크게 증가했고 결국엔 석유 램프를 대체했다. 마찬가지로 애플의 아이폰은 비싸지만 멋진 디자인, 용이해진 인터넷 접근성, 터치스크린 인터페이스 등 성능상의 비약적인 혜택을 제공해 이전 제품보다 수십 배 큰 소비자 잉여를 창조했다. 아이폰은 피처폰과 초기 스마트폰 제품을 빠르게 대체했고, 소비자들은 이를 구매하고자 몇 시간이나 줄을 서기도 했다.

고가 시장에서 일어나든 저가 시장에서 발생하든, 파괴적 창조에서는 성장이 결국 승자-패자의 방식으로 이뤄진다. 파괴자가 승리하면, 기존 플레이어와 시장은 직접적인 피해를 본다. 이것이 두 번째 공통점이다. 파괴적 창조는 승자와 패자 사이에 분명한 상충관계를 가중시킨다. 이 상충관계의 정도는 얼마나 대체하느냐에 따라 달라진다. 예컨대 파괴자가 제공하는 소비자 잉여의 큰 도약이 기존의 산업과 기업들을 거의 완전히 제거할 수 있다면, 승자 1명에 패자 100명의 상황이 될 수도 있다. 실례로, 대서양 여객선 산업은 비행기의 등장으로 거의 파괴됐다. 기존 제품이나 서비스에 대한 수요 감소가 기존 업체와 기존 시장의 수익 감소로 이어진 것이다.

예를 들어, 아마존은 보더스Borders의 1,200개 매장과 무수히 많은 독립 서점을 대체하고 반즈앤드노블Barnes & Noble의 매출에 큰 타격을 입히는 데 그치지 않았다. 전국적으로 소매업과 백화점 업계에도 같은 일을 벌이고 있다. 아마존은 강력한 성장으로 큰 승리를 거뒀지만, 그 과정에서 많은 상점과 쇼핑몰이 폐쇄됐고 많은 기업이 파산했다(코로나19 사태가 일어나기 전에 이미 도래한 현실이었다). 오늘날 아마존은 미국 온라인 소매 매출의 50%를 차지하고 있다. 마찬가지로, 우버는 특정한 택시 회사의 영업을 방해하거나 빼앗지 않았다. 그러나 그 파괴적인 움직임은 우버가 진입한 대부분 도시에서 택시 사업 매출에 피해를 줬다. 서티파이소프트웨어Certify Software의 영수증 분석에 따르면, 우버와 기타 탑승 서비스는 2014년에 겨우 8%에 불과했던 비즈니스 지상 운송 시장의 점유율을 2018년에는 70% 이상으로 증가시켰다.

넷플릭스는 비디오 대여점 대부분을 말살했다. 게다가 점점 더 많은 사람이 케이블TV 구독을 철회하고 넷플릭스의 회원으로 가입하고 있다. 미국에서 가장 큰 비디오 대여점이었던 블록버스터는 현재 단 한 곳의 매장만이 남아 있다. 대서양 여객선의 경우, 이전에는 대서양 횡단 수요의 100%를 차지했지만 오늘날에는 5% 미만에 불과하다. 이제는 훨씬 더 커진 대서양 여객 운송 산업에서 비행기가 95% 이상을 차지하고 있다. 스티브 잡스는 아이폰이 전화 산업을 혁신할 것이라고 선언한 바 있다. 실제로 아이폰은 역사상 가장 잘 팔리는 제품이 돼 애플을 세계에서 가장 가치 있는 상장회사로 만들었다. 그러나 그 이면에는 노키아Nokia, 소니-에릭슨Sony-Ericsson, 모토로라Motorola, 블랙베리BlackBerry와 같은 대기업들의 몰락과 휴대전화 사업 철수가 있었다.

파괴적 창조의 경제적 영향을 요약하면 다음과 같다. 소비자와 모든 이용자에게 소비자 잉여의 큰 도약을 제공하며, 사회의 자원이 더 효율적으로 사용되는 곳에 할당되게 한다. 또 살아남은 기업들을 자극해 소비자의 혜택을 위해 경쟁력을 키우게 한다. 패자에게서 승자에게로 수요가 이동하긴 하지만, 파괴적 창조는 시간이 지남에 따라 경제의 종합적인 성장을 강화하는 경향이 있다. 파괴로 생성된 총수요에서 파괴당한 기업 및 산업에서 이전된 수요를 빼면 결과는 대개 플러스다. 다시 말해, 시간이 지남에 따라 일반적으로 순증가를 기대할 수 있다.

언론에서 파괴자의 승리가 찬양받고 구매자와 투자자들이 몰려드는 이면에, 승자-패자 방식은 세 번째 공통점인 고통스러운 조정 비용을 불러온다. 파괴적 창조를 둘러싼 환호와 화려함 때문에 대부분 사람은 잘 모르지만, 이 문제에 관심을 가져야 한다. 기존 일자리의 손실과 해고, 임금의 하락과 지역사회의 타격만이 문제가 아니라 지식과 기술, 설비와 장비의 가치가 크게 감소하거나 퇴색하는 경우가 많다. 파괴로 인해 발생하는 경제적 비용이 전체 경제에서 차지하는 비중이 작다고 해도 이에 영향을 받는 사람들, 기업들, 지역사회에는 아주 큰 타격이다. 패자들의 인간적인 고통, 승자와 패자 사이에 훼손된 조화와 신뢰 등은 사회에 불안을 일으킨다.

예를 들어 우버의 미국 시장 가운데 가장 큰 뉴욕시의 경우, 우버의 약진은 택시 기사들과 택시 메달리온medallion 소유자들의 생계에 큰 영향을 미쳤다. 택시 메달리온은 택시를 직접 운전하거나 다른 사람에게 임대할 수 있는 권리로, 일종의 퇴직 티켓으로 여겨졌다. 100만 달러 이상이던 이 메달리온의 가치가 우버와 기타 탑승 서비스의 등장 이후 17만 5,000달러로 급락했다. 택시 기사들의 수입은 40%까지 감소했으며, 많은 기사가 생계를 위해 이제는 두 배의 시간을 근무해야 한다. 파산, 주택 압류, 퇴거, 심지어는 자살까지 발생했다. 뉴욕시에서 수입 감소로 심각한 재정 문제에 직면한 택시 기사 8명이 스스로 목숨을 끊은 것으로 알려졌다. 뉴욕택시기사동맹New York Taxi Workers Alliance은 기사들 사이에서 일어나는 우울증 징후를 주시하기 시작했다. 이런 부정적인 여파는 뉴욕뿐만 아니라 우버와 유사한 서비스가 진출한 전 세계의 주요 도시에서도 나타난다. 가치의 큰 도약은 소비자들에게 풍요로움을 안겨주지만 피해 당사자들에게는 생존을 위협하는 문제가 된다.

디지털카메라가 코닥Kodak을 파괴한 것도 생각해보라. 코닥 직원 수는 8만 6,000명에서 2,000명 미만으로 급감했다. 수만 명이 일자리를 잃었고, 그들이 오랫동안 축적해온 지식과 기술도 큰 타격을 입었다. 코닥의 본사 소재지인 뉴욕 로체스터를 보자. 이 지역에서 여러 세대에 걸쳐 가장 큰 고용주였던 이 회사의 추락은 좋은 대우와 혜택을 제공하는 일자리의 소실뿐만 아니라 공급 업체, 소매 업체, 서비스 기업 및 비영리기관에도 엄청난 부정적 영향을 미쳤다. 사람들의 소득이 줄어들면서 소비와 지역 투자도 감소했다. 이런 손실은 도시 사회에 상당한 피해를 안겼다.

또 아마존이 서점을 파괴함으로써 3만 개 이상의 일자리가 증발했다. 보더스가 문을 닫으면서 없어진 일자리는 물론, 독립 서점들이 휘청거리며 사업을 중단한 결과 더 많은 일자리가 사라졌다. 반즈앤드노블도 마침내 굴복했고, 수십만 개의 일자리가 더 날아갔다. 그러나 타격이 일자리 손실에 그치는 건 아니다. 서점은 커뮤니티의 일부분으로 문화, 역사, 동네가 어우러지는 감성적인 장소다. 한 도시가 서점을 잃으면 많은 사람이 지역사회의 영혼 일부를 잃어버린 것으로 느낀다.

아마존에 의한 소매업 파괴의 인간적 비용은 더욱 두드러진다. 적게는 수십 개에서 많게는 수십만 개에 이르는 일자리 손실은 물론, 초라하게 문을 닫은 상점들의 모습은 사람들의 정신에 서서히 영향을 미치며 커뮤니티의 활기를 훼손한다. 소매업 일자리는 화려하지는 않지만 그간 수백만 명에게 생계 수단을 제공해오지 않았던가.

이런 사회적 조정 비용은 수요의 이전과 함께 일자리가 기존의 질서에서 파괴자에게로 옮겨짐으로써 발생한다. 이를 '이전 영역zone of transfer'이라고 부르며, 여기에서 사회적 고통이 발생한다. 파괴가 완전히 이뤄질수록 이전 영역은 더욱 커지며, 이 고통을 흡수하고 새로운 현실에 서서히 적응하는 동안 사회는 단기적으로 때로는 중기적으로 어려움을 겪는다. 즉 파괴는 긍정적인 영향뿐만 아니라 부정적인 영향도 가져오며, 특히 사람과 관련된 문제에 엄청난 영향을 미친다.

해고된 사람들이 다른 산업에서 일자리를 찾을 수도 있지만, 보장되지는 않는다. 특히 지역적으로 일자리가 이미 부족한 농촌일 때는 더더욱 그렇다. 물론 파괴는 새로운 성장과 일자리를 가져온다. 늘어난 총소비를 맞추려면 고용이 이뤄져야 하기 때문이다. 예를 들어 아마존의 서적 판매 업체와 소매 업체에 대한 파괴는 최대 90만 개의 일자리를 없앴다. 그런데 코로나19가 발생한 시점 기준으로 볼 때, 아마존의 직원 수는 최근 인수한 홀푸드Whole Foods 직원을 제외하고도 이전 20만 명에서 80만 명으로 늘었다. 아마존이 창출하는 일자리는 지속적으로 증가하고 있고, 이는 경제에 긍정적인 영향을 미치며 타격을 어느 정도 완화한다. 그러나 아마존의 새 일자리가 예전에 사라진 일자리와 동일한 장소에 생겨나거나, 해고했던 직원들의 기술과 지식을 요구하는 일자리인 것은 아니다. 따라서 해고된 사람들은 여전히 어려움을 겪을 것이다. 또 파괴자의 급속한 성장이 반드시 경제적으로 일자리가 증가하는 것을 의미하지는 않는다는 것도 문제다. 왜냐하면 그들의 비즈니스 모델이 점점 더 기술 중심적으로 변화하고 있기 때문이다.

블록버스터는 2004년경 최고조에 달했을 때 6만 명의 직원과 9,000개의 매장, 59억 달러의 매출을 보였다. 그에 비해 넷플릭스는 수요와 산업 규모를 적극적으로 확대해 2019년에 200억 달러 이상의 매출을 올렸다. 그런데도 넷플릭스의 직원 수는 8,000명 미만이다. 다시 말해 경제와 회사, 주주에게는 매력적인 성과를 안겨줬지만, 기술 중심적인 비즈니스 모델을 운용하면서 80% 적은 직원을 고용하고 있다는 얘기다. 5만 명 이상의 일자리가 사라진 것이다.

이런 사회적 조정 비용과 파급효과가 부정적인 외부 효과다. 파괴적 창조하에서는 시장 창조와 시장 파괴, 그리고 그와 연계된 일자리 창조와 일자리 파괴가 불가분하기 때문이다. 파괴적 창조가 고용에 미치는 영향을 판단할 때는 전체적인 고용자 수가 아니라 순 고용자 수를 고려한다. 즉 파괴적 창조로 생성된 전체 고용자 수에서 파괴를 겪은 기업과 산업에서 잃은 고용자 수를 차감한 결과로 결정된다는 뜻이다. 이것이 파괴적 창조가 외부 이해관계자들에게 반발을 사는 주요한 이유다. 파괴적 창조는 사회적 이익단체, 정부기관, 비영리단체 등 외부 이해관계자들의 저항을 부른다(이에 대해서는 제3장에서 자세히 다룬다). 이들은 파괴자에 대항해 로비를 벌이거나 규제, 압력, 과세 등을 시도해 파괴의 영향을 최소화하려고 한다. 파괴의 '이전 영역'에서 일어나는 피해를 줄이기 위해서다.

본질적으로 파괴적 창조는 승자-패자의 상황을 만들어낸다. 단순히 기존의 수요를 새로운 곳으로 옮기는 것이 아니라 장기적으로 새로운 소비를 창조해 거시적 측면에서는 경제 성장을 이루는 데도 말이다. 파괴적 기업은 수익 창출을 위해 노력하는 과정에서, 의도한 것은 아니라고 해도, 결국 사회에 부담을 준다. 성장을 위해 산업을 내부에서 재창조하는 독특한 역할을 수행하는 과정에서 상충관계가 발생하고, 사람들과 지역사회가 희생된다.

다만 산업이 환경이나 사람들의 복지에 부정적인 영향을 미치더라도, 해당 산업을 파괴하고 대체함으로써 얻어지는 사회 전체적인 이익이 상충관계에 따른 피해보다 클 수도 있다. 예를 들어 석탄 발전소를 청정하고 신뢰할 수 있으며 더 경제적인 에너지원으로 대체할 때는 오염과 같은 해로운 부작용이 사라지는 것과 같은 사회적 이익이 더 중요하게 고려돼야 한다. 해로운 부작용이 더 컸던 산업일수록 파괴적 창조는 사회에 긍정적 영향을 미칠 수 있다.

이런 산업에서 파괴적 창조는 더 큰 사회적 이익을 위한 혁신과 성장을 위해 필요한 길일 수 있다.

시장을 창조하는 혁신이 포지티브섬 결과를 도출할 때

비파괴적 창조가 파괴적 창조와 무엇이 다른지를 보자. 시장 파괴와는 전혀 다른 시장 창조 방법을 적용함으로써, 기업이나 조직은 사회적 고통을 최소화하거나 고통을 전혀 초래하지 않고도 성장할 수 있다. 파괴적 창조의 승자-패자 구조와 대조적으로, 모든 조건이 동일한 상황에서 혁신에 대한 포지티브섬 접근 방식으로 생각할 수 있다. 이는 혁신의 세계에서 꼭 필요하다. 둘의 유사점과 차이점을 살펴보자.

첫째, 파괴와 마찬가지로 비파괴적 창조는 개별 소비자나 기업 고객 등 구매자에게 매력적인 가치를 제공한다. 삶을 긍정적으로 변화시키고, 사람들이 해당 제품이나 서비스를 구매하거나 이용함으로써 새로운 시장이 형성된다. 그런데 만약 매력적인 가치를 제공하지 못한다면 새로운 시장은 형성되지도 못할 것이다. 이는 파괴적 창조와 마찬가지로 선행 조건이다.

예를 들어 〈세서미 스트리트〉가 만들어낸 비파괴적 움직임은 가정에 새로운 기회를 선사했다. 취학 전 자녀들이 프로그램을 시청하며 색상, 모양, 알파벳, 듣기 같은 중요한 기능을 배울 수 있게 하고, 그것도 집 안에서 가능케 한 것이다. 부모들은 짧은 시간이나마 아이에 대한 걱정을 떨치고 샤워를 하거나 집안일을 할 수 있게 됐다. 또 판타지와 현실이 뒤섞이고 신나는 노래와 장난기까지 더해진 데다 다채롭고 사랑스러운 머펫들은 아이들의 마음도 사로잡았다. 아이들은 자연스럽게 조기교육의 세계로 들어섰다.

3M의 포스트잇을 보라. 사람들은 포스트잇을 아주 매력적인 제품이라고 생각한다. 이 작은 파스텔톤 메모지는 어디든 잘 붙을 뿐 아니라, 일단 붙여놓으면 웬만해선 떨어지지 않는다. 그러면서도 또 떼려고 할 때는 힘들이지 않고 떼어낼 수 있으며 자국도 남지 않는다. 포스트잇을 처음 사용하는 사람들이 붙였다가 떼어내고, 앞뒤로 종이를 살펴보고 또다시 붙여보며 신기해하는 것은 흔히 볼 수 있는 일이다. 우리도 모두 그렇게 해봤기 때문에 잘 안다. 알림과 메모를 위해 쓰는 포스트잇은 회사나 학교, 가정에서 꼭 필요한 도구가 됐다.

이 밖에도 청각장애인을 위한 M:NI("나도 드디어 남들처럼 음악을 즐길 수 있게 됐어!"), 남성을 위한 비아그라("수년간의 고통에서 드디어 벗어났다"), 소규모 비즈니스를 위한 스퀘어리더("마침내 우리도 신용카드 결제 방식을 제공할 수 있어"), 스타워크Star Walk 앱("저기 오리온이 있네! 이토록 쉽게 별자리를 알아볼 수 있다니 놀라워!") 등이 있다. 모두 구매자와 사용자에게 매력적인 가치를 제공하는 사례들이다.

파괴적 창조와 달리 비파괴적 창조는 기존 산업이나 기업을 대체하지 않으면서 성장을 이룬다. 여기에서는 명확한 패자가 없다. 따라서 사회에도 조정 비용이나 고통이 거의 없다고 할 수 있다. 다시 말해, 비파괴적 창조는 애초부터 성장과 일자리에 긍정적인 영향을 미친다. 예를 들어, 킥스타터Kickstarter는 많은 창작자가 엄청난 상상력을 담은 프로젝트를 실현하고 싶어 하지만 자본이 부족해 좌절하는 상황을 자주 목격했다. 이를테면 독특한 이름의 식당이나 커피숍에서 일하는 힙한 복장의 직원들이 한 예다. 그들이 실현하고 싶어 하는 아이디어는 한 도시의 모든 사람에게 익명의 손글씨 편지를 발송하고, 받은 이들의 반응을 보는 것이었다.

"뭐? 너도 받았다고? 이게 무슨 일이지?"

"누가 쓴 걸까? 내 주변에 편지를 안 받은 사람이 없어! 이 도시에 무슨 일이 일어난 걸까?"

이 유쾌한 소동이 한 커뮤니티를 순식간에 사로잡고, 사는 동안 함께 나누는 놀라운 추억이 될 수 있다는 걸 상상해보라.

실제로 그 프로젝트가 킥스타터 플랫폼에서 펀딩을 받았는데, 다른 대부분의 창작물과 마찬가지로 경제적인 이익은 없었다. 대부분 창작자는 ROIReturn on Investment(투자수익률)를 목표로 하지 않는다. 그들은 무엇보다 자신의 예술적 비전을 실현하기 위해 창작한다. 그러니 이 프로젝트가 기존 자본 시장 투자자들의 수익·성장·투자 기회에 어떤 영향도 미치지 않았고, 기존의 금융 산업을 침해하지 않았다는 사실은 놀라울 게 없다. 또 킥스타터에서 후원자들은 금전적인 보상이 아닌 멋진 상품이나 창작자의 웹사이트에 언급되는 등의 인정을 받는다. 이를 계기로 창작물에 관심이 있는 사람들, 그리고 다른 사람들의 꿈을 실현하는 데 도움을 주고자 하는 새로운 투자자들이 모여든다.

킥스타터는 출시 후에 〈타임〉이 선정한 '올해의 50대 발명품' 중 하나로 극찬을 받았다. 킥스타터가 승자였지만 패자가 된 기존 기업은 거의 없었다. 킥스타터는 출시 3년 만에 이익을 내기 시작했고, 처음 10년 동안 플랫폼에서 지원받은 프로젝트에 대해 43억 달러를 모금해 약 16만 개 이상의 아이디어를 구현했다. 펜실베이니아대학교 연구에 따르면, 킥스타터의 이 프로젝트들 덕에 30만 명 이상의 일자리가 창조됐고, 새로운 기업과 비영리단체 8,800개가 성공적으로 설립돼 창작자와 그들의 지역사회에 53억 달러 이상의 직접적인 경제적 영향을 미쳤다. 킥스타터 때문에 일자리를 잃은 사람도, 망한 기업도 없다. 고통이나 사회적 조정 비용 없이 예술적인 커뮤니티가 번성하는 데 도움을 줬다. 패자 없이 모두가 승자가 됐다고 할 수 있다.

또 다른 예로, 2019년 12월에 창설된 미 우주군의 비파괴적인 움직임을 살펴보자. 그해에는 미국 정치에서 매우 갈등이 많았지만, 우주군은 미국의 안보와 생활 방식의 가치를 수호하고자 하는 군대라는 점에서 창설 제안이 양당의 지지를 받았다. 민주당이 주도하는 하원과 공화당이 주도하는 상원 모두에서 통과됐고, 법률로 만들어졌다. 미 우주군은 미국 정부가 70년 만에 창설한 새로운 군사기관이다. 이들은 하늘에 한계가 있다는 오래된 속담에 도전하며 그 전략적 범위는 지구의 대기권이 끝나는 곳부터 시작돼 별, 행성, 달, 그 너머로 이어진다. 이 군대는 새롭게 부상하는 전략적 도전에 대응하기 위해 창설됐다.

우주의 신비와 도전에 대해 생각할 때, 사람들은 영화 〈스타워즈〉나 〈로스트 인 스페이스〉와 비슷한 상상을 한다. 저 어딘가에 생명체가 있을까? 물이 있을까? 산소나 식물과 같은 형태의 존재가 있을까? 어떻게 하면 중력이 약한 다른 행성에서 무거운 우주복을 입지 않고도 걸을 수 있을까?

대부분 사람은 우리 일상생활과 안전이 우주와 얼마나 긴밀하게 연결돼 있는지 잘 모른다. 위성은 이미 우리 일상에서 중추적인 역할을 하고 있다. 자동차의 GPS, ATM, 병원, 전력망, 은행, 주유기, 신호등 등 모든 것이 지구 주위를 돌면서 작동하는 위성에 의존한다. 미사일 경보 시스템, 휴대전화, 그리고 소중한 사진을 저장하는 클라우드도 마찬가지다. 재난 구호, 인도적 지원, 예방과 안전도 인공위성이 있기에 가능하다. 단지 우리 눈에 보이지 않을 뿐이다.

사이버 공격과 전파 방해, 그리고 고속 충돌을 통한 위성 파괴 등은 갈수록 중대한 전략적 도전이 되고 있다. 이는 국가와 기업의 안전과 생존, 사람들의 삶에 심각한 영향을 미칠 수 있다. 위성이 전파 방해를 받아 구조 작전이 필요한 정보에 접근하지 못한다면, 인명 피해가 발생하거나 국가 안보가 위험에 처할 수 있다. 게다가 작은 위성은 시속 2만 7,000킬로미터로 이동하는 폐기물이 될 수 있다. 그 속도면 동전 크기의 금속 조각이라도 치명적인 무기가 될 수 있다. 또 기업 수준에서의 사이버 공격도 급속하게 증가하고 있다. 그중 50% 이상이 미국 기업을 타깃으로 해 매년 약 1,000억 달러에 이르는 손해를 입힌다. 이에 따라 미국에서는 매년 약 50만 개의 일자리가 사라진다. 사이버 공격으로 주요 기업의 수익이 도난당하거나 줄어드는 일도 드물지 않다. 웹사이트가 다운되고 기업 네트워크가 뚫려 데이터와 영업 비밀, 지적 재산 등이 삭제되거나 도용되는 등의 문제가 발생한다.

다양한 기술이 발전하고 있으며, 일론 머스크의 스페이스X 같은 민간 기업들이 재사용 로켓을 개발해 사람들을 우주로 보내거나 화성에 새로운 경제와 지구촌을 만들기 위해 노력하고 있다. 알다시피 우주는 세계 각국에 갈수록 중요한 공간이 될 것이고, 그에 따라 갈등이 일어날 가능성도 크다. 미 우주군의 독특한 목표는 우주의 보안을 보장하고, 위성을 안전하고 운용 가능한 상태로 유지하며, 기술 개발과 우주 외교를 통해 독특하고 빠르게 변화하는 우주가 제공하는 기회와 위협에 대응하는 것이다. 현재 우주에서 유일하게 존재하는 조약은 어떤 국가도 우주에서 핵무기를 가질 수 없다는 것뿐이다. 아직 우주는 지구 밖에 펼쳐진 야생의 서부와 같은 상태다.

이 미션을 달성하기 위해 우주군은 독특한 전문가 집단을 육성하는 데 초점을 맞추고 있다. 이들은 우주의 끝도 없는 공허함, 위나 아래, 왼쪽이나 오른쪽, 경계나 은신할 곳이 없다는 것이 어떻게 모든 것을 바꾸는지를 이해하는 우주 사상가, 개념 개발자, 작가, 기술자로 구성되어야 한다. 간단히 말해 우주는 서로 다른 다중 궤도 구조, 다른 훈련, 다른 협력 관계, 다른 전술, 다른 기술 및 절차를 필요로 하는 매우 독특한 기술 세트를 요구한다.

우주군은 기존의 민간 기업이나 산업, 그리고 기존의 군부대를 대체하지 않았다. 최근 설립됐을 뿐이지만, 2022년 예산은 약 200억 달러로 추정된다. 다음 5년 동안 26억 달러가 추가로 더해질 전망이며, 이 돈은 직원을 늘리고 증가하는 여러 도전에 대응하기 위해 새로운 일자리를 만드는 데 쓰일 것이다. 이런 규모와 복잡성을 갖는 비파괴적 전환은 완전히 실현되기까지 시간이 필요하지만, 경제적 성장과 일자리에 대한 대규모의 잠재력을 약속한다.

파괴적 창조 vs. 비파괴적 창조

표 2-1은 지금까지의 내용을 요약한 것으로, 파괴적 창조와 비파괴적 창조의 주요 특징을 경제학 측면에서 마이크로micro, 메소

표 2-1 파괴적 창조 vs. 비파괴적 창조

	파괴적 창조	비파괴적 창조
마이크로 수준의 결과	기존 시장의 대체와 확장을 통해 성장이 이루어진다.	기존 산업을 벗어나 새로운 시장의 창출을 통해 성장이 이루어진다.
메소 수준의 결과	승자-패자라는 결과를 낳는다. 승자: 파괴자들과 소비자들 패자: 파괴된 조직과 그 직원들	포지티브섬이라는 결과가 도출된다. 승자: 비파괴적 창조자들 혹은 소비자들 패자: 뚜렷한 패자가 없다.
매크로 수준의 결과	기업이 문을 닫고, 일자리가 사라지고, 지역사회가 상처받으면서 사회적 조정 비용이 발생한다. 사회적 고통이 뒤따르는 파괴적 성장이 이루어진다. 경제적 성장의 이익은 시간이 지난 후에 나타난다.	대체가 없으므로 사회적 조정 비용이 뚜렷하게 발생하지 않는다. 사회적 고통 없이 성장이 이루어진다. 경제 성장과 고용의 이득은 시작 단계부터 긍정적이다.

meso, 매크로macro 수준으로 분류한 것이다. 마이크로 수준은 개별 조직에 초점을 맞추고, 메소와 매크로 수준은 그룹 또는 그들 간의 상호작용과 경제, 사회 전반을 다룬다.

부수적 효과 또는 이차적 효과

벌이 꽃을 찾아다니며 꽃가루를 수집하는 것은 꿀을 만들기 위해서다. 그런데 이 과정에서 벌의 다리에 달라붙은 꽃가루가 다른 꽃으로 옮겨지고, 날갯짓을 할 때마다 꽃가루가 흩날리면서 수정이 이뤄진다. 미국의 유명한 시스템 이론가인 버크민스터 풀러

Buckminster Fuller는 이것을 '부수적 효과precessional effect'라고 불렀다.[2]

어떤 비즈니스나 조직도 고립된 상태에서 존재하지 않는다. 혁신과 성장은 제삼자에게 부수적 효과 또는 경제 용어로는 이차적 효과를 일으킨다. 파괴적 창조와 비파괴적 창조 모두 마찬가지다. 앞의 표에 정리된 직접적인 영향을 넘어서 둘 다 생태계나 가치망에 부수적 효과를 미칠 수 있으며, 이런 효과는 넓게 자리 잡을 수 있다.

예를 들어, 아마존의 서점 또는 소매 업계 파괴는 전국 수백 개의 제삼자 택배 회사와 협력하는 아마존 생태계에서 패키지 배송 산업의 성장으로 이어졌다. 이 회사들은 자체 트럭과 밴을 운영해 아마존의 라스트 마일last-mile(상품이 최종 목적지에 전달되기까지의 모든 과정과 요소-옮긴이) 배송을 담당한다. 또 아마존은 포장 재료 산업에도 이차적인 영향을 미치고 있는데, 한때 상점에서 구매되던 많은 상품이 지금은 아마존에서 개별적으로 포장돼 집으로 직접 배송된다. 아마존은 수천 개의 도서 판매업자와 소매업자를 제거하는 한편, 아직 존재하는 업체들이 작업 방식을 재고하고 개선하도록 자극함으로써 이들의 성장에 이차적인 영향을 미치고 있다.

비파괴적 창조에도 동일한 맥락이 적용된다. 예를 들어, 미 우주군의 비파괴적인 조직 변화가 항공우주 기술부터 로봇공학, AI Artificial Intelligence(인공지능), 천문학 등 외부 기업들에 미칠 이차적인 영향을 생각해볼 수 있다. 또 이런 조직 변화는 우주와 관련된 민간 기업들의 혁신과 디자인, 제조, 운영의 효율성을 촉진할 것으로 예상된다.

그러나 파괴적 창조와 비파괴적 창조 사이에는 주목할 만한 차이가 있다. 아마존의 포장 재료와 소포 배송 생태계에 대한 이차적 영향은 아마존이 간접적으로 유발한 소매 상가 부동산의 가치 하락과 함께 발생한다. 파괴된 산업과 연계된 업종들도 그 파괴의 영향을 받는 경향이 있기 때문이다. 한편 파괴자의 새로운 비즈니스 모델은 새로운 생태계에서 소포 배송이나 포장 업계 같은 제삼자의 성장을 강화한다. 지지해주는 비즈니스 생태계 없이는 어떤 산업도 혼자 존재하기 어렵기 때문에 긍정적이든 부정적이든 간접적인 영향을 미칠 수밖에 없다.

그에 비해 비파괴적 창조의 부차적인 영향은 벌의 꽃가루 모으기와 유사하다. 비파괴적 창조는 주로 간접적으로 긍정적인 영향을 미치며, 손해를 보는 제삼자는 거의 없다. 비파괴적 창조는 부가적인 산업 플레이어나 기존의 생태계를 거의 또는 전혀 대체하지 않기 때문이다. 그래서 성장과 고용에 대한 부차적인 영향이 시작 단계부터 긍정적일 가능성이 크다.

파괴적 창조의 장기적인 긍정적 영향이 비파괴적 창조의 영향보다 크냐 작으냐는 혁신의 성격, 시간이 지나면서 사람들의 생활에 미치는 영향, 산업 발전의 궤적 등과 같은 다양한 요소에 따라 달라진다. 그렇기에 파괴적 창조와 비파괴적 창조의 영향을 상대적으로 평가하는 것은 거의 불가능하다. 분명한 사실 한 가지는 파괴적 창조의 초기에는 사회적 비용이 예상되는 반면, 비파괴적 창조에는 이런 비용이 거의 없다는 것이다.

희망이냐, 두려움이냐

비즈니스에서 얼마나 많은 부분이 공격과 공포로 이뤄져 있는지 주목해본 적이 있는가? 그런 행동이나 감정은 누구나 싫어한다. 불안을 일으키고, 내가 위협받고 있으니 먼저 공격하지 않으면 사라지거나 파괴될 수도 있다는 느낌을 주기 때문이다. 이는 세계를 희소성에 기반한scarcity-based 관점으로 바라보는 것이다. 세상은 그런 행동과 감정을 덜 필요로 하지만, 우리는 성공을 이루고 더 나은 세상을 만들 수 있으리라는 믿음으로 이를 추구해왔다.

만약 우리가 두려움이 아니라 희망으로 관점을 전환한다면 어떨까? 다시 말해 희소성이 아니라 풍부함에 기반한abundance-based 관점으로 바꾼다면 어떨까? 다른 사람들을 무너뜨리지 않고 창조와 성장을 이룰 수 있다는 생각은 두려움에 기반한 승자-패자 게임이 아니라 모두가 이길 수 있는 포지티브섬 게임이 될 수 있다는 희망의 땅에 서는 것이다.[3] 비파괴적 창조가 기존 산업 외부에서 새로운 시장을 창조하는 독특한 역할을 수행함으로써 우리는 풍부함을 기반으로 한 세계관으로 나아갈 수 있다.

사실 두려움과 희망은 사람들을 행동하게 하고 일을 이루게 하는 동력이다. 경쟁적인 도전이나 '파괴하라, 그러지 않으면 죽는다' 같은 위협은 조직이 움직이는 데 강력한 동기가 된다. 마찬가지로, 비즈니스와 사회에 포지티브섬 기여를 하는 희망 역시 강력한 움직임의 요소다. 비파괴적 창조는 파괴적 창조와 상호 보완적인 시각을 기반으로 한다고 말할 수 있다.

다음 장에서는 비파괴적 창조가 경제 성장과 사회에 미치는 영향을 넘어, 당신이 속한 조직에 왜 중요한지에 대한 의미 있는 질문을 다룰 것이다. 새로 진입한 기업이든 기존의 조직이든, 모두가 귀담아들어야 한다.

비파괴적 창조가 갖는
비즈니스 우위의 네 가지 원천

혁신과 성장을 고려할 때, 접근 방식의 경제적 및 사회적 영향만 중요한 게 아니다. 우리 조직이 과연 혁신과 성장을 성공적으로 이룰 수 있는 능력이 있느냐도 마찬가지로 중요하다. 파괴 대상인 산업은 시장 규모는 물론 수요도 이미 잘 알려져 있을 경우 파괴적 창조는 확실히 이점이 있다. 반면 비파괴적 창조는 확실히 쉽지 않은 과제에 도전하는 것으로 보일 것이다. 기존 시장 경계 밖에서 발생하므로 시장 규모나 수요를 가늠할 수 없기 때문이다.

비파괴적 기회를 더욱 체계적으로 발견하고 활용하는 방법은 제 2부에서 살펴볼 것이고, 이런 도전 과제들을 극복하는 방법도 보여줄 것이다. 당신이 비파괴적인 시장을 창조하기 위해 기울이는 혁신 노력에 명확한 방향과 초점을 제공하는 여러 유형의 대상을 제시할 뿐만 아니라, 그 대상의 상업적 잠재력을 평가하고 실현하는 방법도 상세히 안내할 것이다.

그런데 우리는 연구 과정에서 비파괴적 창조가 고유한 이점을 가지고 있다는 사실을 발견했다. 조직 차원의 비즈니스적 이점인데, 네 가지 원천에서 비롯된다. 이 네 가지 원천은 비파괴적 창조 사례 대부분에서 적용된다.

비파괴적 창조의 비즈니스적 이점을 낳는 네 가지 원천은 다음과 같다.

- 신규 진출자가 기존 강자를 회피하는 능력

  신규 진출자(스타트업, 기존 기업)는 엄청난 자원을 가진 기존 업계의 강자를 피해 혁신 시도를 완수할 수 있다.

- 기존 업체가 전면적인 파괴적 위협에 직면했을 때 충돌을 피하며 대응하는 능력

  비파괴적 창조는 파괴자의 도전에 직면했을 때 새로운 성장의 기회를 잡을 비충돌적인 길을 택할 수 있다.

- 내부 이해관계자들의 혁신 노력에 대한 긍정적 반응

  비파괴적 창조는 내부 이해관계자들이 감정적으로나 정치적으로 받아들이기 더 쉬운 방법이다.

- 외부 이해관계자들의 혁신 노력에 대한 반응

  파괴적 창조는 사회적 이해관계자 그룹 및 정부와의 갈등을

그림 3-1 비즈니스적 이점의 네 가지 원천

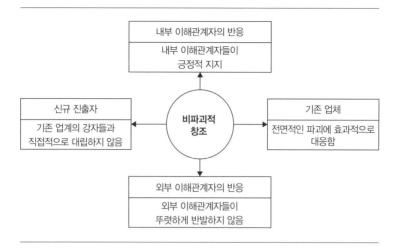

증가시키는 경향이 있지만, 비파괴적 창조는 이런 문제를 대
부분 피해 간다.

그림 3-1은 비파괴적 창조에서 이점을 가져다주는 네 가지 원천을
보여준다. 각각을 자세히 알아보자.

기존 강자와의 대립을 피하기: 스퀘어와 고프로의 사례

실리콘밸리는 오랫동안 파괴적 창조를 사랑해왔다. 마크 저커버그
가 페이스북을 만들 때 내세운 모토를 생각해보라. '빠르게 움직이

고 모든 것을 부숴라Move fast, break things.' 그리고 벤처투자자들과 언론은 다윗이 골리앗을 물리친 것과 같은 이야기에 흥미를 보인다. 실제로 이런 이야기는 감정적으로 깊은 인상을 남기며, 금전적 보상 역시 상당하다.

많은 스타트업이 기존 산업을 파괴하고 새로운 유니콘이 되길 꿈꾸는 건 놀라운 일이 아니다. 창업자들은 매일 기존 산업의 경제를 파괴하기 위한 비즈니스 아이디어를 제시한다. 이미 운영되고 있는 기존 조직과 달리, 스타트업들은 시작하는 단계이기 때문에 상대적으로 파괴를 준비해왔고 익숙하기도 하기에 실행에 옮길 때도 별문제 없다. 그러나 스타트업이든 기존 조직이든 어떤 산업을 파괴하고 업계 강자들의 점심을 가로채고자 한다면, 탄탄한 네트워크와 풍부한 재무 및 마케팅 자원을 확보하고 있는 선점자들과의 충돌에 대비해야 한다. 스타트업이라면 이런 강자들과 대결할 꿈도 못 꿔볼 수준일 것이다. 게다가 어떤 산업이든 위협을 받았을 때 반발하지 않을 리가 없다.

영화 시장을 파괴하려는 목표로 시작한 무비패스MoviePass의 최근 스토리를 보자. 이 회사는 구독자들이 일반 티켓 가격보다 훨씬 저렴한 가격으로 티켓을 구입해 월별로 정해진 횟수의 영화를 볼 수 있는 서비스를 제공하기로 했다. 샌프란시스코에서 서비스를 출시했는데, 처음부터 저항을 받았다. 매월 일정 금액을 내면 하루에 영화 한 편을 볼 수 있는 서비스에 1만 9,000명이 즐겁게 가입

했지만, 극장 소유주들은 무비패스가 제3의 공급 업체로부터 대량 구매한 티켓을 인정하지 않았다. 극장 소유주들은 무비패스가 사실상 극장과 관객의 연결고리를 끊고, 시장 지배력을 획득해 부동산과 영화 투자 비용을 극장에 전가한다고 생각했다.

무비패스가 미국 최대 영화관 체인인 AMC와 협력하기로 합의하기까지는 3년이 걸렸다. 그러나 무비패스가 영화를 무제한 제공하려면 매달 45달러의 정액 요금을 청구해야 한다는 조건이 붙었다. AMC가 무비패스의 파격적 시도를 방어하고자 차단막을 설치한 것이다. 당시 영화 티켓 가격이 8~9달러였기 때문에 45달러라는 구독 요금은 높은 장벽이었다. 한 달에 다섯 편 이상의 영화를 보려는 사람들에게만 합리적이었다. 당연한 결과로, 2년이 지난 뒤에도 무비패스의 회원 수는 2만 명에 불과했다. 공동창립자인 스테이시 스파이크스Stacy Spikes와 하메트 와트Hamet Watt는 외부에 도움을 요청하고 새로운 CEO를 고용했다.

이후 두 해 동안, 무비패스는 시장을 파괴하고 성장 목표에 도달하기 위해 구독 조건과 가격을 다양하게 변경했다. 그들의 전략적 목표는 명확했다. '빠르게 덩치를 키워' 규모의 경제를 구현하고 기존 업계 강자를 상대로 협상력을 높이는 것이었다. 무비패스가 극장에 제안한 내용의 요지는 많은 구독자를 기반으로 극장의 빈 좌석을 채우면 극장의 매출이 증가하리라는 것이었다. 그 대가로 무비패스는 극장으로부터 티켓값 할인과 휴게 공간의 스낵 판매 매출 일부를 얻고자 했다. 그러나 무비패스의 구독자가 많아질수록 협상력이 높아져 자신들이 불리해지리라는 걸 극장 업계도 잘 알고 있었다.

2017년 8월 무비패스는 과감하게 파괴적 드라이브를 걸었다. 한 달에 9.99달러, 즉 성인 영화 티켓 1장 정도 가격만 내면 영화를 무제한 관람할 수 있는 구독 서비스를 출시했다. 영화를 보고 싶어 하는 소비자들은 환호했다. 2018년 4월까지 무비패스의 구독자 수는 약 300만 명으로 급증했다. 극장 소유주들은 이를 가볍게 생각하지 않았고 대응책을 마련했다. AMC는 기자회견을 열어 이 조치를 비난하고, 무비패스와 여러 달 동안 공개적인 싸움을 벌였다. AMC는 무비패스 구독자들에겐 영화관을 열어주지 않겠다고 선언했고, 무비패스 서비스의 영향력을 인정하지 않았다. 2018년 6월께 AMC는 자체 구독 서비스인 'AMC Stubs A-List'를 발표했다. 이 구독 서비스가 인기를 끌자 리걸Regal, 시네마크Cinemark 등 다른 대형 극장 체인들도 유사한 서비스를 출시했다.

무비패스는 매월 수백만 달러의 손실을 감내하며 고객들에게 보조금을 주느라 현금을 소비했다. 그러나 기존 업체들에 대한 협상력이 약화되면서 그마저도 무의미해졌다. 가장 큰 극장 체인들이 조기 티켓 구매와 같은 매력적인 조건을 제공하는 반면, 무비패스는 이를 따라갈 수 없어 돈이 바닥났고 결국 2019년 9월에 구독 서비스를 중단했다.

언론은 기민하고 영리한 스타트업의 파괴적인 움직임이 덜 떨어지고 고루한 기존 기업들을 이기는 것처럼 보이게 하지만, 실제로는 기존 기업들이 더 자주 이긴다. 파괴적인 스타트업들의 실패는 무비패스와 같이 아주 유명한 경우를 빼고는 대부분 알려지지 않는다.

게다가 많은 산업에서 소비자들은 기존 산업의 제품이나 서비스를 사용하는 데 어느 정도 비용을 투자한 상태다. 따라서 파괴자가 구매자들을 전환시키기 위해서는 이를 고려해야 한다. 만약 사람들이 현재 사용 중인 제품이나 서비스에 상당히 만족한다면, 대체품을 찾을 가능성이 그렇게 크지 않을 것이다. 따라서 아무리 더 나은 솔루션이라고 할지라도 판매 전환이 파괴자의 예측보다 훨씬 느리게 진행될 수 있다. 기존 지붕 산업을 파괴하기 위해 나온 태양열 패널 지붕이 바로 이런 일을 겪었다. 알다시피 태양열 패널은 난방 및 전기 사용에 드는 돈을 절약해줄 뿐 아니라, 환경을 생각하는 시민이라는 감성적인 만족감도 제공한다. 그러나 기존 지붕에 대한 투자 비용이 큰 탓에 주택 소유주들 사이에 상당한 관성이 형성돼 있어서 태양열 패널 지붕 산업의 파괴적인 능력은 여전히 제한되고 있다.

문제는 당신이 탄탄히 자리 잡은 기존 업체와 구매자들의 상당한 투자 비용과 직접적으로 대립하길 원하느냐다. 그것도 한 가지 방법임은 분명하다. 특정한 시장 조건에서는, 파괴적인 움직임이 여러 차원에서 커다란 혜택을 제공할 때 좋은 방법일 수도 있다. 대서양 항공 여객기가 대표적인 예다. 대서양 여객선보다 속도, 편의성, 화려함 등 가치의 도약을 제공했다. 이메일(공짜이고 빠르며 세계 어디라도 즉시 연결되는)과 우편(달팽이처럼 느린)을 비교해보라. 실제로 많은 유니콘 기업이 그렇게 탄생했다. 하지만 파괴 없이 혁신하고 성장할 대안이 있다는 사실을 기억하라. 비파괴적 창조의 기회도 크게 나타나며, 스타트업이나 기존 기업 모두 이를 간과하지 않는 것이 현명할 것이다. 앞으로 보여주겠지만, 유니콘은 이런 방법으로도 탄생할 수 있다.

스퀘어Square와 고프로GoPro의 경험을 살펴보면, 무비패스와 매우 다르다. 스퀘어와 고프로는 기존 플레이어들과의 직접적인 대립이나 반발을 피하면서 기존 산업 경계 외부에서 비파괴적인 새 시장을 개척해 파괴 없이 성장을 이룩했다. 잭 도시Jack Dorsey와 짐 매켈비Jim McKelvey가 설립한 스퀘어는 미국 신용카드 산업의 경계를 벗어나 비파괴적 시장을 창조할, 아직 개척되지 않은 기회를 발견했다. 당시 미국의 대형 및 중형 소매 업체는 신용카드로 결제를 받을 수 있었지만 대부분의 소규모 상점, 자영업자, 농산물 판매업자, 푸드트럭, 팝업 상점과 같은 소규모 비즈니스들은 그럴 수 없었다. 거래 처리 기술을 도입하는 비용이 너무 비싸고 유지 보수가 복잡하며 수수료도 너무 높아서다.

스퀘어는 보통 현금이나 수표로 처리하는 소액 거래에 신용카드나 직불카드를 사용할 수 있게 하면 사람들이 매우 반길 것으로 생각했다. 수표를 처리하는 건 은행들도 사실상 없애고 싶어 하는 서비스였다. 신용카드 산업 외부에서 발견한 이 방대한 미개척지를 인식한 스퀘어는 적극적으로 움직였다. 그 해결책은 스퀘어리더라는 작은 플라스틱 장치를 휴대전화에 연결해 사용하는 모바일 결제 시스템이었다. 스퀘어리더는 사용하기 쉽고 휴대하기도 편리하며 결제를 받아야 할 때만 장치를 연결하면 됐기 때문에 소규모 비즈니스, 팝업 상점, 심지어 베이비시터, 아이스크림 트럭, 수리공과 같은 개인 거래에도 유용했다.

스퀘어는 비파괴적 움직임을 창조했다. 신용카드 결제 방식을 제공하는 기존 업체들을 파괴하지 않았다. 그 결과, 스퀘어는 기존 기업들로부터 실제적인 반발을 사지 않고 빠르게 10억 달러 기업으로 성장할 수 있었다.

당연한 얘기지만, 다른 사람의 발을 밟지 않으면 다른 사람도 내 발을 밟지 않는다. 삶은 자신이 무엇을 보냈느냐에 응답한다. 스퀘어의 공동창업자 짐 매켈비는 '좋은 기업가는 파괴를 목표로 하지 않는다'라는 제목의 사려 깊은 글을 2020년 5월 〈하버드 비즈니스 리뷰〉에 실었다. 이 글이 모든 것을 설명해준다.[1]

스퀘어와 마찬가지로 고프로도 비파괴적 시장인 액션 카메라 산업을 창조했다. 그 덕에 스포츠 애호가들은 자신의 실시간 액션 어드벤처를 일인칭 시점으로 촬영할 새로운 기회를 얻었다. 그들은 큰 파도를 서핑하거나 스카이다이빙을 하면서 자신을 촬영할 수 있었다. 그 순간을 완전하게 경험할 수 있었던 이유는 손이 자유로웠기 때문이다.

놀라운 차이를 생각해보라. 이제 스포츠 애호가들은 자신이 활동하는 모습을 제삼자에게 촬영해달라고 부탁하지 않고, 자신의 시점에서 경험하고 본 것을 직접 기록할 수 있게 됐다. 기존 디지털카메라는 물에 젖으면 고장이 났지만, 고프로의 카메라는 완전히 젖어도 작동할 수 있도록 방수 기능을 갖췄다. 그리고 기존 디지털카메라와 달리 손에 들고 촬영하는 것이 아니라 헬멧, 팔목, 머리띠, 스노보드 등에 부착해 전신으로 스포츠를 즐기는 동안 카메라가 실시간 액션을 기록하게 돼 있다. 또 디지털카메라는 떨어뜨리거나 부딪히지 않도록 상당한 주의가 필요하지만, 고프로 카메라는 과격한 스포츠의 특성에 맞춰 그 모든 것을 처리할 수 있도록 설계됐다.

비파괴적인 액션 카메라 산업이 성장함에 따라 고프로는 10억 달러 기업으로 성장했다. 엄청난 자금과 브랜드 파워를 가진 기존 DSLR 카메라 업체들이 고프로를 공격하거나 방해하거나 싸우려 했을까? 전혀 아니다. 고프로의 성공이 자신들의 산업에 영향을 끼치지 않았기 때문이다. 어떤 골리앗도 자신의 수익 기반이 취약해지거나 도전받는다고 느끼지 않았다. 또 구매자들도 매몰 비용을 따져볼 필요가 없었고 전환 비용도 들지 않았다. 10년 이상의 성장과 성공을 거친 후에도 고프로는 여전히 비파괴적인 액션 카메라 산업의 기준이 되는 주요 플레이어로 남아 있다. 심지어 카메라 산업을 파괴한 스마트폰조차 고프로는 대체하거나 밀어내지 못했다.

그런데도 만약 파괴에 생각이 자꾸 사로잡힌다면, '혹시 내가 놓치고 있는 비파괴적 기회는 없을까'하고 자문해보라. 특히 당신이 고려하고 있는 파괴적 움직임이 기존 기업들과 비교할 때 여러 차원에서 놀라운 가치의 도약을 가져오지 않는다면 이 질문은 너무나 중요하다.[2] 파괴만이 길이라는 선입견을 접어두고, 비파괴적 창조의 관점으로 사고하면, 수평선 너머에 숨어 있는(또는 당신 바로 앞에 있는) 비파괴적인 기회를 더욱 예리하게 관찰할 수 있게 된다. 이를 통해 기존 기업과의 대결을 피하면서도 이전에는 보이지 않던 경제 성장의 새로운 길을 찾아내게 될 것이다. 잊지 마라, 산업 내 어떤 플레이어도 자신의 존재 이유가 공격받을 때 행복해하는 경우는 없다.

전면적인 파괴에 대응하기: 큐나드와 라포스트의 사례

비파괴적 창조는 전면적인 파괴에 대응하는 효과적인 방법이 될 수 있다. 그러나 이런 기회를 보려면 열린 마음을 갖고 있어야 한다. 파괴는 파괴로만 대응할 수 있다는 고정된 사고에 갇히지 않아야 한다. 생각해보라. 오늘날 많은 사람은 세계를 일종의 지구촌으로 인식한다. 코로나19로 인한 일시적인 중단은 논외로 하고, 국제 여행은 몇 년 동안 급증해왔다. 우리 저자들의 경영대학원인 인시아드는 50개국 이상에서 학생들이 입학해 프랑스, 싱가포르, 아부다비에 있는 세 캠퍼스 가운데 한 곳에서 공부한다. 학생들은 입학한 해에 이 캠퍼스들을 바꿔가며, 즉 여행하며 공부할 수 있다.

국제 여행의 시대는 대서양을 횡단한 황금시대로부터 시작됐다. 19세기 중반 대서양 여객선으로 시작됐고, 여객선은 100년 동안 번성했다. 처음에는 대서양을 건너는 데 2주 이상이 걸렸다. 그러나 1860년대에 철제 선체, 복합 증기기관, 스크류 추진 방식이 도입되면서 8~9일로 줄어들었다. 나무 기둥의 기술적 제약에서 벗어난 여객선은 크기도 상당히 커져 승객 200명을 싣던 배가 1,500명을 수용할 수 있게 됐다. 대서양을 비롯해 세계 각지를 연결하는 여객선 노선이 늘어났고, 대서양 횡단 시간은 마침내 5일로 단축됐다. 여객선 산업에 대한 수요는 계속해서 증가했다.

이 산업의 선두 주자는 영국의 큐나드Cunard였다. 큐나드는 19세기 말에 유럽에서 미국으로 수백만 명의 이민자를 운송했으며, 제1차 및 제2차 세계대전과 기타 전쟁 중에는 부상자를 귀국시키고 난민을 안전지대로 이송하는 데 중요한 역할을 했다. 윈스턴 처칠은 큐나드 라인의 노력으로 제2차 세계대전이 1년 가까이 일찍 끝났다고 말하기도 했다. 큐나드의 대서양 여객선은 외교관, CEO, 왕

족들을 한 대륙에서 다른 대륙으로 이동시켰다. 제2차 세계대전 종료 시점에 큐나드는 가장 큰 대서양 여객사로 성장해 12척의 배를 미국과 캐나다로 운항하며, 전쟁 이후 10년 동안 번성한 북대서양 여행 시장을 석권했다.

하지만 상업 항공편이 전체 산업에 파괴적인 영향을 끼치며 그 황금시대는 끝났다. 1958년 판아메리칸항공Pan American Airways이 보잉 707을 투입해 뉴욕과 파리 간 대서양 항공편 서비스를 시작했다. 707은 상용 항공기 중 최초로 성공을 거둔 제트기로, 1960년대에 승객 항공 운송을 지배하며 제트기 시대를 열었다. 1957년에는 100만 명의 승객이 여객선을 타고 대서양을 가로질렀지만, 1965년에는 그 수가 65만 명으로 줄었다. 더 중요한 것은 1965년 해상과 항공의 승객 비율이 14:86이었다는 점이다. 즉, 대서양을 배로 건너는 사람이 14명이라면 비행기로 건너는 사람은 86명이었다는 뜻이다.

이들에게는 그럴 만한 이유가 있었다. 여객선은 제트기 시대의 속도와 편의성을 따라잡을 수 없었다. 배로는 5일이 걸리지만 비행기를 이용하면 반나절 만에 대서양을 건널 수 있으니 말이다. 항공편은 정기적으로 운영되며 여객선 여행과 자주 비교됐다. 그리고 당시 세계 최고의 항공사인 판아메리칸은 화려함과 세련미의 상징이었다. 판아메리칸의 스튜어디스들은 문화 아이콘이 됐고 왕족들, 세계 지도자, 할리우드 스타들이 판아메리칸을 이용했다.

미래는 이미 예견돼 있었다. 큐나드는 여객선이 여객기의 속도와 편의성을 따라잡거나 능가할 방법이 없다고 봤다. 그렇다면 무엇을 해야 할까?

이 회사의 첫 번째 직감은 이 파괴적인 움직임을 따라가는 것이었다. 즉 항공 산업에 진출함으로써 전체 바다 여객선 산업이 대체되기 전에 자체적인 파괴적 혁신으로 시장 파괴를 예방하려고 했다. 1960년 3월 큐나드는 신생 항공사인 이글항공Eagle Airways의 지분 60%를 인수해 큐나드이글Cunard Eagle로 브랜드를 개편했다. 큐나드이글은 영국에서 최초로 신설된 항공운송라이선스위원회ATLB에서 라이선스를 받은 독립항공사였다. 기존 항공사들이 이 인수 건에 반발했다. 큐나드의 영국 경쟁사이자 국영 항공사인 BOACBritish Overseas Airways Corporation는 즉시 장관을 찾아가 라이선스를 철회하라고 압박했다. BOAC는 많은 사람이 이용하는 북대서양 항공 노선을 공유할 생각이 없었다. 압박에 못 이긴 ATLB는 큐나드이글에 작은 기회를 줬다. 즉 훨씬 여행객이 적은 영국-버뮤다-나소-마이애미 노선을 비행할 수 있는 허가를 준 것이다. 그 후 얼마 지나지 않아 큐나드는 항공 산업에서 철수했다.

파괴적인 이동에 실패한 후, 큐나드는 방향을 전환해 비파괴적이고 시장 창조적인 움직임을 전개했다. 그들은 '해상의 고급 휴가'로 혁신해 현대 크루즈 산업을 개척했다. 그동안 여객선은 비행기나 자동차와 마찬가지로 A 지점에서 B 지점으로 이동하는 수단으로 인식됐다. 그런데 이제 바다 여객선은 단순히 목적지로 가는 수단이 아니라, 항해 자체가 목적이 됐다. 여객선이 휴가지가 된 것이다. 사람들은 크루즈 여행을 단순히 두 장소 사이를 이동하는 수단이 아니라 즐거움이 넘치고 유명인이 등장하는 엔터테인먼트로 인식하고 즐기기 위해 선택했다. 큐나드의 '원-클래스' 크루즈는 예약한 객실이나 침대와 상관없이 모든 승객이 동일한 활동, 실시간 공연, 음식, 서비스, 기타 편의 시설을 즐길 수 있도록 보장했다.

큐나드는 비파괴적 창조의 길을 택함으로써 여객선사들을 파괴한 항공사의 힘에서 벗어났다. 오늘날 이 회사는 카니발코퍼레이션Carnival Corporation의 일부이며, 60년 전에 개척한 크루즈 관광 산업은 1,500억 달러 이상의 수익을 창출하고 100만 명 이상의 일자리를 만들어냈다. 비즈니스, 경제, 사람들 모두에게 좋은 결과를 가져왔다.

또 다른 예로는 프랑스 우체국인 라포스트La Poste가 있다. 라포스트는 이메일과 문자 메시지라는 디지털 파괴로 큰 타격을 입었다. 지난 10년 동안 라포스트가 배달한 편지는 거의 50% 감소했으며, 이 추세는 계속되고 있다. 그러나 라포스트는 이 위협에 대항할 수 있는 파괴적인 대응책이 없다고 판단했다. 그 문제에서 눈을 돌려 라포스트는 프랑스 전역에 걸친 광범위한 지사망 그리고 사람들과 집배원들 사이의 자연스러운 연결고리를 활용해 'Veiller Sur Mes Parents, VSMP(우리 부모님을 돌봐주세요)'라는 서비스를 만들었다. 비파괴적인 시장 창조였다.

프랑스에서는 노인들의 고독이 점점 심각한 사회문제로 대두하고 있다. 성인 자녀들은 점점 더 멀리 떨어진 도시에서 일하며 살게 돼, 노년기를 보내는 부모들과 함께하기가 어렵다. 바쁜 일상 탓에 자녀들이 자주 방문하지 못하자 노인들은 혼자 있는 시간이 늘어나 고독감과 정서적 안녕, 건강 문제를 겪게 됐다.

라포스트의 VSMP 서비스는 이처럼 해결되지 못하고 점점 더 심각해지는 사회문제에 대응하기 위해 시작됐다. 프랑스에서 집배원은 일상에서 접하는 사람 중 시민들에게 친근한 직업군으로, 제빵사에 이어 두 번째로 인기가 많다. VSMP는 이런 신뢰와 자연스러운 친밀감을 기반으로 하는 서비스로, 집배원들이 노인들을 방문해 안부를 확인하고 말벗이 되어주며 정서적 안정감을 제공한다. 이 서비스를 이용하는 데 드는 비용은 한 달에 40유로 미만이다. 집배원들은 자녀들에게 부모님이 안녕한지, 식료품 구매나 집 수리 또는 외출 등의 지원이 필요한지 등을 앱을 통해 알려준다. 부모를 염려하는 자녀들만이 아니라 노인 자신이 직접 신청할 수도 있다.

VSMP가 인기를 끌자 라포스트는 상점에서 구매한 물품이나 도서관에서 대여한 책, 따뜻한 식사, 기본 처방전 등의 배달 서비스로도 확장했고, 이 비용은 지방자치단체가 부담한다. VSMP는 증가하는 독거 노인들에게 인간적인 연결을 제공하는 새 시장으로, 라포스트에는 새로운 수익원이 됐다. 파괴적 창조보다 더 나은 방안을 생각할 때 얼마나 커다란 가능성이 있는지를 보여주는 선구적인 사례다.

여기에서 얻을 수 있는 교훈은 이것이다. 파괴적인 위협에 직면했을 때, 전략적 선택지를 파괴적인 반격이나 맞불을 놓는 식으로 제한하지 말아야 한다는 것. 물론 그런 작전도 시도해볼 만하고 성공할 수도 있다. 하지만 그것이 유일한 방법은 아니라는 것을 기억하라. 큐나드와 라포스트가 그랬듯이, 비파괴적 창조까지 포함해 깊이 생각할 수 있도록 사고를 확장하라.

비파괴적 창조가 더 적합하고 창의적인 대응법이 될 수 있다. 특히 항공기가 바다 여객선에 준 충격 또는 이메일 및 문자 메시지가 손편지 쓰기에 미친 영향처럼 위협이 심각할 때 더 그렇다. 큐나드와 라포스트의 사례에서 볼 수 있듯이, 비파괴적 창조의 기회는 조직이 이미 갖고 있는 자산과 역량을 활용하는 데서 더 쉽게 찾을 수 있다.

내부 이해관계자의 긍정적 지지: 3M과 화이자의 사례

2012년 3월 13일, 가장 오랫동안 지속적으로 출간됐고 영어 참고 자료의 최고봉으로 꼽히는 《브리태니커 백과사전Encyclopaedia

Britannica》최종판이 발간됐다. 한때는 교육받은 가정의 상징이었던 브리태니커는 이제 몰라보게 위축됐다. 디지털 방식으로 제공되는 백과사전인 위키피디아Wikipedia 등이 전 세계적인 종이책 백과사전 시장을 파괴하고 대체했기 때문이다.

그런데 대부분 사람은 브리태니커가 백과사전을 디지털로 만들어 배포한 적이 있다는 사실은 잘 모른다. 위키피디아가 등장하기 10년 전쯤 이미 그 분야로 진출해 고급기술그룹이라는 새로운 부서를 만들었다. 이 부서는 PC가 보급되고 인터넷이 점차 확산되던 시기에 그 전망을 분석했다. 그리고 인터넷 확산 초기인 1994년에 PC용 브리태니커 CD롬 백과사전과 대학 및 도서관 같은 기관을 타깃으로 한 웹사이트를 만들었다. 그랬는데도 1995년에는 백과사전 판매량이 최고치 대비 50% 이상 감소했다. 이듬해인 1996년에는 결국 회사가 헐값에 매각됐다.

무엇이 잘못된 걸까?

모든 기업은 혁신을 원한다. 파괴적인 위협에 직면한 기존 시장에서 성장하려면 점진적 혁신을 넘어서는 시장 혁신을 이뤄야 한다는 사실을 잘 알기 때문이다. 그러나 혁신이 자사의 기존 사업과 매출을 대체하는 방향으로 진행된다면 실행에 큰 어려움을 겪게 된다. 내부 이해관계자인 직원, 임원, 경영진, 관리자 그리고 투자자들의 반발이 만만치 않기 때문이다.[3]

옳든 그르든 기존 사업을 파괴한다는 결정이 내려지면, 사람들은 당연히 직간접적인 영향력을 동원해 파괴적인 이동을 약화하려고 한다. 심지어 회사의 장기적인 미래를 훼손할 수 있다는 사실을 알 때도 그렇게 한다. 특히 자신의 관심, 전문성, 신념 등이 기존 비즈니스 모델에 기반을 둔 사람들은 더더욱 그렇다. 이런 경향은 반항적이고 건전하지 않은 기업 행동으로 이어지고, 동기 부여에도 악영향을 미칠 수 있다.

이런 상황이면 최고경영진은 궁지에 몰리게 된다. 우리가 잘 아는, 그리고 수익을 내고 있는 기존 사업을 얼마나 빠르게 파괴해야 할까? 경제적 작동 원리도 다르고, 단기적으로나 중기적으로 수익을 내지 못할지도 모르는 비즈니스 모델로 정말 바꿔야 하나? 경영진은 압박감에 시달리고, 회사에 재무적 변화를 단행함으로써 발생할 수 있는 단기적 스트레스나 조직적 혼란을 받아들이려 하지 않는다. 이런 이유로 최고경영진부터 말단 직원까지 조직 내 모든 사람은 주로 현재의 비즈니스 모델을 보호하기 위해 노력하게 된다.

브리태니커의 예를 보면, 약 2,000명의 잘 훈련된 판매사원들이 가장 가치 있는 자산이라는 사실을 누구나 알고 있었다. 브리태니커는 이 판매사원들이 이끌어온 조직이다. 정규직원인 이들은 세 번 영업하면 한 번은 성사시킨다고 알려져 있을 정도로 아주 유능했다. 백과사전 가격이 1,500달러로 매우 비싸고, 매년 업데이트될 때마다 추가 비용을 내야 한다는 점을 고려하면 더욱 놀라운 사실이다. 그래서 브리태니커가 파괴적인 PC의 행보에 대응하기 위해 CD롬 버전을 상업화하기로 했을 때, 판매사원들은 당연하다는 듯 반발했다. 이들은 이미 1년 전 마이크로소프트가 출시한 〈엔카르타Encarta〉라는 295달러짜리 CD롬 백과사전으로부터도 압박을 받고 있었다. 그런 와중에 회사가 제시한 더 파괴적인 대안은 자신들의 수수료를 더욱 감소시킬 것으로 보였다.

경영진은 어려운 선택에 직면했다. CD롬 버전을 출시해 마이크로소프트의 파괴적인 움직임에 맞설 수는 있었다. 하지만 그러면 내부 갈등이 일어나 일부 판매사원이 떠나면서 수익이 줄어들 가능성이 있다. 게다가 CD롬 버전이 가져다줄 수익은 불확실했다. 예상되는 바로는, 백과사전 한 세트를 팔았을 때의 수익을 얻으려면 7~10개의 CD롬 버전을 판매해야 했다. 결국 브리태니커의 리더들은 파괴적인 전략을 추진함으로써 잃을 것이 훨씬 더 많다고 판단했다. 판매사원들의 영업 의지를 유지하고 회사의 핵심 수익을 위협하지 않기 위해, 그들은 CD롬과 종이책을 묶어 판매하기로 했다. 사실상 CD롬을 무료로 주는 셈이었다. 구매자가 CD롬 버전만 원하는 경우엔 종이책 버전과 거의 비슷한 가격에 판매하기로 했다. 그러나 가격은 여전히 비쌌고, PC가 급속히 보급되면서 번들링 전략도 파괴적인 영향을 누그러뜨릴 수 없었다. 얼마 후 CD롬 버전의 가격을 시장에 맞춰 낮추려고 했지만, 이미 너무 늦었다.

브리태니커의 사례는 코닥이나 노키아와 마찬가지로, 기존 사업을 파괴해야 한다고 조언하는 것은 쉽지만 실제로 행동에 옮기기는 어렵다는 것을 보여준다. 특히 내부 조직의 장애물은 극복하기가 무척 어렵다. 현재의 수익은 확실히 감소하고 파괴로써 얻을 수 있는 수익은 불확실하며, 요구되는 역량이 바뀌면 직장이나 지위를 잃을 수도 있다는 두려움이 만연하기에 매니저들이 파괴적인 프로젝트를 방해할 수 있다.[4] 그러면 리더들도 내부 이해관계자들과 갈등을 겪으며 고통스러운 조직적 비용을 지불하기 위해 나서고 싶어 하지 않는다.

세계적인 석유 메이저 업체의 최고경영진 중 한 사람은 이렇게 말했다.

"우리 회사에는 탐사부터 정유소, 유통, 소매판매에 걸친 원유 사업에서 5만 명 이상이 일하고 있습니다. 그리고 재생에너지 사업에 종사하는 소수의 인력이 있죠. 재생에너지는 기존 사업인 원유의 지위에 맞서 파괴와 대체를 하고자 합니다. 하지만 원유 사업에 종사하는 5만 명이 넘는 사람들은 막강한 힘과 영향력을 갖추고 있습니다. 아무도 자기 무덤을 파고 싶어 하지 않죠. 재생에너지가 중요하다는 걸 모르는 사람은 없지만, 회사 내에는 그런 계획을 추진하길 꺼리는 분위기가 있어요. 재생에너지 계획과 관련된 간접비를 과도하게 책정하는 식으로 의도적으로 방해하기도 하죠. 비용이 증가하면 수익 전망이 감소하기 마련이므로 지원이 둔화되거나 중단되고, 그 때문에 최고의 인력이 떠나기도 합니다. 어떤 시장을 파괴하고자 할 때는 결국 사람 문제를 겪을 수밖에 없습니다. 이를 성공적으로 이끌 수 있는 매우 강력한 리더십이 필요한데, 아주 드물죠. 잘 운영되고 매출도 안정적으로 나오는 사업을 없애는 게 쉬운 일이 아니잖아요. 그래서인지 자신을 상대로 파괴적 혁신을 추진하는 기업은 거의 보지 못했어요."

강력한 리더십이 왜 중요한지를 잘 설명해주는 발언이다. 다른 사람의 비즈니스를 파괴하고 대체하려 하는 것은 이해할 만하다. 그러나 자신의 비즈니스를 파괴한다는 것은 완전히 다른 이야기다. 인간적인 문제에 엮이게 되고 감정적 영향도 급격히 커진다. 마치 운전 중에 엔진을 교체하는 것처럼, 무서우면서도 매우 어렵다.

넷플릭스는 핵심 사업과 주요 수익원, 그리고 시장을 성공적으로 파괴한 몇 안 되는 회사 중 하나다. 그 뒤에 누가 있을까? 창업자이자 넷플릭스의 파괴적인 기업 문화를 주도한 리드 헤이스팅스 Reed Hastings다. 그는 보기 드문 리더인데, 이처럼 신뢰할 수 있고 조직적 장애물을 극복하는 능력이 탁월한 리더가 밀어붙여야 한다. 솔직히 말하면 그런 역량은 전문직으로 고용된 관리자나 경영자들에게서 기대하기 어렵다.

블록버스터의 전 CEO인 존 앤티오코John Antioco와 주주 행동주의의 핵심 인물인 칼 아이컨Carl Icahn 간의 갈등을 보자. 앤티오코를 비롯한 블록버스터의 경영진은 처음에 넷플릭스를 온라인 틈새 시장을 노리는 작은 업체로 간주하고 무시했다. 하지만 이내 온라인으로 전환해야 한다는 필요성을 심각하게 받아들였다. 2004년에 블록버스터 온라인을 출시하고, 2006년 11월에는 월 구독료 서비스인 '토털 액세스Total Access'를 시작했다. 토털 액세스는 사람들이 DVD를 온라인으로 대여해서 보고 블록버스터 매장에 반환하면 무료로 영화 한 편을 가져갈 수 있게 한 서비스다(비디오 스트리밍이 기술적으로 실현되기 이전의 이야기다). 토털 액세스는 단 6주 만에 구독 회원 수를 두 배로 늘리며 빠르게 성장했다. 블록버스터는 더 많은 구독자를 모으며 넷플릭스를 불안하게 했다.

하지만 토털 액세스가 전면적으로 실행되기 전에 앤티오코와 아이컨 간의 갈등이 벌어졌다. 2007년 온라인 프로젝트로 인한 심각한 손실이 손익계산서에 악영향을 미치자, 아이컨은 앤티오코와 연봉 분쟁을 일으켜 사임에 이르게 했다. 블록버스터 매장 소유주들도 현재 매출을 잃을까 봐 두려워 회사의 온라인 전략을 강력하게 반대했다. 그리고 알다시피, 블록버스터는 파산했다. 파괴적인 대항전이 성공적으로 진행되는 도중에 내부적인 장애물로 실행이 막힌 것이다.

분명히 할 것은 이들 가운데 어떤 회사도, 위험에 처하면 모래에 머리를 처박는 타조처럼 어리석은 사람들이 운영한 것이 아니란 사실이다. 이런 시나리오는 사업이 다각화된 기업이 자회사를 만들어 물적분할을 해야 하느냐 아니냐와 상관없이, 자사의 기존 사업을 대체하고자 하는 파괴적 창조가 왜 그토록 어려운지를 보여준다.[5]

이런 상황을 피하려면 비파괴적 창조를 더욱 폭넓게 이해해야 한다. 창조적 파괴와 달리 비파괴적 창조는, 기존 기업들이 성장과 혁신을 추구할 때 훨씬 덜 위협적인 경로다. 일단, 기존 질서와 그에 기반해 생계를 유지하는 사람들을 직접적으로 건드리지 않기 때문에 리더들이 실현하기가 더 쉽다. 또 월스트리트나 투자자, 직원들 모두가 관심 갖고 있는 기존 매출을 건드리지 않는다. 투자자를 화나게 하거나 자신의 비즈니스를 파괴하고 대체하면서 단기적인 악몽은 견딜 만하다고 믿는 경영자는 거의 없다. 기존 수익을 없애거나 대체하는 문제가 없을 때 경영진은 조직 내 정치적인 요소, 사람들의 불안감, 주주들의 기대를 더 잘 관리할 수 있다.[6]

3M을 예로 들어보겠다. 매년 300억 달러의 매출을 올리는 3M은 접착제, 연마제, 래미네이트 등 다양한 제품을 생산한다. 유기적인 성장을 촉진하기 위해 3M은 연구개발에 큰 중점을 두고 있다. 연구소에서 접착제에 대한 연구를 하던 스펜서 실버Spencer Silver는 어느 날 마이크로스피어라는 특이한 물질을 발견했다. 접착성이 없는 건 아니지만 너무 약해서 마땅히 용도를 찾을 수가 없었기에 그는 연구실에 그냥 놔뒀다.

한편 3M의 신입 과학자인 아트 프라이Art Fry는 책갈피로 사용한 종이가 책을 펼칠 때마다 떨어져 나가 성가시다고 생각하고 있었다. 특히 교회 합창단 연습 중에 찬송가 책의 책갈피가 흘러내리는 건 여간 불편한 일이 아니었다. 선임 과학자 실버가 연구 도중 새로운 물질을 발견했다는 사실을 알게 된 프라이는 책갈피 이상의 새로운 기회를 찾아냈다. 만약 마이크로스피어를 종이 한쪽 면에 칠할 수 있다면 종이를 쉽게 붙였다 뗐다 할 수 있으리라고 생각했다. 그러면 책에 메모를 남기거나, 동료에게 회의 일정을 알리거나, 리뷰를 요청하는 보고서에 짧은 글을 남길 때 요긴할 것이다. 또 몇 주간 미뤄온 어려운 전화를 꼭 걸 수 있도록 자신의 책상 위 잘 보이는 곳에 메모를 붙여놓을 수도 있다. 이 종이는 적절한 접착력으로 잘 붙어 있는 데다 떼어냈을 때도 아무런 자국을 남기지 않았다. 3M 내외의 어떤 기존 산업이나 기업을 대체하지 않는 비파괴적 기회였다.

프라이가 이 아이디어를 실버에게 설명하자마자, 두 사람은 한 팀이 됐다. 이들은 혁신을 동반한 대부분 사례에서 겪는 질문과 검증에 직면했다. '비접착성 접착제'라는 건 사실상 모순되는 개념이었기 때문이다. 그러나 그들 앞에 감정적인 반발이나 정치적인 방해, 프로젝트를 직간접적으로 가로막는 조직적 장애물은 없었다. 그들은 두 단계 전진했다가 한 단계 후퇴하는 식의 테스트와 개선 단계를 거치면서 작업을 진행했다. 3M의 분위기는 감정적으로나 정치적으로나 호의적이었다. 선도적인 시장을 창조하는 이 혁신이 성공한다면 기존의 비즈니스를 대체하지 않을 뿐만 아니라 매출과 일자리를 늘려줄 것이 분명했다.

실버의 연구실 소장인 제프 니컬슨Geoff Nicholson도 도움을 주기 위해 참여했다. 그는 한쪽에만 접착제가 칠해진 메모지 샘플을 고위 경영진 비서들에게 나눠줬다. 이를 써본 비서들은 무척 좋아했다. 초기 시장 테스트에서 이 메모지가 인기를 얻지 못한 이유는 사람들이 제품을 실제로 구매하기 전에는 써볼 수 없었기 때문이었다. 니컬슨과 담당 부사장은 이를 해결하기 위해 이 사안을 이사회 의장과 CEO에게 보고하고, 테스트 시장에서 샘플을 나눠줄 자금을 조달하기 위해 노력했다. 그들은 샘플을 트레일러에 가득 싣고 여러 도시를 다니며 잠재 고객들에게 나눠줬다. 나머지 얘기는 역사에 기록돼 있다. '포스트잇'이라는 비파괴적 시장이 탄생했고, 이를 통해 3M은 새로운 성장 동력을 얻었다.

포스트잇과 마찬가지로 비아그라도 비파괴적 창조의 결과물이다. 화이자Pfizer는 남성의 발기부전을 치료하는 청색 알약인 비아그라를 개발했다. 비아그라(일반적으로 실데나필이라고 알려진) 이전에는 세계적으로 누구도 발기부전 문제를 주목하지 않았다. 비아그라는 출시되자마자 집에서 먹을 수 있는 치료약이 됐고, 완전히 새로운 비파괴적 시장이 열렸다.

놀랍게도, 비아그라는 발기부전을 해결하기 위해 개발된 것이 아니었다. 원래는 고혈압 치료를 위해 개발됐다. 그러나 임상 시험에서 일관적인 효과가 나타나지 않았다. 그러던 중 뭔가가 일어났다. 웨일스 광부들을 대상으로 한 임상 시험을 끝내면서 연구진은 이 약을 복용하는 동안 다른 변화가 없었는지 물었다. 그 결과, 흥분을 유발하는 부작용이 있다는 사실을 발견했다. 한 남성이 밤에 더 많은 발기를 경험했다고 고백하자 다른 광부들도 웃으며 동의했다. 그때 한 가지 아이디어가 떠올랐다.

화이자의 관리자들은 추가로 알게 된 사실에 놀랐지만 조심스러울 수밖에 없었다. 혈압 시험에 실패한 약품이므로 회사 내에서는 실데나필을 포기하려는 분위기가 퍼져 있었다. 그러나 연구자들은 이 새로운 시장 기회에 대해 강력한 주장을 펼쳤고, 약 20만 달러를 얻어 발기부전 연구를 진행하기로 했다. 이 연구는 광산 근로자들이 경험한 사실을 확인해줬다. 발기부전을 치료하는 데 효과가 있었다. 임상 시험에 참여한 남성들은 시험이 끝난 후에도 남은 약을 반납하지 않았다!

발기부전에 대해 널리 인정받은 치료법이 없었기에 비아그라는 그동안 억제됐던 엄청난 수요를 채울 것으로 전망됐다. 게다가 회사의 기존 약물 중 어느 것도 대체하지 않을 것이고, 성공한다면 회사에 새로운 성장 동력을 제공할 터였다. 그래서 화이자의 내부 이해관계자들은 비파괴적 시장을 개척하는 데 전적으로 힘을 보태기로 했다.

대부분 신약이 그렇듯이, 비아그라를 상업화하고 비즈니스 모델을 구축하는 데는 도전이 있었다. 발기부전의 부정적인 이미지를 어떻게 없앨 수 있을까? 종교단체들이 '성과 관련된 약'에 대해 반발하지 않을까? 의사와 전문가들은 주로 의료용 약물만 생각하는 데, 생활 방식을 개선하는 이런 약물의 가치를 과연 설득할 수 있을까?

그러나 회사는 동요하지 않았다. 내부적인 저항도 거의 없었고, 기존 부서는 위협받는다는 느낌이 아니라 오히려 새로운 활력을 느꼈다. 이 기회가 얼마나 큰 것인지는 누구도 알 수 없었다. 하지만 그들은 발기부전을 해결하는 것이 남성들에게 매우 중요하고, 50세 이상의 많은 남성이 이 문제로 고민하고 있으며, 시장에는 실질적인 대안이 없음을 알고 있었다. 화이자의 과학자들, 의사들, 영업사원들, 마케터들, 경영진은 모두 이 비파괴적 기회를 성공시키기 위해 총력을 기울였다.

비아그라 출시 직후, 이 약은 세계적인 현상이 돼 화이자의 처방전 약품 중에서도 매출이 가장 높은 제품이 됐다. 2020년까지 이약은 회사에 300억 달러 이상의 매출을 올려줬다.

이제 잠시 멈춰 상상해보라. 파괴적 혁신은 사람들을 거스르게 하고, 단기적으로 조직의 혼란을 야기하며, 손안의 새를 잡느냐 아니면 훨씬 더 큰 기회를 잡느냐 하는 어려운 재정 결정을 내리도록 요구한다. 그렇다면 덜 위협적인 형태인 비파괴적 창조를 탐색함으로써 기회의 지평을 넓히는 것이 좋지 않을까? 3M, 화이자, 그라민은행을 비롯해 이 책에서 소개하는 여러 기업의 사례가 보여주듯이, 선진국과 개발도상국 모두에서 시장 창조형 혁신이 더 많은 돈과 기회와 영향력을 실현할 수 있게 해준다. 또한 시장을 창출하고자 할 때 파괴적 창조만이 아니라 비파괴적 창조까지 포용하는 더욱 넓은 시각을 유지한다면, 내부 조직 및 사람들의 불안감을 더 잘 관리하고 더 적극적인 참여를 끌어낼 수 있다.

외부 이해관계자의 암묵적 수용: 타다와 SDC의 실패 사례

이 마지막 이점은 기업이나 조직이 시장 혁신에 나설 때 영향을 받을 수 있는 외부 이해관계자, 즉 외부의 사람들이나 그룹의 반응에서 비롯된다. 외부 이해관계자에는 해당 산업 참여자뿐만 아니라 지역사회, 정부, 비영리단체 및 기관, 언론 등도 포함된다.

비파괴적 창조는 본질적으로 창조적이지만 파괴적이지는 않기에 대체로 외부 이해관계자들의 반발을 불러일으키지 않는다. 이것은 표준 규제적 조치를 우회한다는 의미가 아니다. 예를 들어, 미국 식품의약국FDA은 트웬티스리앤드미에 소비자에게 보내는 유전자 검사 정보를 더 분명하게 제공하고 유전자 검사가 질병을 진단하기 위한 것이 아니라는 점을 명확히 해야 한다고 지시했다. 마찬가지로, FDA는 화이자에 비아그라의 잠재적인 부작용을 명시하고 약물 승인을 위한 모든 표준 규제적 절차를 통과하도록 요구했다. 비파괴적이든 아니든, 새로운 시장을 창조하는 혁신은 이런 규제적 검토와 조치를 따라야 한다.[7]

그와 달리 파괴적 창조는 외부 이해관계자들의 반발을 불러일으키는 경향이 있다. 기존 참여자들을 대체하고 산업 규칙과 규제를 우회하는 탓에 사회적 이익단체, 정부기관 및 비영리단체들이 파괴자에 대항하기 때문이다. 파괴자의 활동을 제한하거나, 세금을 부과해 피해를 최소화하거나, 경쟁 조건을 평준화하기 위해 로비를 벌이기도 한다. 이런 저항은 파괴자의 자원과 시간을 급격히 소진케 하여 비용 구조를 악화시키고 성장을 제약할 수 있다. 파괴의 위험에 처한 당사자들은 비공개적으로도 강력한 로비를 벌여 다른 외부 이해관계자들이 파괴를 억제하고 차단하는 일에 나서도록 압력을 가한다.

한국의 탑승 서비스인 타다Tada가 이런 저항에 부딪혔고, 결국 정부의 규제로 서비스를 중단해야만 했다. 타다는 앱으로 호출할 수 있는 11인승 밴을 이용해 2018년 10월 서비스를 시작했다. 일부 택시 기사의 난폭한 운전과 불친절에 불만이 많았던 사용자들 사이에서 타다는 폭발적인 인기를 끌었다. 그런데 택시 기사들의 수입이 급감해 몇 명이 스스로 목숨을 끊는 일이 벌어지자 사회 복지 분야에서 경고 신호가 울렸다. 적대적인 거리 집회와 강력한 시위가 일어났고, 30만 명의 택시 기사가 이를 지지했다.

사회와 비즈니스에 큰 영향을 미치는 이런 논란이 벌어지면서 다양한 비즈니스 및 지역사회 단체, 정부, 사법기관, 언론, 관련 학계 등이 관여했다. 논의의 핵심은 타다의 모빌리티 혁신이 경제에 기여하는 측면과 사회적 갈등 및 파괴로 인해 발생하는 비용이었다.

타다의 서비스는 여객자동차 운수사업법의 특별한 조항에 기반을 두고 있었는데, 11~15인승 차량의 경우 택시 면허가 없는 운전자들이 운송 서비스에 대한 운임을 받을 수 있도록 허용한다는 내용이다. 타다의 서비스는 법과 일치했지만, 이 특별한 조항은 원래 관광 산업의 단체 여행을 지원하기 위해 만들어진 것이었다. 즉, 밴 사이즈의 택시를 위한 것은 아니었다.

타다와 그들이 법적 예외를 영리하게 활용한 점에 대한 반발이 매우 커서, 2020년 4월 한국 국회는 타다와 유사한 형태의 택시 사업을 금지하기 위해 법을 개정했다. 타다는 이에 대항해 항소했지만, 헌법재판소는 회사의 서비스가 사회적 갈등을 키웠다고 판결했다(2023년 6월 대법원은 타다 전 대표 등과 법인에 최종적으로 무죄를 선고했다-옮긴이).

또 다른 예로 미국의 스마일디렉트클럽Smile Direct Club, SDC이 있다. SDC는 원격 치과의학과 3D 프린팅 기술을 활용해 몇십억 달러 규모의 치과 산업을 파괴하려고 했다. 투명한 치아 교정기를 제작하는 데 드는 일반적인 교정 치료비인 5,000~7,000달러에 비해 낮은 1,895달러로 가격을 정하고, 보통 24개월이 걸리는 교정 기간을 6개월로 단축했으며, 의사를 반복적으로 방문할 필요가 없도록 했다. SDC의 서비스는 빠르게 인기를 얻었다.

그러나 회사가 성장함에 따라 SDC는 법적 공격을 받으면 시간과 자원을 상당히 소모하게 됐다. 2017년 4월에는 1만 8,000명의 회원을 둔 미국치과의사협회가 36개 주에서 SDC가 치과 의사 행위에 관한 법률을 위반하고 있다고 항의를 제기하며 불만을 표명했고, 기본적으로 치과 의료 서비스에는 전통적인 의사 진료가 필요하다고 주장했다. SDC의 서비스가 고객들에게 엄청나게 많은 긍정적 리뷰를 받았음에도 협회는 '사용하지 말 것을 강력히 권고한다'라는 결의안을 통과시켰다. 그리고 2018년 5월에는 캘리포니아치과위원회의 단속 부서 조사관이 표준 감사 대신 SDC의 매장을 대낮에 수색하도록 명령했다. 이로 인해 고객들과 매장 직원들이 두려움을 느낀 것으로 소셜 미디어에 보도됐다. 이에 따라 SDC는 신뢰성과 이미지에 손상을 입게 됐다. 회사는 캘리포니아치과위원회에 대해 법적 조치를 취하고 있으며, 시장 참가자들이 통제하는 주정부 감독 기구로서 규제상의 감독 없이 조치를 취한 것은 반독점법을 위반한 것이라고 주장하고 있다.

타다와 SDC는 파괴적인 움직임으로 기존 산업에 도전했다. 그런데 관련 규제는 기존 산업 관행과 이해관계자를 고려해 수립된 것들이다. 파괴자들이 규제적 허점을 창의적으로 활용하거나 기존 산업을 뒤흔들 만한 완전히 다른 비즈니스 모델로 도전할 때, 당국과 산업협회는 이런 규제적 허점을 파악하고 막기 위해 노력한다. 그리고 새로운 비즈니스 모델을 차단하는 주장을 제기해 파괴적 결과를 최소화하고 외부 이해관계자들의 반대와 불만을 해소하기 위해 대응한다. 아마존의 예를 보자면, 유럽 여러 국가는 지역 서점을 보호하기 위해 아마존이 제공할 수 있는 할인에 법적 제한을 부과하고 있다.

그에 비해 비파괴적 창조는 사회적 파괴를 일으키지 않기 때문에 부정적인 반발을 대부분 피할 수 있다. 기존 산업의 경계를 넘어 새로운 문제를 해결하거나 새로운 기회를 창조하므로 사회는 비파괴적인 시장 혁신을 수월하게 받아들인다. 특히 새로 제공되는 서비스나 제품을 이해하고 그 가치를 알고 나서는 더욱 그렇다. 포스트잇, M:NI, 스퀘어리더, 〈세서미 스트리트〉, 고프로, 마이크로파이낸스, 비아그라, 핼러윈 반려동물 패션 등을 보라. 이런 혁신에 대해서는 외부 이해관계자들이 격렬한 소송전이나 반대 로비를 벌이지 않았다. 또 지역사회의 일자리가 위협받는다며 반발하지도 않았다.

비파괴적 창조가 불가능한 산업은 없다

금융은 경쟁이 치열한 산업 중 하나다. 이 분야의 회사들은 일반적으로 최고의 경영대학원에서 인재를 채용하며, 각 학교의 성적 우수자들만 고용한다. 이 산업의 종사자들은 장시간 일하며, 대체로 높은 목표를 갖고 경쟁적인 성향을 보인다. 벤처캐피털, 투자은행,

헤지펀드, 사모펀드, 기업 금융, 소매 및 소비자 금융 업계 종사자들이 그들이다.

금융은 점점 더 많은 규제를 받고 있으며 정부가 강력하게 규제하는 분야 중 하나다. 자본, 스트레스 테스트, 투명성, 고객 알기 Know-your-client 요건은 물론이고 돈세탁 방지 규정 등 법적 요구 사항이 점점 더 늘고 있다. 한편 글로벌 규제 프레임워크는 분열되어 금융기관들이 미결된 법적 요구 사항에 대응해야 하는 상황으로 치닫고 있으며, 그 여파가 어느 정도일지는 누구도 모른다.

이렇게 강한 경쟁과 엄격한 규제 아래 있기 때문에, 금융 업종의 회사들과 개인들은 비파괴적 창조를 언급하면 "우리 산업에서는 불가능합니다"라고 주장한다. 치열한 경쟁이 혁신적인 기회를 방해하고, 고도의 규제가 기업이 혁신적으로 행동할 수 없게 얽어매고 있다는 것이다.

그러나 고도로 경쟁적이고 엄격하게 규제되는 금융 분야에서 실제 일어난 일들은 이런 주장을 뒷받침하지 않는다. 마이크로파이낸스, 스퀘어리더, 킥스타터 등과 같이 비파괴적 창조를 통해 수백만 달러에서 수십억 달러 규모의 산업을 일군 사례가 있다. 최근 인시아드 졸업생들이 설립한 두 회사의 비파괴적 창조 사례도 살펴볼 만하다.

세계 각국의 많은 학생이 해외에서 학위 유학을 하기 위해 노력하고 있다. 그러나 대부분 국가에서 외국인 학생들은 현지 보증인이나 강력한 신용 기록, 담보를 갖지 않는 한 학자금 대출을 받기 어렵다. 많은 학생이 이 문제를 해결하지 못해 어려움을 겪는다. 그들은 필요한 자금을 조달하는 동안 꿈의 실현을 미뤄야 하는 상황에 처한다.

영국의 프로디지파이낸스Prodigy Finance는 이 오래된 문제를 해결하고자 설립됐다. 창업자들은 인시아드에서 이 문제 때문에 입학을 연기해야 하는 학생들이 얼마나 많은지를 알게 됐다. 프로디지의 공동창업자인 캐머런 스티븐스Cameron Stevens는 이렇게 말했다.

"나는 해외 최고 경영대학에 입학하는 건 어려운 일이라고 생각해왔습니다. 하지만 그렇지 않았어요. 정작 어려운 일은 해외 유학 자금을 대출받는 것이었죠. 열심히 알아봤지만, 어떤 은행도 대출해주겠다고 선뜻 나서지 않았습니다."

이를 해결하는 방법은 외국 학생들에게 대출을 실행하는 새로운 모델이었다. 이 모델은 현지 보증인이나 담보를 요구하지 않는다. 또 외국 학생들이 유학하는 현지에서 가질 수 없는 신용 이력에도 의존하지 않는다.

프로디지는 해외에서 고급 연구를 하고자 하는 학생들은 동기의식이 높다는 점에 주목했다. 졸업 후에 더 좋은 직업 기회를 제공할 최고의 고등 교육기관을 찾고 있는 것이다. 이에 학업 성과와 미래 수입 잠재력 같은 공정한 기준으로 외국인 학생들을 평가함으로써 이전에 '대출 불가'였던 학생들에게 꿈을 이룰 자금을 제공했고, 실제 부도율도 낮게 유지됐다. 프로디지와 미국의 엠파워파이낸싱MPOWER Financing은 인시아드 동문들이 설립한 회사로, 비파괴적인 혁신으로 수십억 달러 규모의 시장을 창조했다. 다음 세대의 글로벌 인재를 양성하면서 상당한 수익도 올리고 있다.

앞서 잠깐 언급한 콩트니켈은 2014년에 설립된 회사로, 대부분의 도시에 은행이 넘치는 프랑스에서 비파괴적 창조의 큰 기회를 잡았다. 2018년 프랑스의 큰 은행 중 하나인 BNP가 2억 유로로 콩트니켈의 지분 95%를 인수했고, 이와 함께 회사 이름도 니켈로 바뀌었다. 당시 프랑스에서는 재정 상태가 나빠 은행 서비스를 전혀 받지 못하는 사람들이 많았다. 가끔 일하는 사람, 수입이 불안정한 사람, 청소년, 저소득층, 그리고 남의 도움을 받아야 하는 실업자들이었다. 이들은 전체 인구 중 거의 8%에 달했다. 휴대전화 서비스와 같은 기본적인 항목에서조차 현금이 점점 더 쓰이지 않는 시대인 만큼, 이들에겐 신용카드가 필요했다.

콩트니켈은 프랑스에서 은행 이용이 어려운 이 사람들을 위해 새로운 기회를 창조하고자 했다. 그 해답은 '상자 속 은행bank in a box'이었다. 신분증과 휴대전화만으로 10분 이내에 설치할 수 있으며, 소득증명도 필요 없다. 간편하고, 차별이 없으며, 빠르다. 작동 방식은 이렇다. 프랑스 전역에 퍼져 있는 4,000개의 신문판매점 중 한 곳을 방문한다. 신분증을 제시하고 밝은 오렌지색 상자를 받는다. 상자 안에는 국제 은행 계좌번호와 국제적으로 작동하는 마스

터카드Mastercard의 직불카드가 들어 있다. 이 모든 것이 20유로로 제공된다. 계좌 관리는 완전히 전자적으로, 즉 인터넷 뱅킹, 온라인 명세서, 문자 메시지를 통해 이뤄진다. 고객은 매년 50유로의 고정 연회비만 내면 어느 ATM에서나 현금을 인출할 수 있고, 파트너 신문판매점에서 현금을 입출금하거나 송금하고 송금받을 수 있다. 상자를 받는 순간부터 신용카드와 니켈 계좌를 사용할 수 있다. 이를 위해 그들이 할 일은 계정을 개설하는 금액을 신문판매점에 내는 것뿐이다.

이번에는 아프리카 대륙으로 이동해 2007년 케냐에서 시작된 M-페사M-PESA의 비파괴적 사례를 살펴보자. 이전에 케냐 경제는 대부분 현금 중심이었으며 은행에 접근할 수 있는 인구는 소수에 불과했다. 그것도 주요 도시 중심부에만 몰려 있었다. 현금을 소지한 사람은 길거리 강도에게 습격당하기 일쑤였으며, 가정에 숨겨 둔 현금은 절도의 표적이 됐다. 게다가 가족에게 돈을 가져다주려면 마을로 가는 버스를 타야 했는데, 현금을 노리는 강도들이 버스를 멈춰 세우고 갈취하기도 했다. M-페사가 이 모든 것을 바꿨다. 사람들과 사회 양측에 피해를 주는 문제를 해결한 것이다.

보다폰Vodafone의 케냐 자회사인 사파리컴Safaricom이 만든 M-페사는 안전하고 안정적이며 경제적인 방식으로 돈을 보내고 받고 보관하며, 요금을 지불하고, 급여를 예치하는 기능을 제공한다. 돈을 예치할 때는 수천 개의 지역 키오스크(담배나 껌 등을 판매하는 가게) 중 아무 곳에나 가서 점주에게 현금을 건네면 된다. 그러면 점주가 금액을 원장과 사용자의 휴대전화 계정에 등록한다. 버튼 하나로 케냐 어디든지 송금할 수 있고, 수취인은 누가 송금했는지를 전해주는 알림을 받게 된다. 인출도 동일한 방식으로 할 수 있다. 키오스크로 가서 계정 잔액을 보여주고 필요한 금액을 요청하면 된다. 수수료는 거래별로 부과된다.

M-페사는 거대하고 급격히 성장 중인 새로운 수요를 발굴했다. 현재 이 서비스는 7개국에서 약 3,500만 명의 활성 고객과 40만여 명의 에이전트를 보유하고 있다. 2020년에는 이 고객들이 110억 건 이상의 거래를 했으며, 초당 약 500건의 거래가 이뤄졌다. 2017년에는 케냐 GDP의 거의 50%에 해당하는 약 3.6조 케냐실링(약 290억 유로)이 M-페사를 통해 처리됐다. 이 비파괴적인 시장은 현재 사파리컴 전체 수익의 30% 이상을 차지하고 있다.

지금까지 소개한 사례의 회사들은 선진국이냐 개발도상국이냐를 불문하고 가장 치열하게 경쟁하고 엄격하게 규제되는 산업 중 하나에서 이전에 없던 새로운 시장을 창조할 기회를 찾아냈다. 그렇다면 당신에겐 어떤 가능성이 있을까? 당신이 속한 산업에도 적용되는 얘기일까? 그렇다. 비파괴적 창조는 금융뿐만 아니라 모든 분야에서 이뤄낼 수 있다.

비파괴적 창조의 놀라운 성과

40년이 지났음에도, 그리고 기술에 집착하는 현재 세상에서도 3M 의 포스트잇은 매년 약 10억 달러어치씩 팔려나간다. 특허가 만료 된 지 10년이 지난 지금도 비아그라는 매년 약 5억 달러의 수익을 화이자에 안겨준다. 사파리컴의 M-페사는 매년 약 8억 달러의 매 출을 올리고 있다. 회사의 수익성 높은 성장에 지대한 영향을 끼친 비파괴적 창조 사례는 이뿐만이 아니다. 스퀘어리더, 고프로, 프로 디지, 큐나드 등도 있다.

조직들이 현재의 시장 지위를 강화하고 내일의 성장을 창조하려 고 노력하면서 비파괴적 기회를 추구하면, 수백만 달러에서 수십 억 달러의 새로운 시장을 열 수 있다. 최소한 현재 서비스되고 있 는 시장 수준이거나 그보다 훨씬 더 큰 규모로 개척할 수 있다.[8] 이 는 혼잡한 대도시에서 주차라는 일상적인 키워드로 비파괴적 시장 을 창조한 일본 기업 파크24 Park24의 사례에서도 확인할 수 있다.

파크24는 주차 금지 표지판과 주차장 설비를 제조하고 공급하 는 업체로 비즈니스를 시작했는데, 수익성 있는 차세대 성장 엔진 을 찾다가 비파괴적 창조의 기회를 발견했다. 혼잡한 일본 도시에 서 주차 공간 부족은 오래된 문제였다. 길은 좁고 자동차, 자전거, 보행자로 늘 붐볐다. 도로변 주차는 교통을 방해한다는 이유로 대 개 금지됐다. 게다가 적당한 토지가 부족해 주차장을 만들 만큼 충분한 면적을 확보하기가 어려웠고, 설령 땅을 찾았다고 하더라도 가격이 너무 비싸 엄두를 낼 수 없었다. 아직 해결되지 못한 거대한 수요가 있음에도 수익성 있는 사업을 추구하기에는 부적합했다는 애기다.

파크24는 주차를 거리의 코너마다 있는 편의점처럼 만들어 주차장 시장을 혁신하는 것으로 개념화했다. '편의점 같은 주차장'이라는 새로운 개념을 실현하기 위해 이 회사는 가장 혼잡한 도시 전역에 흩어져 있는 소형 토지를 찾아 다녔다. 인기 있는 목적지 근처에는 사실상 사용되지 않는 토지가 많았다. 어떤 것은 건물 사이에 끼어 있어 특정한 목적으로 사용하기에는 너무 작거나, 소유주가 다른 큰 부동산과 함께 상속받았지만 어떻게 활용할지 모르는 경우도 있었다. 그런가 하면 적절한 가격이 제시되길 기다리며 그냥 놀려두는 땅도 있었다.

파크24의 비파괴적 비즈니스는 이런 비정상적인 토지를 임대해 토지 소유자들이 손을 대지 않고도 수익을 창출할 수 있게 하는 것이었다. 이런 자투리땅들을 이용해 파크24타임스Park24 Times 사이트를 만들었는데, 대개 4~7대의 주차 공간을 제공했다. 서비스는 완전히 자동화했다. 자동차가 주차 공간에 들어오면 펌프가 작동해 바닥 판을 들어 올려 전진하지 못하게 하고, 운전자가 키오스크에서 결제한 후에만 판이 내려와 주차장을 나갈 수 있도록 만들었다. 자동화된 시스템 덕분에 파크24는 편의점과 같은 주차장을 저비용으로 신속하게 구축할 수 있었다. 직원이 필요하지 않았기 때문에 운영 시간에도 제한이 없었다. 파크24는 운전자들이 필요한 최소한 시간만 주차하도록(회전율을 높이고 다른 운전자들에게 주차할 기회를 주기 위해) 20분마다 일정 금액의 일괄 요금을 책정했다. 운전자들은 목적지에 가까운 곳에 편리하고 안전하게 주차할 수 있었다.

파크24타임스의 브랜드 파워가 빠르게 성장함에 따라, 파크24는 휴면 상태의 토지뿐만 아니라 토지의 '휴식 시간'을 활용해 주차장 시장을 더욱 확대했다. 도심의 최고 위치에는 주요 은행이나 정부 건물이 들어서 있는데, 이런 시설들은 주로 주중 영업시간에만 사용됐다. 파크24는 은행 및 정부기관과 협상해 업무 이후 시간, 주말, 휴일 등에 비어 있는 주차 공간을 임대해 파크24타임스의 주차 공간을 크게 확장했다. 해당 기관으로서는 그동안 비용 요소였던 공간을 수익 창출 도구로 바꿀 수 있었다.

현재 파크24 그룹은 연 매출이 약 30억 달러에 달하는 지주회사로 성장했다. 오랫동안 아무도 해결할 수 없다고 생각했던 문제에 대처함으로써 파크24는 일본에서 빠르게 성장하는 비파괴적 시장을 창조했다. 나라마다 주요 대도시의 주차 공간은 여전히 매우 부족하지만, 파크24는 비파괴적 주차장 서비스로 주차 공간을 10년 동안 네 배 이상 늘렸고 매년 10억 달러 이상의 수익을 창출하고 있다.

'저기 멀리로'부터 '여기 가까이'까지

인간들이 별과 우주를 이해하고자 했지만 너무나 멀어서 그 놀라움을 알아채기가 어려웠을 때, 망원경이라는 비파괴적 창조물이 탄생했다. 박테리아와 바이러스의 구성을 보고 질병 치료에 대한 단서를 찾을 수 있었으면 했을 때, 현미경이라는 비파괴적 창조물이 탄생했다. 비파괴적 창조물은 일론 머스크가 화성에 첫 번째 커뮤니티를 만드는 것과 같이 '저기 멀리로'의 야망일 수도 있다. 또 파크24타임스와 같이 훨씬 기본적인 것일 수도 있다. '저기 멀리로'인지 '여기 가까이'인지에 상관없이, 비파괴적 기회는 모두 기존 산업의 경계를 벗어난다. 역사적 데이터를 보면 비파괴적 창조가 수익성 있는 성장의 매력적인 원천이라는 결론을 내릴 수 있다.

다음 장에서는 글로벌 경제를 관통하는 두 가지 새로운 트렌드에 대해 논하고, 왜 이런 트렌드가 현재는 물론 미래에도 비파괴적 창조를 찾아내는 데 점점 더 큰 가치를 부여할 것으로 예상되는지 알아보겠다.

비파괴적 창조의
중요성이 커지는 이유

20세기 가장 영향력 있는 사상가로 꼽히는 노벨 경제학상 수상자 밀턴 프리드먼Milton Friedman은 주주 우선주의 이론을 제시함으로써 경제적 이익 극대화와 사회적 이익 사이에 상충관계가 있다고 가정했다. 프리드먼의 이론은 오늘날 우리가 아는 자본주의의 핵심이다. 그는 기업의 유일한 목적은 주주들을 위해 돈을 버는 것이라고 주장했다. 그러면서 기업이 사기나 부정행위를 저지르지 않고 게임의 규칙을 따르는 한 "기업의 사회적 책임은 자원을 활용해 이익을 증대시키는 활동을 하는 것뿐이다"라고 말했다.[1] 이익 극대화와 이에 따른 주주 가치 극대화는 충분한 사회적 이익을 제공하며, 이를 넘어서는 사회문제들은 기업의 적절한 영역을 벗어난다는 의미다.

지난 50년 동안 이 관점이 경제 사고를 지배해왔다. 그러나 이 관점이 가져온 모든 경제적 이점에도 불구하고, 점점 의문이 제기되고 있다. 사람들은 이익 극대화를 추구하는 과정에서 사회와 공동체에 비용이 많이 드는 부정적인 외부성이 가해지고 있다는 걸 알게 됐다. 그리고 사회에서도 이런 외부성에 대해 점점 더 목소리를 높이고 있다. 밀레니얼 세대와 Z세대가 선봉에 서서 기업들을 향해서는 이익 이상의 사명을 추구하도록 촉구하고, 주주들에게는 기업의 행동이 사회 전반적인 이해관계자들에게 미치는 영향을 고려하도록 요구하고 있다.

역사적으로 기업들은 사회적 책임 프로그램과 봉사 활동, 기부 등을 통해 이런 요구에 대응해왔다. 그러나 여기서 사회적 가치와 이해관계자들의 우려는 사실상 비용 요소로 다뤄진다. 다시 말해, 기업은 돈을 어떻게 '버느냐'가 아니라 어떻게 '쓰느냐'에 초점을 맞춰 이해관계자들과 사회적 가치에 대응하려고 한다.

이런 접근 방식의 약점은 경제적 이익과 사회적 이익이 본질적으로 분리돼 다뤄진다는 것이다. 구분된 방식으로 처리되다 보니, 경제적인 어려움이 찾아오면 이런 프로그램들은 자연스럽게 축소되거나 심지어 중단되곤 한다. 사회적 책임 프로그램을 경제적 성장의 부차적인 전시 행사 정도로 여기기 때문이다. 그렇다고 사회적 이익이 비즈니스의 주요 초점으로 대체되어야 한다고 주장하는 것은 순진한 생각일 것이다. 게다가 사회적 이익에 초점을 맞춘다고 해서 해결할 수 있는 일도 아니다. 비록 사람들이 그렇게 하기를 간절히 요구할지라도, 이게 현실이다. 경제적 성공이 없다면, 당연하게도 사회적 이익을 위해 사용할 돈이 없다. 성장하는 경제는 부를 창출하며, 이는 사회적 문제를 해결할 자원을 제공하고 일자리를 창출하는 기반이 된다.

사회적 이익과 주주 이슈를 별개로 취급하는 대신, 이 둘을 통합하는 것이 더 효과적으로 보인다. 이렇게 함으로써 우리는 사회적으로 책임감 있는 자본주의에 한 걸음 더 다가갈 수 있을 것이다. 실제로, 그 필요성에 대한 논의가 더욱 활발해지고 있다.[2] 그러나 이해관계자, 이해관계자 이론, 이해관계자 자본주의와 같은 개념들은 수십 년 동안 존재했음에도 기업의 성장이나 이익을 억제하는 것이 아니라 촉진하는 방법에 대한 구체적인 제안은 적고 부족했다. 그럼에도 오늘날 기업이 이를 달성하도록 촉구하는 분위기가 만연해 있다.

기업들은 이런 요구에 대응하는 과정에서 회사와 사회를 위해 상생 전략을 추구하도록 점점 더 요구받고 있다. 성장을 위한 혁신 전략도 예외는 아니다. 경제 성장의 주요 동력인 혁신이 사회적으로 포지티브섬의 역할을 해낼 수 있으려면 어떤 전략적 방향을 취해야 할까? 경제 성장과 사회적 이익 간의 오랜 상충관계를 깨뜨리는 혁신 전략을 어떻게 구축할 수 있을까?

이런 질문에 대답하는 것은 쉽거나 직관적인 일이 아니다. 그리고 이를 달성하는 데에는 다양한 방법이 있을 것이다. 제2장에서 이야기한 대로, 새로운 시장의 혁신에서 비파괴적 창조는 이런 도전에 대한 실행 가능한 길을 제시한다. 이 관점에서 사회적인 이익은 단순히 부차적인 전시 행사가 아니다. 사회적 가치를 파괴하지 않으면서 새로운 가치를 창출해내는 파괴적 창조를 통해 경제적 이익과 맞닿게 된다. 다시 말해, 비파괴적 창조를 통해 사회적 이익은 기업이 돈을 쓰는 방식이 아니라 번영하고 번창하기 위해 돈을 벌어들이는 방식에서 달성되기 시작한다. 비파괴적 창조는 사회적 이익을 위해 경제적 이익을 희생하는 것이 아니라 둘이 조화를 이루며 성장하게 한다.

기업의 사회적 책임을 평가하고 강제하는 정부의 조치가 비즈니스 현실과 동떨어져 있다고 비판하는 사람들도 있다. 이해관계자, 이해관계자 이론 또는 이해관계자 자본주의와 그 실현 방법 사이에는 구분이 필요하지만, 제도화된 조치는 그런 아이디어 자체를 비판의 초점으로 만들기도 한다. 우리가 여기서 제안하는 것은 이런 비판에 대응하기 위한 한 걸음이다.

사람들은 자신이 일하는 회사가 혁신적인 제품을 창조하면서 다른 사람들의 삶에 긍정적인 영향을 미칠 뿐이며 다른 사람들의 삶을 파괴하지는 않는다고 믿고 싶어 한다. 이때 사회적 이익이란 새로운 시장을 혁신함과 동시에 기존 시장을 파괴함으로써 발생하는 기업의 폐쇄, 일자리의 손실, 지역사회의 피해와 같은 사회적 고통을 초래하지 않는 것을 의미한다.

　우리는 비파괴적 창조가 미래에 더욱 중요해지리라고 믿는데, 이런 상충관계를 깨뜨리는 것이 갈수록 중요해질 것이기 때문이다. 책임 있는 경영자라면 이를 무시할 수 없을 것이다. 또 다른 주요한 이유는 이미 우리 앞에 다가선 제4차 산업혁명에서 찾을 수 있다.

제4차 산업혁명의 도전

흔히 산업혁명을 하나의 연속적인 사건으로 생각하지만, 실제로는 네 가지의 순차적인 혁명 또는 패러다임 변화로 이해하는 것이 좋다. 18세기 말에 시작된 제1차 혁명은 기계화와 증기 동력으로 추진됐다. 19세기에 이뤄진 제2차 혁명은 대량 생산, 전기, 그리고 조립 라인으로 육성됐다. 20세기에 이뤄진 제3차 혁명에선 컴퓨터, 자동화, 그리고 정보 기술이 도입됐다.

　우리가 현재 경험하고 있는 제4차 산업혁명은 AI와 스마트 기기부터 로봇, 블록체인, 가상현실까지 기하급수적으로 발전하는 기술들의 출현과 융합을 포괄한다. 이런 기술들은 이미 우리의 삶에 영향을 미치고 있다. 예를 들어 시리Siri에게 식당 주소를 찾아달라고 하거나 알렉사Alexa에게 엄마 전화번호를 눌러달라고 부탁할 때,

우리는 의식하든 아니든 AI를 사용하고 있다.

　이런 새로운 기술들은 우리가 지금까지 본 것보다 훨씬 더 큰 생산성의 도약을 불러일으킬 것이다. 그리고 생산성의 도약과 함께 점점 더 낮아지는 비용과 더 큰 효율성이 나타날 것이다. 이는 좋은 일이다. 높은 생산성과 낮은 비용은 이론적으로 모든 것이 동일한 상황에서 개인의 소득 증가와 구매력 상승으로 이어질 것이다. 이는 더욱 좋은 일이다. 그런데 문제가 있다.

　이런 낮은 가격의 상품과 서비스를 구매하고 더 높은 생활 수준을 누리기 위해서는, 당연하게도 사람들이 일자리와 안정적인 소득을 가져야 한다. 일자리와 소득이 없다면 기술의 발전으로 효율적이고 저렴하며 고품질의 상품과 서비스가 나오더라도 구매할 수 없다. 그리고 만약 사람들이 구매할 수 없다면, 생산성 향상이 곧 삶의 질을 향상시킨다는 오랜 믿음은 환상에 그칠 뿐이다.

양날의 검

제4차 산업혁명은 양날의 검이다. 스마트 기기와 AI가 상상을 뛰어넘는 효율성을 가져올 것으로 예측되지만, 그러려면 기존의 직업들이 많이 대체돼야 할 것이다. 과거에는 기술적인 혁명을 거칠 때마다 인간에게 일자리가 제공됐다. 그러나 우리가 지금 겪고 있는 기술적 혁명은 이전과는 비교할 수 없을 정도로 많은 인간(그리고 인간의 두뇌 활동)을 대체할 능력을 갖추고 있다.

글로벌 경제 예측 및 분석 기관인 옥스퍼드이코노믹스Oxford Economics의 보고서에 따르면, 스마트 기기는 다음 10년 동안 전 세계에서 약 2,000만 개의 제조업 직업을 대체할 것으로 예상되며, 그중 150만 개가 미국에서 대체될 것으로 예측된다.[3] 또 다른 연구에서는 스마트 기기, 로봇, AI, 블록체인 기술, 3D 프린팅, 자동화 등이 앞으로 수십 년 동안 기존 일자리의 20~40%를 위협할 것으로 예측했다. 또 브루킹스연구소Brookings Institution의 보고서에서는 미국 노동자의 25%가 '높은 위험'에 직면해 대체될 가능성이 있다고 내다봤다. 이는 약 3,600만 개의 일자리가 소멸 위험에 처해 있다는 것을 의미하며, 또 다른 5,200만 명의 노동자는 '중간 위험'에 노출될 것으로 예상된다.[4] 이 모든 연구에서 가장 중요한 결론은 경제가 새로운 현실에 적응하는 전환 기간에 불안정성과 노동력의 큰 변동이 예상된다는 것이다.

보통은 '가난한 하층 및 중산층 노동자'들이 위험에 처해 있다고 생각할 것이다. 하지만 AI와 스마트 기기가 인간 수준의 성능에 도달함에 따라 고급 직업들도 동일한 위험에 직면하고 있다. 굳이 미래에 가보지 않아도 알 수 있다. 월스트리트의 엘리트 분야를 생각해보라. 이미 주요 투자 회사들은 사람보다 훨씬 뛰어난 주식 거래 알고리즘으로 직원들을 대체하고 있다. 앞으로 10년 동안 금융기관들은 인력의 10%를 대체할 것으로 예상되며, 그중 약 35%는 자금 관리 분야에서의 일자리다.[5] 또 언론 분야를 생각해보라. 로봇들이 경제 동향에 대한 보고서를 작성하고 선거와 스포츠 보도 기사를 자동으로 생성하며, 금융 보고서를 요약해 기사를 쓰는 데도 이미 로봇이 사용되고 있다.

치과 분야를 보라. 2017년 중국에서 로봇 치과 의사가 인간의 개입 없이 3D 프린팅 치아를 1시간 내에 환자의 잇몸에 성공적으로 이식했다. 불과 4년 전만 해도 옥스퍼드대학교 연구에서 치과 의사와 교정 치과 의사가 스마트 로봇과 비교할 때 안전한 일자리로 분류됐는데 말이다.[6] 그리고 멸종위기종 추적을 담당하는 야생동물 보호 연구원들 자신도 멸종위기에 처하고 있다. 그들은 점점 드론으로 대체되고 있다. 드론이 찍은 영상으로 머신러닝 시스템이 멸종위기종의 숫자와 이동을 모니터링한다.

연구 보고서에 따르면, AI는 폐암(미국에서 가장 흔한 암 사망 원인) 및 유방암(여성에게 가장 흔한 암 종류) 감지에서 훈련받은 방사선과 의사보다 높은 정확도를 보인다. 〈네이처 메디신Nature Medicine〉에 실린 폐암 연구 논문에 따르면, 딥러닝 알고리즘은 의사들이 이미 알고 있던 폐암을 94.4%의 정확도로 감지하는 데 성공했다. AI의 성능은 의사들이 방사선과 의사들의 도움을 받아 추가적인 토모그래피tomography 스캔 자료를 이용할 때와 비슷했다. 그러나 토모그래피 스캔이 없는 경우, AI는 거짓 양성 판정을 11% 줄이고 거짓 음성 판정을 5% 줄이는 뛰어난 성과를 보였다.[7] 유방암 연구에서는 구글 소유의 딥마인드DeepMind를 활용한 연구가 〈네이처Nature〉에 게재됐는데, 해당 AI 시스템은 의사보다 유방암을 감지하는 데 더 뛰어났다. 미국에서는 1명의 방사선과 의사가 판독하는 경우가 많은데, AI 시스템은 거짓 음성을 5.7% 줄일 수 있었다.[8]

머신러닝 자동 의사결정 시스템은 계약서 작성, 대출 승인, 부동산 평가, 고객의 입점 여부 결정, 부패 및 금융범죄 식별 등과 같은 작업을 담당하게 될 것이다. 이런 작업은 현재 주로 인간의 역할로 여겨지고 있다. 한때는 인간이 기계를 통제했지만 이 역할이 점점 더 스마트 기계로 넘어가고 있으며, 이는 인간의 일자리에 심각한 영향을 미친다. 인간은 도전적인 현실에 직면할 것이다. AI가 예술, 시, 복잡한 에세이, 음악 등을 창작할 수 있다는, 즉 인간의 영역으로 여겨졌던 곳들까지 침범할 수 있다는 사실을 직시해야 한다.[9]

기술의 발전과 함께 오늘날 많은 대기업은 20년 전보다 적은 수의 직원으로 운영되고 있다. 매출이 증가했음에도 그렇다. 예를 들어 프록터앤드갬블Procter & Gamble, P&G은 매출이 2000년 400억 달러에서 2018년 670억 달러로 증가했지만, 같은 기간 직원 수는 11만 명에서 9만 2,000명으로 오히려 줄었다. 또 세계적인 자동차 업체인 제너럴모터스General Motors, GM의 매출은 1998년 1,660억 달러에서 2018년 1,470억 달러로 약 12% 감소했는데, 같은 기간 직원 수는 60만 8,000명에서 17만 3,000명으로 71% 줄었다. 기술로 발휘되는 생산성이 산업 전반에서 노동력의 필요성을 감소시키기 때문이다. 그리고 제4차 산업혁명은 아직 완전히 시작되지도 않았다.

기업들이 더 적은 인력으로 더 많은 돈을 벌 수 있는 상황이 되면, 인간은 점점 더 중요하지 않은 존재로 느껴질 것이다. 기업들은 경쟁력을 유지해야 하므로 비효율적인 노동자를 고용할 여유가 없다. 기업들이 직원들을 보호하느냐, 새로운 기술을 도입하느냐 사이에서 선택할 수 있는 상황은 아니다. 그들이 직면할 상황은 현대화할 것이냐, 아니면 무의미해질 것이냐 사이의 선택이다. 그리고 당연하게도, 대부분 기업이 무의미해지는 길을 선택하지 않을 것이다.

기업들에 더는 필요하지 않은 직원들을 계속 고용하도록 강요하거나 그렇게 하지 않는다고 비난하는 것은 기업들을 비효율적으로 만들고, 국제적으로 경쟁력을 상실하게 하는 대처다. 그러면 궁극적으로 기업이 축소되거나 사업을 중단해 더 많은 일자리가 사라지고 사회적 이익이 크게 감소할 수 있다.

본질적으로 우리는 기술적인 발전의 효과가 절정에 이르는 새로운 시대에 접어들고 있다. 이에 따라 알렉사, 시리, 빅스비Bixby와 같은 새로운 노동력이 인간의 여러 직업을 점차 대체할 것이다. 이런 노동력은 근무 시간에 소셜 미디어를 확인하지 않을뿐더러 급여도 휴가도 식사도, 심지어 휴식도 요구하지 않는다.[10]

새로운 일자리는 어디에서 오는가

절박한 질문은 바로 이것이다. 직장에서 나온 노동력이 새로운 일자리를 찾을 수 있는 곳은 어디일까? 새로운 일자리를 찾지 못한다면, 사람들은 사회적·경제적·심리적으로 심각한 영향을 받을 게 분명하다.

물론 새로운 기술들은 오늘날 존재하지 않는 일자리를 창조하며, 우리가 당장은 상상조차 하지 못하는 일자리도 만들어낼 것이다. 인터넷 이전에 없었던 웹사이트 디자이너나 검색엔진 최적화 전문가, 그리고 소셜 미디어와 관련해 생겨난 수많은 직업을 생각해보라. 그런 일자리들이 새로운 기술을 지원하기 위해 등장하리라는 것을 정확히 예측한 사람은 없었다.

스마트 기계인 AI 기반 챗봇은 기술 지원과 고객 관계 분야에서 인간의 일자리 상당수를 대체하게 될 것으로 보인다. 그러나 다른 한편으로, 챗봇이 제대로 응답하도록 프로그래밍하고 AI를 개발하는 분야에서 새로운 일자리가 생겨날 것이라고 상상할 수 있다. 마찬가지로, 기업들이 관심을 가지고 있는 메타버스와 같은 새로운 플랫폼의 경우 개발과 디자인, 구축 등의 분야에서 새로운 일자리가 어느 정도 창조될 것이다. 비트코인, 개인 간 네트워크를 포함한 분산화 및 새로운 결제 시스템 등에 대한 관심 역시 일정 수준의 새로운 일자리를 만들어낼 것이다. 그러나 여기에는 시간이 걸린다. 그리고 대니얼 서스킨드Daniel Susskind가 《노동의 시대는 끝났다》에서 강조한 것처럼, 새로운 기술과 로봇공학은 이전의 기술적 혁명과 달리 일자리에 위협을 가할 가능성도 있다.[11]

일자리에 대한 도전이라는 문제에서 기업들이 주로 하는 대응은 역량 강화와 전문성 개발이다. 새로운 일자리에 대비하기 위해 직원들을 준비시키는 것이 중요하다고 보기 때문이다. 예를 들어, 아마존은 기술 혁명의 요구를 충족하기 위해 10만 명의 직원에게 7억 달러를 투자해 재교육 및 역량 강화를 진행한다는 계획을 발표했다. 그러나 회사는 여전히 직원들이 다른 취업 기회를 찾아야 할 수도 있다고 언급했다. 요컨대 아마존은 직원들이 새로운 기술 관련 역할로 전환하는 데 도움을 주기 위해 추가로 노력을 기울이겠지만, 새로운 기술의 도입과 함께 필요한 직위의 순수한 직원 수는 매출 대비 감소할 것으로 예상된다. 예를 들어 물류 센터에서 로봇을 더 많이 사용하는 것 외에도, 아마존은 연방정부에서 승인한 드론을 사용해 소비자의 집으로 소포를 배달하는 조치를 취하고 있다. 아마존은 현재 수천 곳의 외부 업체와 계약하여 라스트 마일 배송을 맡기고 있다. 만약 드론 배송이 구현된다면, 이런 일자리 중 다수가 사라질 것이다.

역량 강화와 전문성 개발은 사실상 제4차 산업혁명의 도전에 대한 공급 측면의 대응이다. 그러나 아마존의 예에서 보듯이, 공급 측면의 준비가 조직에서 밀려난 직원들의 일자리를 보장해주지는 않는다.

공급 측면의 준비에서 수요 측면의 일자리로

어떻게 해야 할까? 기업과 경제가 새로운 기술적 현실로 전환될 때, 필요한 일자리는 어디에서 찾을 수 있을까? 이런 전환 단계에서 일자리에 미치는 부정적인 영향을 완화하고 지역사회의 경제적·사회적 안정성을 보호할 방법은 없을까?

기술 재교육은 이에 대한 부분적인 해답일 것이다. 또 해고된 직원들을 금전적으로 지원하고, 인적 자본에 대한 투자에 세제 혜택을 제공하며, 취약한 지역경제와 지역사회를 지원하는 방법들도 제안되고 있다. 이런 아이디어들도 가치가 있고 어느 정도 역할을 할 순 있지만, 문제의 근본에 초점을 맞춘 건 아니다. 이런 노력은 실제로 일자리를 창조하지 못한다. 일자리는 우리의 경제가 가장 필요로 하는 것이며 사람들의 삶에 목적을 부여한다. 역량 강화나 전문성 개발과 마찬가지로, 기술 재교육 등도 AI와 스마트 머신의 도전에 대한 공급 측면의 대응이다.

일자리는 무척 중요하다. 사람들은 자기 자신과 가족을 뒷받침할 수 있는 일자리가 있을 때 번영한다. 일자리가 부족한 지역과 사회는 감정적으로나 신체적으로 건강하지 못한 환경이 된다. 노는 시간이 늘어나고 삶이 방향과 의미를 잃어가며 약물 남용, 의기소침, 범죄 등이 야기되기도 한다. 고용의 부족은 사람들의 생산성을 떨어뜨릴 뿐만 아니라 그들을 사회의 안정을 위협하는 위험한 존재로 만든다. 만약 노동력을 줄이고 비용을 절감하는 기술, 특히 AI의 대중적인 도입이 새로운 일자리의 증가 없이 이뤄진다면, 새로운 일자리가 손실을 상쇄하기 전까지 사회적으로 위험한 상황이 발생할 수 있다.

기술적 혁명이 인간에게 미치는 부정적인 영향을 줄이면서 혜택도 유지하는 방법은 무엇일까? 무엇보다, 공급 측면의 준비와 수요 측면의 일자리가 조화롭게 균형을 이뤄야 한다. 그러려면 우리 두 저자가 처음부터 계속 논의해온 핵심적인 성장 동력으로 돌아가야 한다. 바로 시장 창조형 혁신이다. 기술의 성공과 그것이 촉발하는 생산성은 창의력과 신시장 창조의 가치를 높인다.

모든 새로운 시장은 성장과 일자리 창조의 가능성을 갖고 있지만, 파괴적 창조를 기반으로 한 시장은 단기는 물론 중장기적으로도 기존의 일자리를 희생시킨다. 예를 들어 자율 주행차가 어떤 영향을 줄지 살펴보자. 미국에서 약 3%에 해당하는 인력, 즉 약 500만 명이 택시, 버스, 배송 트럭, 대형 트레일러 및 기타 차량 운전을 통해 가족을 먹여 살린다. 미국의 대부분 주에서 트럭 기사는 흔한 직업 중 하나다. 자율 주행차의 파괴적 창조는 시간이 지남에 따라 새로운 일자리를 만들겠지만, 자율 주행차가 표준 자동차와 트럭을 대체함에 따라 이들의 일자리는 즉각적인 위험에 처하게 될 것이다.

정부와 사회에 주어진 과제는 다른 일자리를 대체하지 않으면서 새로운 일자리를 창조하는 것이다. 이는 경제적으로만이 아니라 도덕적으로도 필요한 일인데, 이것이 왜 비파괴적 시장 창조가 더욱 중요해질 것인지의 또 다른 주요한 이유다. 마이크로파이낸스는 거의 1억 4,000만 명에게 대출을 통해 소규모 사업을 시작하고 스스로 살아갈 기회를 제공해왔다. 또 다른 비파괴적 산업인 라이프코칭은 수만 개의 새로운 일자리를 창조했다. 환경 컨설팅은 이미 수천 개의 새로운 일자리를 창조했으며, 환경 파괴와 기후변화에 대한 공공의 우려가 커짐에 따라 이 숫자는 더욱 증가할 것으로 예상된다. 미 우주군 역시 수만 개의 새로운 일자리를 창조할 것으로 기대된다. 비파괴적 창조는 모든 사람이 이 여정에 참여할 수 있도록 돕는다. 그리고 제4차 산업혁명의 기술적 발전을 활용해 이를 실현할 수 있다.

비파괴적 창조가 일자리라는 과제에 대한 해답은 아니지만, 일자리 문제를 해결하는 데 도움이 되는 여러 요소를 갖고 있다.[12] 기존 일자리를 거의 대체하지 않으면서 새로운 일자리를 창조함으로써 이 과제에 대응하는 데 점점 더 중요한 방법이 될 것이다.

표 4-1은 최근 부상하는 두 가지 주요 트렌드에 대해 우리가 토론한 내용의 핵심을 정리한 것이다.

표 4-1 **부상하는 두 가지 주요 트렌드와 비파괴적 창조의 중요성**

주요 트렌드	핵심적이고 함축적인 의미	비파괴적 창조가 중요한 이유
이해관계자 자본주의	기업의 사회적 책임을 중시하고 사회적 파괴에 관대하지 않은 경향을 보인다.	사회적 파괴라는 결과 없이 성장이 이루어지므로 지속 가능한 혁신 접근 방식이다.
제4차 산업혁명	스마트 기계와 AI가 인간을 대체하므로 다수의 일자리가 사라진다.	기존의 일자리를 대체 하지 않으면서 새로운 일자리를 창출한다.

정부의 정책 결정자들을 위한 조언

이해관계자 자본주의와 제4차 산업혁명은 앞으로 몇 세대에 걸친 경제 정책에서 성장과 일자리 창출에 대한 새로운 사고의 필요성과 기회를 열었다.

새로운 기술을 도입하도록 기업과 기업가들을 격려하는 것은 현명하면서도 조심스러운 일이다. 그리고 파괴적 창조는 효과적인 산업 혁신을 위해 중요한 역할을 계속할 것이다. 특히 구식 인프라나 고정자산에서 비롯된 비효율-고비용 구조, 저품질 생산품 등으로 기능을 상실한 산업들에 재생의 기회를 제공할 것이다. 그러나 정부 정책 결정자들이 성장 및 기본 연구개발과 관련된 자금 지원을 고려할 때, 파괴적 창조뿐만 아니라 비파괴적 창조의 중요성을 깊이 인식하는 것이 현명한 선택일 것이다. 효과적인 경제는 성장과 현대화만이 아닌, 누구도 배제되지 않고 모두 참여해 열매를 누릴 수 있는 경제다. 사회가 이런 방향으로 나아가는 한 가지 방법은 비파괴적인 방식으로 새로운 시장과 일자리를 창출하는 데 우리의 창의력을 활용하는 것이다. 특히 정치인과 정책 결정자들은 지역 및 국가의 혁신 전략을 수립할 때 이 메시지를 심장에 새기고, 사회적 갈등과 혁신 및 성장의 비용을 최소화하면서 기업 번영을 촉진해야 한다.

그러므로 정책적 대응과 기업적 대응 모두에서 비파괴적 창조는 중요성이 계속해서 증가할 것으로 예상된다. 기업은 제4차 산업혁명의 기술과 생산성 향상으로 확보된 자본 일부를 활용해 기존 사용처로부터 다른 곳으로 자본을 보내지 않고 비파괴적 창조에 투자할 수 있다. 일자리 창조 없는 성장은 사회로서는 비용이 많이 들고 위험한 요소다. 장기적으로 많은 일자리 기회를 제공하더라도, 정부는 혼란스러운 일자리 대체만이 아니라 사회적 조정 비용과 고통에도 대비해야 한다. 파괴적 창조와는 다른 독특한 강점을 가진 비파괴적 창조를 보완적인 성장 경로로 지원하기 위해 정부는 현명하게 정책을 만들어 기업과 사회의 건강한 진보를 지속시켜야 한다.

이해해야 행동할 수 있다

우리는 큰 변화가 벌어지고 있다는 사실을 알고 있다. 더 큰 변화가 곧 다가온다는 사실도 알고 있다. 하지만 상실되고 창조되는 일자리의 수는 결정돼 있지 않다. 그 수는 우리가 취하는 조치(또는 취하지 않는 조치)와 우리가 적용하는 정책(또는 적용하지 않는 정책)에 달려 있을 것이다. 원하는 일자리와 성장의 미래를 창조하는 것은 전적으로 우리 몫이다. 그러려면 파괴적 성장 또는 비파괴적 성장을 유발하는 요소를 비롯해 혁신과 성장의 완전한 모델을 이해해야 한다. 그럼으로써 우리는 혁신 노력이 유발할 성장의 종류가 파괴적인지 비파괴적인지를 평가하고, 둘 사이에 건강한 균형을 맞출 수 있다.

다음 장에서는 이런 문제들을 직접 다루며, 지금까지의 내용을 종합해 시장 창조형 혁신을 위한 성장 모델을 구축해나갈 것이다.

시장을 창조하는 혁신과 성장으로 가는 세 가지 경로

원인과 결과에 관한 보편적인 법칙은, 모든 원인에는 결과가 있고 모든 결과에는 원인이 있다는 것이다. 음식을 너무 많이 먹으면 체중이 증가할 가능성이 있다. 이때 음식은 원인이고 체중 증가는 결과다. 이처럼 원인과 결과의 관계를 이해하면 자신이 의도하는 바에 따라 살아갈 수 있다. 어떤 행동이 어떤 결과를 가져오는지 이해한다면, 결과를 설정하고 실현할 방법을 택할 수 있다. 예컨대 음식과 체중 간의 인과관계를 이해하면, 건강한 체중을 유지하기 위해 음식을 적당히 먹기로 할 수 있다.

인과의 법칙은 혁신 노력에서도 똑같이 작용되며 동등한 가치를 지닌다. 먼저, 특정한 유형의 시장을 창조하는 혁신이 어떻게 일어나는지를 이해해야 한다. 또 파괴적 창조와 비파괴적 창조를 모두 포괄하는 완전한 그림을 그려봐야 한다. 왜냐하면 이들은 보완적이어서, 때로는 개별적으로 때로는 공동으로 새로운 성장을 창조하기 때문이다. 한 가지에만 초점을 맞추면 미래 시장을 창조할 기회에 대해 불완전하고 편향된 평가를 하게 되므로 엄청난 잠재력에 대한 시각이 제한된다.

- 특정 유형의 시장을 창조하는 혁신이 다른 유형보다 앞서가는 원인은 무엇일까?
- 파괴적이 아닌 비파괴적 창조를 일으키는 것은 무엇일까?
- 그리고 당신과 팀이 시장을 창조하는 혁신에 대해 전체적인 그림을 가지고 의미 있는 토론을 할 수 있게 하는 방법은 무엇일까?

이런 질문들은 조직의 시장 창조 노력을 평가하고 전략적으로 진행하는 데 매우 중요하다. 그러나 현재의 혁신 이론에는 이런 질문들을 해결하기 위한 명확하고 통합적인 프레임워크가 부족하다. 우리는 특정 유형의 시장을 창조하는 혁신이 다른 유형보다 유용한 것은 주로 해결하려는 문제나 기회의 유형에 달려 있다는 사실을 발견했다. 다시 말해 다루려는 문제나 기회의 유형이 시장 창조 혁신의 유형을 유발하는 '원인'이며, 그것이 당신이 찾아낼 시장 창조 혁신의 유형, 즉 '결과'를 결정한다.

시장을 창조하는 혁신의 세 가지 경로와 성장의 결과

우리의 연구 결과, 새로운 시장을 창조하는 혁신의 세 가지 주요한 방법이 밝혀졌다.

- 기존 산업의 문제에 혁신적인 해결책을 제공한다.
- 기존 산업의 문제를 재정의하고, 재정의된 문제를 해결한다.
- 산업의 경계 외부에서 완전히 새로운 문제를 발견하고 해결하거나, 완전히 새로운 기회를 창출하고 활용한다.

그림 5-1 **시장을 창조하는 혁신 전략의 성장 모델**

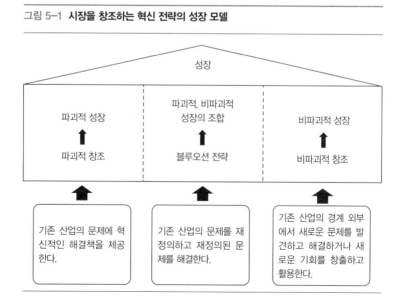

그림 5-1은 이 세 가지 경로를 포착하는 전반적인 프레임워크를 제공하며, 각각이 파괴적 성장과 비파괴적 성장 사이에서 어떻게 다른 균형을 유발하는지를 보여준다.[1]

그림에서 볼 수 있듯이, 기존 산업의 문제에 돌파적인breakthrough 해결책을 제공하면 파괴적 창조와 파괴적 성장을 추구하게 된다. 그리고 기존 산업의 경계 외부에서 새로운 문제를 발견하고 해결하거나 새로운 기회를 창출하고 활용하면 비파괴적 창조와 비파괴적 성장의 경로를 따를 수 있다. 이 두 극단 사이에서는 기존 산업의 문제를 재정의하고 재정의된 문제를 해결하는 방법이 있다. 이것이 바로 블루오션 전략의 본질이다. 블루오션 전략은 파괴와 비파괴를 균형 있게 섞은 성장을 추구한다.[2]

시장을 창조하는 혁신과 성장에서 어떤 유형을 추구할 것인가에 대해 명확한 판단을 내리려면, 모델을 제대로 이해해야 한다. 그래야 우연이 아닌 의도적인 노력으로, 비파괴적이든 아니든 선택한 유형의 시장 혁신을 추진하고 자원을 뜻하는 대로 투입할 수 있기 때문이다.

이제 각각의 경로를 살펴보자.

파괴적 창조의 경로

한 기업이 기존 산업의 문제에 혁신적인 해결책을 제공하면서 기존 기업들과 시장의 핵심을 공격하는 경로다. 그 결과로 새로운 시장이 기존 산업의 경계 내에서 형성되며, 기존 것이 새로운 것으로 대체된다. 음악 산업을 생각해보라.

CD는 음원을 저장하고 재생하는 방법에 대한 기존 산업의 문제에 혁신적인 해결책을 제공함으로써 카세트테이프를 대체했다. 이전의 제품과 달리 CD는 '영원히 완벽한 음질'을 제공하며, 노래 사이를 쉽게 이동할 수 있고, 카세트테이프가 꼬여 소리가 끊기거나 하는 불편 없이 재생할 수 있었다. 그 결과 CD는 새로운 표준 음악 매체로서 카세트테이프를 빠르게 대체했다.

오랫동안 사람들은 CD에 열광했지만, 애플의 아이팟이 등장해 음악 저장 및 재생 문제에 또 다른 혁신적인 해결책을 내놓았다. 사람들은 오래된 CD를 아이팟과 기타 MP3 플레이어로 바꿨고, 전체 음악 라이브러리에 쉽게 접근할 수 있게 됐다. 그 후 스마트폰이 등장해 MP3 플레이어에 똑같은 충격을 가했다. 요즘 젊은 층 중에는 아이팟조차도 모르는 사람이 많을 정도로 애플의 아이폰을 비롯한 스마트폰들이 효과적으로 대체했다. 이 사례에서 기존 제품과 시장은 혁신적인 해결책으로 완전히 대체됐다.

이런 혁신적인 해결책들은 대부분 고가 시장에서 출시됐지만,

저가 시장에서 출시된 경우도 있다. 내비게이션을 생각해보라. 차량용 GPS 장치는 고가 시장에서 내비게이션이라는 혁신을 이룸으로써 차에 항상 지도책을 구비할 필요가 없게 했다. 그러나 얼마 후 스마트폰, 웨이즈Waze, 구글 맵, 기타 모바일 내비게이션 앱이 등장해 저가 시장에서 혁신적인 해결책을 제공했다. 무료이고 사용하기 쉽고 휴대하기 편리한 이들 앱은 차량용 GPS 장치를 대부분 대체했다. 그리고 예전에 차량용 GPS를 사용했던 사람들보다 오늘날 내비게이션 앱을 사용하는 사람들이 훨씬 많다.

이상의 사례들에서는 혁신적인 해결책이 기존 산업과 기업을 거의 완전히 대체했다. 그에 비해 혁신적인 해결책이 기존 산업의 핵심에 대해서는 파괴적일지라도 완전한 대체가 일어나지 않을 수도 있다. 예를 들어 우버가 택시 시장의 주요 부분을 신속하게 대체하자, 택시 회사와 산업은 시장이 현저히 축소되면서 큰 타격을 입었고 자산 가치가 하락했다. 그러나 완전히 대체되지는 않았다. 아마존도 비슷하다. 서적 소매판매에 혁신적인 해결책을 제공했고 최근에는 소매 업계에도 파괴적인 영향을 미쳤지만, 완전한 대체는 일어나지 않았다. 독립 서점은 아직도 존재하며 일부는 부활하고 있다. 소매상점 역시 확실히 점점 줄어들고 있지만 여전히 존재한다.

그림 5-2는 파괴적 창조가 기존 산업과 성장에 어떤 영향을 미치는지 보여준다. 완전히 겹쳐진 왼쪽의 원은 CD가 MP3 플레이어

그림 5-2 파괴적 창조의 경로

기존 산업의 문제에 혁신적인 해결책을 제공함으로써 기존 기업들의 핵심을 공격하고, 그 결과로 기존의 것을 새로운 것으로 대체하며 파괴적 성장을 일으킨다.

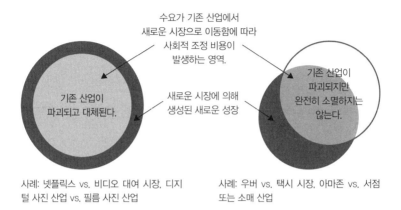

사례: 넷플릭스 vs. 비디오 대여 시장, 디지털 사진 산업 vs. 필름 사진 산업

사례: 우버 vs. 택시 시장, 아마존 vs. 서점 또는 소매 산업

로, MP3 플레이어가 스마트폰으로, 비디오 대여 시장이 넷플릭스로, 필름 사진이 디지털 사진으로 거의 완전히 대체된 예를 보여준다. 일부가 겹쳐진 오른쪽 원은 기존 산업의 문제에 대한 혁신적인 해결책이 기존 산업을 파괴하고 타격을 주지만 완전히 대체하지는 않은 경우를 보여준다. 우버와 아마존이 대표적인 예다.

그림에서 보듯이 어떤 경우든 돌파적인 해결책은 기존 산업에서 새로운 시장으로 수요와 일자리를 이동시킴으로써 파괴적 성장을 일으킨다. 이것은 파괴적 창조에 따른 사회적 비용이다. 그러나 시간이 지남에 따라 혁신적인 해결책이 주는 가치의 비약 덕분에 새로운 수요가 생긴다. 또 파괴적인 위협이 살아남은 기업에 자극을

줘서 소비자의 이익을 위해 경쟁력을 강화하도록 이끌기에 성장이 더욱 촉진된다. 이 혁신 경로를 추구하는 매크로 수준의 결과는 상당한 수준의 '파괴적 성장'이다.

비파괴적 창조의 경로

스펙트럼의 반대편에는 기존 산업의 경계 외부에서 새로운 문제를 발견하고 해결하거나 새로운 기회를 포착해 비파괴적 창조를 실현하는 기업들이 있다. 이런 조직은 기존 산업 문제에 대한 돌파적 해결책을 찾는 대신, 다음과 같은 질문으로 시작한다.

- 기존 산업의 경계를 넘어 우리가 해결할 만한 새로운 문제가 있을까?
- 그 경계를 넘어 우리가 포착할 새로운 기회가 있을까?

이렇게 관점이 변화함에 따라 기존 산업과 기존 플레이어의 주요 부분을 훼손하지 않는 새로운 시장을 창조할 기회도 변화한다. 이런 방식으로 생성된 수요는 대부분 새롭기 때문에 비파괴적 성장을 가져온다.

문제를 해결하는 것으로 생겨난 모든 기회는 사실상 새로운 기회로 이어진다. 그러나 모든 새로운 기회가 새로운 문제를 해결함으로써 만들어지는 것은 아니다. 이런 기회 대부분은 해결되지 않은 문제나 고통과 직접적으로 연결되지 않은, 새롭게 떠오르는 가치를 인식하고 활용함으로써 생성된다. 예를 들어, e스포츠는 젊은 이들의 '문제'보다는 '욕망'에 대응하는 비파괴적인 서비스다. e스포츠에는 물리적인 활동이 거의 없으며 단지 손과 눈의 협응, 정확한 타이밍, 숙련된 계획, 클릭 속도로 구성돼 있다. 대규모 경기장에서 온라인 비디오게임을 하는 팀의 모든 움직임이 전광판에 투사되는 가운데 관중이 시청하는 e스포츠는 세계적으로 인기 있고 수익성이 높은 스포츠 중 하나가 됐다. 최상위 e스포츠 챔피언십 경기는 5만 명 이상의 관중이 경기장에 모이고, 온라인에서는 수백만 명의 시청자가 수십 개 언어로 시청한다.

과거의 게임 제작자들은 주로 흥미로운 게임을 만들고 판매하는 데 집중했다. 이런 게임은 열정적인 비디오게임 팬들이 자기 방에서 혼자 즐겼다. 그러나 2000년대 초, 게임 제작자들은 기존 산업의 경계를 벗어나는 기회를 발견했다. 한국에서는 게임이 주류 청소년 문화의 일부다. 게이머들과 비게이머들이 온라인 게임 토너먼트를 열광적으로 따라다니고, 선수들의 전술에 대해 논평하고, 채팅방에서 가장 좋아하는 선수와 팀에 대해 이야기를 나눈다. 이를 관찰한 게임 배급사들은 게이머가 아니더라도 다른 사람들이 플레이하는 것을 '시청하고' 싶어 하는 큰 시장이 있다는 사실을 깨달았다. 마치 농구나 테니스 경기를 즐겨 보는 것처럼 말이다. 게임 배급사들은 또 전 세계 최고의 게이머들을 모아서 의미 있는 상금을 놓고 대회를 개최하면 사람들이 열광한다는 사실도 확인했다. 게이머들은 세계적으로 인정받는 영광을 얻고, 관객들은 자신이 좋아하는 선수들을 가까이서 볼 기회를 얻는 등 양쪽 모두 스포츠 경기 관중과 같은 드라마틱한 경험을 할 수 있었다.

그래서 게임 배급사들은 라이엇게임즈Riot Games의 '리그 오브 레전드'나 밸브앤드히든패스엔터테인먼트Valve and Hidden Path Entertainment의 '카운터-스트라이크: 글로벌 오펜시브' 등과 같은, 직접 경기를 하진 않아도 시청하는 것 자체로 재미있는 멀티플레이어 게임을 디자인하기 시작했다. 이런 게임에서는 운이 아닌 기술과 전략이 승리의 열쇠다. 게임 제작자들과 제3의 e스포츠 조직들은 최고의 선수들을 중심으로 프로 리그와 토너먼트를 개최해 화려한 대회를 만들고, 이벤트가 전 세계 팬들에게 실시간으로 방송되고 해설되도록 괜찮은 계약을 체결했다. 이렇게 e스포츠는 게임과는 별개로 시청 가능한 스포츠로 만들어졌다.

e스포츠는 비디오게임을 골방에서 즐기는 어린이들의 놀이에서 실제 대회 형식의 체육 행사로 바꿔놓았다. 오늘날 이 산업은 10억 달러 이상의 매출을 올리며, 전 세계에 약 1억 7,500만 명의 e스포츠 팬을 보유하고 있다. 이 과정에서 다른 어떤 프로 스포츠도 파괴되거나 수익이 감소하지 않았다.[3] 오히려 점점 더 많은 프로 스

포츠팀과 선수들이 e스포츠를 성장의 기회로 인식하고 있다. 야구에서는 뉴욕 양키스의 멤버들, 농구에서는 매직 존슨Magic Johnson과 휴스턴 로키츠, NFL에서는 뉴잉글랜드 패트리어츠의 구단주인 로버트 크래프트Robert Kraft 등이 이 스포츠에 투자했다.

e스포츠는 세계적으로 새롭게 부상한 기회를 포착함으로써 비파괴적인 시장을 창조했다. 비아그라와 고프로 그리고 남성용 화장품과 마찬가지로, e스포츠는 창조 당시 기존 산업의 경계를 벗어난 새로운 상품 또는 서비스였다. 데스 디어러브Des Dearlove와 스튜어트 크레이너Stuart Crainer가 설립한 싱커스50Thinkers50에도 동일한 원리가 적용된다. 싱커스50은 세계 최고의 경영학자들이 매년 두 차례씩 모여 동료 커뮤니티에 참여하면서 아이디어의 글로벌 순위와 영향력, 미래 조직에 긍정적 영향을 미칠 잠재력을 파악하는 새로운 기회를 제공했다. 싱커스50이 창출한 이 새로운 시장은 어떤 국가나 지역의 기존 산업이나 기업들을 밀어내지도, 대체하지도 않았다. 비록 규모는 다르지만, 이 역시 e스포츠처럼 세계적인 비파괴적 창조 사례다.

하지만 제1장에서 언급한 대로, 비파괴적 시장을 창조하는 혁신이 전 세계적으로 새로운 것이어야만 하는 것은 아니다. 지역 또는 국가에 한정되기도 한다. 또 뭔가를 발명해야 하거나, 꼭 새로운 기술일 필요도 없다.

예를 들어 위사이클러스Wecyclers는 나이지리아에서 새로운 시장을 창조한, 쓰레기를 돈으로 바꾸는 사회적 기업이다. 이 기업은 기존 산업의 경계 외부에서 오랫동안 해결되지 않던 문제를 발견하고 해결함으로써 새롭고 비파괴적인 시장을 창조했다. 나이지리아는 현재 아프리카에서 경제 규모가 가장 큰 국가다. 이 나라에서 인구가 가장 많은 도시인 라고스에서는 쓰레기의 40%만 수거되는데 그것도 대부분은 부유한 지역에서만 이뤄진다. 나머지 지역에서는 쓰레기가 거리에 버려져 배수구와 하수도가 막힌다. 악취, 오물이 넘치고, 홍수는 물론 말라리아와 같은 질병도 야기한다. 특히 이 나라의 1,800만 인구 중 60% 이상이 사는 빈민가에서 이런 문제가 심각하다.

이 빈민가 지역이 직면한 문제는 두 가지다. 첫째, 시민들이 쓰레기 수거를 원할 경우 돈을 내야 하는데 빈민가에 사는 대부분 사람은 그런 비용을 감당하기 어렵다. 둘째, 그들이 비용을 감당할 수 있다고 해도 쓰레기 수거 차량이 그 동네의 좁고 혼잡한 도로와 골목을 통과하지 못한다. 위사이클러스의 창립자인 빌리키스 아데비이-아비올라Bilikiss Adebiyi-Abiola는 빈민가에 사는 사람들을 대상으로 한 쓰레기 수거 서비스에서 재정적 측면이나 물류 측면으로 접근하기 어려운 문제를 해결하고, 동시에 그들에게 새로운 돈벌이 기회를 제공하기 위해 노력했다.

우선 위사이클러스는 일주일에 한 번 빈민가 동네를 저렴한 화물 자전거로 돌아다니며 쓰레기를 수거할 운전자들을 고용했다.

각 가정은 무료 수거 서비스에 가입할 수 있지만, 재활용 가능한 쓰레기를 분리해야 한다. 인센티브로, 위사이클러스 고객들은 쓰레기를 재활용할 때마다 포인트를 받게 된다. 이 포인트는 휴대전화 충전부터 식품 구입까지 필요한 상품을 구하는 데 쓸 수 있다. 위사이클러스는 재활용 가능 물품을 분류해 공장 등에 원료로 판매하여 사업 운영 자금을 확보한다. 이 비파괴적 창조의 결과는 더 깨끗한 지구, 더 깨끗하고 위생적인 도시, 가난한 이들의 생활 수준 상승이다. 위사이클러스가 창조한 새로운 시장은 기존의 도시 쓰레기 수거 서비스를 보완하며, 두 서비스는 겹치는 부분 없이 각각 운영된다.

그림 5-3은 비파괴적 창조를 명확하고 겹치지 않는 두 개의 원으로 보여준다. 흰색 원은 기존 산업을, 검은색 원은 기존 산업의

그림 5-3 비파괴적 창조의 경로

기존 산업의 경계를 벗어나 새로운 문제를 해결하거나 새로운 기회를 창출하고 활용함으로써 비파괴적 창조가 일어나며, 이에 따라 비파괴적 성장이 이루어진다.

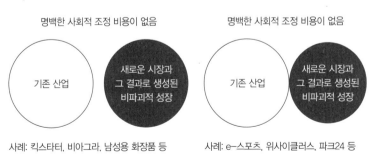

사례: 킥스타터, 비아그라, 남성용 화장품 등   사례: e-스포츠, 위사이클러스, 파크24 등

경계를 벗어나 새로이 창조된 시장을 표현했다. 왼쪽 세트는 킥스타터, 비아그라, 남성용 화장품과 같이 기존 산업과 완전히 구분된 새로운 시장의 창조를 나타낸다. 오른쪽 세트는 e스포츠, 위사이클러스, 파크24 등 기존 산업의 경계에 접하는 새로운 시장의 창조를 나타낸다. 어떤 경우에도, 기존 산업의 핵심이나 주변에 영향을 미치지 않으면서 기존 시장의 경계를 벗어나 새로운 문제를 발견하고 해결했다. 이런 유형의 시장 창조적 혁신은 새로운 성장과 일자리를 만들며, 사회의 상상력을 넓혀준다. 이 경로를 추구하는 거시 수준의 결과가 '비파괴적 성장'이다.

블루오션 전략의 경로

기존 산업의 문제를 해결하거나 산업의 경계를 넘어 새로운 기회를 창조하는 것 사이에 블루오션 전략의 길이 있다. 여기서 기업은 산업이 집중하는 문제를 재정의하고, 산업 간 경계에 걸쳐서 새롭고 창의적인 방식으로 재정의된 문제를 해결한다. 그 결과는 그림 5-1에 나와 있듯이 비파괴적 성장과 파괴적 성장이 더욱 균형 있게 조화를 이루는 것이다.

코믹릴리프Comic Relief는 1985년에 설립된 영국 기부단체다. 이 단체는 산업이 주목하는 문제를 재정의했다. 부유층에게 연민과

죄책감을 느끼게 해 기부를 유도하는 것이 아니라 모두가 재미있어하는 방법으로 조금씩 기부할 수 있게 한 것이다. 그리고 기부 산업에서 당연시되던 화려한 기부 연회, 연중 지속적인 납부 요청, 마케팅, 연민에 호소하기 등과 같은 요소를 배제하고 그 대신 2년마다 열리는 '빨간 코의 날Red Nose Day'을 만들었다. 이 행사에서는 젊은이든 노인이든 잘사는 사람이든 못사는 사람이든 모두가 자원봉사자로서 친구, 동료, 이웃으로부터 기부금을 모으기 위해 장난스러운 행동을 한다. 예를 들어 잠옷 차림에 머리 롤러를 한 채 출근하거나, 친구들 앞에서 공개적으로 왁싱을 하거나, 사람들이 얼굴에 파이를 던질 수 있게 하는 등의 활동이다. 이처럼 재미를 선사하면서 도움이 필요한 사람들을 위해 적은 금액을 기부하게 한다.

전통적인 기부단체와 달리 코믹릴리프는 기부와 코미디 산업의 경계를 넘어선 곳에서 탄생했다. 이 단체는 많은 사람의 관심을 끌었다. '빨간 코의 날'을 기념하기 위해 영국 전역에서 앙증맞은 빨간 플라스틱 코가 약 1달러에 판매되는데, 이를 구입함으로써 재미있게 기여하고 시각적으로도 세계에 긍정적인 영향을 줄 수 있다. '빨간 코의 날'은 2년마다 열리기 때문에 기부자들의 피로감이 덜하며, 오히려 사람들은 다음 행사일을 기대하며 기다린다.

코믹릴리프는 영국 기부 산업이 해결하고 있는 문제와 직접 대결하지 않고 재정의된 문제를 해결함으로써 기존 산업의 핵심이 아닌 가장자리에 영향을 미치는 시장을 창조했다. 결과적으로, 코믹릴리프는 기부 산업에서 전통적으로 부유한 기부자 중 일부를 확보해 부분적으로 파괴적 성장을 이루면서도, 과거에는 기부하지 않던 사람들이 기부의 바다에 뛰어들게 해 새로운 비파괴적 성장을 창조했다. 현재 코믹릴리프는 영국인 96%가 알고 있을 정도로 브랜드 인지도가 높다. '빨간 코의 날'은 거의 국가적인 휴일로 간주되며, 영국에서 기부받은 액수만 해도 약 13억 달러에 달한다.

유사한 방식으로, 앙드레 류André Rieu와 요한슈트라우스 오케스트라는 클래식 음악 산업이 집중하는 문제를 재정의함으로써 새로운 시장을 창조했다. '대중의 마에스트로'로 불리는 류와 그의 오케스트라는 지난 20년 동안 전 세계 투어 콘서트 순위에 콜드플레이, 비욘세, 롤링 스톤즈와 함께 꾸준히 이름을 올렸다. 전통적인 클래식 음악 오케스트라와 달리 류의 오케스트라는 〈블루 다뉴브〉, 〈바르카롤레〉, 〈오 미아 바비노 카로〉 같은 듣기 편한 클래식과 왈츠 음악을 현대 음악에 접목했다. 마이클 잭슨의 〈벤〉이나 셀린 디옹의 히트곡 〈마이 하트 윌 고 온〉과 같은 현대 음악도 포함돼 있어 많은 사람이 더 접근하기 쉽다고 여긴다. 또 류는 거부감을 일으키는 극장보다는 대형 경기장에서 콘서트를 개최하며, 화려한 조명과 사운드 효과를 가미해 팝 콘서트와 유사하게 다 같이 즐기는 분위기를 조성했다. 주요 콘서트홀의 평균 수용 인원이 2,000명에 불과한 반면, 그의 경기장은 1만 명 이상의 좌석을 쉽게 매진시킬 수 있었다.

류는 클래식 음악 콘서트와 주로 팝 콘서트에 참석하던 고객 중 일부를 확보하지만, 그 외에 공식적이고 거만한 클래식 음악에 거부감을 느끼거나 콘서트에 참석할 생각조차 하지 않았던 사람들을 포함한 새로운 고객들의 수요도 창조한다. 그의 오케스트라는 기존 산업의 핵심이 아닌 가장자리에 영향을 미치며, 클래식 음악 산업이나 팝 음악 산업이 해결하고 있는 문제와 대립하지 않는 재정의된 문제를 해결함으로써 이뤄진다.

이제 미국으로 넘어가서, 몇십억 달러의 시장을 창조한 스티치픽스Stitch Fix를 만나보자. 이 회사는 온라인 여성 의류 산업이 초점을 맞추고 있던 문제를 재정의했다. 선택의 폭, 저렴한 가격, 빠른 배송, 쉬운 반품 등에 대한 문제를 해결하는 대신 여성들을 위해 완벽한 스타일을 선별해주는 스타일리스트의 전문성을 저렴한 가격과 편리한 온라인 쇼핑의 혜택과 함께 제공하는 데 초점을 맞췄다. 스티치픽스는 여성들에게 몸매 유형, 사이즈, 스타일, 색상, 소재 선호도, 업무, 데이트나 주말 등을 고려한 의류와 액세서리에 대한 요구 사항에 관한 목록을 작성하도록 요청한다. 그런 다음 스타일리스트가 AI의 도움을 받아 고객이 필요로 하는 스타일과 룩에 맞는 의류, 신발, 액세서리 등을 조합해 '서프라이즈 박스'를 마련하고 바로 고객에게 배송한다. 스티치픽스는 온라인 여성 의류 및 스타일리스트 산업에서 일부 수요를 확보해 파괴적 성장의 요소를 창조했다. 동시에, 저렴하고 편리한 온라인 쇼핑을 통해 여성들에게 딱 맞는 패션 의류를 제공하고 놀라움을 선사함으로써 파괴적이지 않은 방식으로 완전히 새로운 수요를 창조했다.

그림 5-4가 이 접근 방식을 보여준다. 그림에서 보듯이, 산업이 초점을 맞추고 있는 문제를 재정의하고 해결할 때 그 혁신은 기존 산업의 가장자리에 영향을 미친다. 이에 따라 새로운 시장은 기존 산업의 주변에서 수요를 끌어내는 동시에 완전히 새로운 수

그림 5-4 **블루오션 전략의 경로**

기존 산업 또는 산업군의 문제를 재정의하고 해결함으로써, 기존 산업의 핵심이 아닌 경계에서 공격을 가해 파괴적 성장과 비파괴적 성장의 조화를 이룬다.

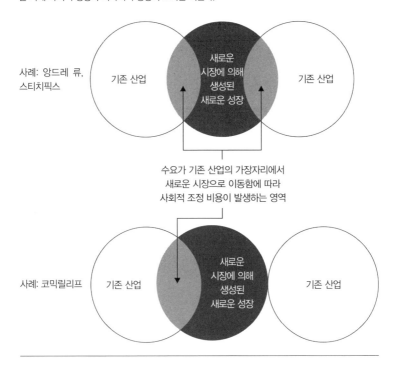

요와 성장을 창조하게 된다. 앞서 본 앙드레 류와 스티치픽스가 대표적인 사례로, 새로운 시장은 둘 이상의 산업 주변에서 점유율을 끌어낸다. 스티치픽스는 여성용 온라인 의류 산업과 개인 스타일리스트 산업의 주변을 타격하고, 앙드레 류는 클래식 음악과 팝 음악 산업의 주변을 타격했다. 그림에서 두 가지 기존 산업과 주변에서 약간 겹치는 새로운 시장을 보여주는 위쪽의 원들이 이를 반영한다.

반면, 아래쪽의 원들은 코믹릴리프와 같이 재정의된 문제가 기존 산업의 가장자리에 영향을 미치는 사례를 반영한다. 이런 사례들은 기존 산업의 주변에만 제한적으로 파급되며, 기존 산업의 가장자리에 영향을 미친다. 두 가지 세트에서 원들의 겹침은 파괴적 성장의 영역을 보여주고, 겹치지 않는 영역은 새로운 시장으로 창조된 비파괴적 성장을 반영한다.

블루오션 전략을 실천하는 데 필요한 도구와 프레임워크에 대해서는 우리의 전작에서 상세히 다뤘다. 그리고 기존 산업을 파괴하는 방법에 대한 글은 이미 많이 쓰여 있다. 그러나 비파괴적 창조를 효과적으로 실현하는 방법에 대한 지침은 아직 부족하다. 이것이 우리가 이제부터 다룰 주제이고, 이 책 후반부의 초점이다. 먼저, 다음 장에서는 비파괴적 창조를 실천하는 올바른 관점을 살펴본다.

제2부

어떻게
비파괴적 창조를
실현할까

올바른 관점으로 이끌어라

지난 수십 년 동안 비즈니스와 기업 세계는 다음 세 가지 아이디어에 사로잡혔다. 첫째, 어떤 사업을 할 수 있을지를 제대로 예상하기 위해서는 그 사업을 자세히 분석해야만 한다.[1] 둘째, 기술 혁신이야말로 오늘날은 물론 미래에도 새로운 시장을 창조하고 성장을 이루는 핵심 열쇠다.[2] 셋째, 혁신의 한복판에는 고독하고 스마트하며 배짱도 두둑한 기업가가 있다.[3]

아주 합리적인 얘기다. 그러나 비파괴적 창조를 이뤄내기 위해 지녀야 할 적절한 관점은 아니다. 이 세 가지는 당연히 고려해야 하고, 필요하면 실행도 해야 한다. 그러나 이 세 가지는 말이 아니라 마차라고 생각해야 옳다. 일단 말이 있어야 마차도 필요하다.

우리가 찾아낸 바에 따르면, 비파괴적 성장을 만들어내는 혁신가들은 오랫동안 당연시해온 이런 믿음과는 여러 면에서 차이가 나는 특정한 관점과 심리 상태로 사람들을 이끌었다. 이런 관점 덕분에 기업 리더들은 마음을 열고 비파괴적 기회를 받아들일 수 있었다. 그뿐만이 아니라 이 관점 자체가 혁신가들이 기울인 노력이 성공을 거두는 데 근본적인 역할을 한다. 이 관점은 비파괴적 혁신가들이 말하는 것, 기대하는 것, 행동하는 것 모두에 강력한 영향을 미친다. 그리고 비파괴적 창조의 근간이 되는 창의적 문화를 확립하는 데도 도움이 된다. 다음 장부터는 비파괴적 창조를 실현하는 데 필요한 구성 요소와 단계를 살펴볼 것이다. 그 전에, 적절한 관점을 알아야 더 쉽게 이해할 수 있다.

그렇다면, 비파괴적 혁신가가 가져야 할 적절한 관점이란 무엇일까? 세 가지가 있는데 하나씩 풀어보자.

체스판 밖으로 뛰쳐 나와라

"어떻게 저런 일이 생길 수 있지?"

영리기업인 낫임파서블랩Not Impossible Labs의 설립자 믹 이벨링은 이해할 수가 없었다. 남수단 누바산맥에 사는 대니얼이라는 어린 소년이 두 팔을 잃었다. 당시 남수단 대통령 오마르 바시르Omar Bashir는 유산탄과 오일을 가득 채운 55갤런짜리 드럼통으로 그 지역을 정기적으로 폭격하면서 대테러 작전을 벌이고 있었다. 폭발이 얼마나 강했던지, 폭격이 일어날 때마다 큰 웅덩이가 생길 정도였다. 누바산맥 사람들은 비행기가 나타나면 가장 가까운 참호나 동굴로 도망쳐야 한다는 것을 알고 있었다. 비행기가 지나간 뒤에야 사람들은 참호에서 나와 일상을 이어갔다. 대니얼은 그러나 운이 좋지 않았다. 이벨링이 나중에 알게 됐지만, 그런 불운으로 다친 아이와 성인이 수천 명이나 됐다.

어느 날 대니얼이 들판에서 소를 돌보고 있을 때 비행기가 나타났다. 피할 수 있는 참호나 동굴이 근처에 없었기 때문에 대니얼은 가까운 나무로 달려가 두 팔로 꽉 붙들었다. 폭탄이 터졌다. 나무 덕분에 몸의 다른 곳은 괜찮았지만, 강한 폭발로 두 팔이 날아가 버렸다. 가혹한 조건과 잦은 폭격 때문에 그 지역에서 살아가는 것 자체가 이미 힘겨운 일이었다. 게다가 팔까지 잃었으니 생존은 거의 불가능에 가까웠다. 대니얼은 자기 때문에 가족이 짊어질 엄청난 짐을 생각하면 정말 죽고 싶다고 말했다.

이벨링이 로스앤젤레스에 있는 자기 집 주방에서 〈타임〉에 실린 이 기사를 읽을 때, 어린 아들들은 거실에서 잠들어 있었다. 그는 아들이 부모가 지게 될 짐을 덜어주기 위해 죽으려고 하는 것을 상상해보고는 고개를 가로저었다. 이벨링은 이 비극적인 상황에 대해 무언가를 하기로 했다.

그는 전쟁터나 다름없는 누바산맥 지역에는 아무나 들어갈 수 없다는 것을 알게 됐다. 또 1만 5,000달러나 하는 인공 팔은 부유한 나라 사람들도 쉽게 사기 어려운 제품이라는 애기도 들었다. 게다가 인공 팔이 대니얼의 몸에 잘 맞지 않을 수도 있었다. 그리고 무엇보다 중요한 것은 대니얼이 정말 필요로 하는 것은 신체장애를 숨기는 팔이 아니라 실제로 먹고 활동하는 데 도움이 되는 팔과 손이었다. 현실의 모든 것이 불가능하다고 말하고 있었다. 그러나 이벨링은 현재의 상황을 핑계로 미래를 포기할 생각이 전혀 없었다.

6주가 채 지나지 않았을 때 이벨링은 팀원들과 함께 남아프리카로 향하는 비행기에 올랐다. 해결책을 찾느라 다방면으로 조사하던 중 남아프리카에 사는 목수 리처드 반 애스Richard Van As에 대해 알게 됐다. 반 애스는 원형 톱에 네 손가락을 잃은 뒤 3D 프린터를 사용해 기계식 손을 만든 인물이었다. 플라스틱 필라멘트 재료는 아주 쌌고, 노트북과 3D 프린터만 있다면 필요한 것을 현지에서 만들 수 있었다. 이벨링은 반 애스에게 로보핸드를 디자인하고 제작하고 시험하는 방법만 배울 수 있다면, 그 방법으로 대니얼에게 꼭 맞는 저렴하면서도 실용적인 인공 팔과 손을 만들 수 있으리라고 결론지었다. 그리고 그 과정에서 누바산맥 지역 사람들에게 인공 팔다리를 제작하는 능력을 가르쳐 다친 사람들의 자립을 돕게 하는, 새로운 기회를 만들 수 있으리라고 생각했다.

한 주 동안 이벨링은 매일 밤낮으로 반 애스의 지도를 받으며 3D 인공 손을 만들고 기본 동작을 가능하게 하는 메커니즘을 최대한 배웠다. 그런 다음 〈타임〉 기사에서 본 누바산맥 지역 의사 톰 캐테나Tom Catena와 이메일과 스카이프를 통해 연락을 취했다. 팀이 작업할 수 있는, 기본 전기만 들어오는 소박한 장소를 찾아달라고 부탁했다. 결국 캐테나가 일하던 교회에서 작업을 하게 됐다.

이벨링이 대니얼의 불행에 대해 알게 된 뒤 4개월쯤 지났을 때 대니얼은 3D 인공 팔과 손을 갖게 됐다. 낫임파서블랩과 인텔의 지원으로 만든 이 인공 팔과 손은 모두 합해 150달러의 비용밖에 들지 않았다. 사고를 당한 지 2년 만에 대니얼은 혼자서 숟가락을 들어 밥을 먹을 수 있게 됐다. 그런데 그건 시작에 불과했다. 로스앤젤레스로 돌아올 때쯤 이벨링과 팀원들은 남수단의 현지인들로부터 접합이 필요한 사람들을 위한 인공 팔 3개를 더 만들었다는 문자를 받았다. 인텔의 후원을 받아 인공 팔 제작에 필요한 모든 장비와 수백 킬로그램의 플라스틱 필라멘트, 기타 장비들을 현지 작업장에 그대로 남겨둔 덕분이다. 낫임파서블랩이 남수단에 세운 이 3D 의수 제조 설비는 해당 분야에선 세계 최초의 사례다.

이벨링이 이뤄낸 이 비파괴적 창조에는 독특한 점이 많다. 하지만 그런 특이한 점들을 제외하면, 이벨링이 사람들을 이끌며 유지한 관점은 700억 달러 가치의 기업 스퀘어(이후 블록Block으로 사명 변경) 공동창업자들의 관점과 같다. 우리가 연구한 기업 리더들 대부분이 그랬듯이, 비파괴적 창조를 추진하는 데 걸림돌을 걷어내기 위해 꼭 붙잡고 있던 신념이라고도 할 수 있다. 잭 도시와 함께 스퀘어를 창업한 짐 매켈비는 신용카드로 결제를 진행하지 못해 수제 유리 공예품을 팔 기회를 놓친 적이 있다. 수제 유리 공예품은 충동적 구매로 팔리는 경향이 많아 한 번 못 팔면 끝이라는 걸 매켈비는 잘 알고 있었다. 그만 그런 것이 아니었다. 도시와 매켈비가 이 문제를 조사하면서, 많은 개인과 소상공인이 신용카드 결제 시스템에서 완전히 배제돼 있다는 사실을 발견했다. 이 시스템은 기존에 확고하게 자리 잡은 큰 기업들이 장악하고 있었는데, 그들은 대형 유통 업체들에만 서비스를 제공했다. 그 시스템은 비용이 많이 들고 복잡하며 물리적으로 불편하기 때문에 개인이나 소상공인들이 신용카드 결제를 받을 방법을 마련하는 것은 엄두도 내지 못할 일이었다. 하지만 이벨링과 마찬가지로, 도시와 매켈비는 현재의 상황을 핑계로 주저앉을 생각이 없었다. 그들은 개인과 소상공인들이 신용카드 결제 시스템을 갖추지 못해 판매 기회를 놓치는 일이 없어야 한다고 생각했다. 그리고 마침내 스퀘어리더를 출시해 비파괴적인 새 시장을 열었다.

사회학자들이 '구조structure'와 '행위력agency'이라고 부르는 두 구성 요소 사이의 관계를 제대로 이해하는 것은 사회학은 물론 비파괴적 창조에서도 핵심적인 과제 중 하나다. 구조는 우리가 경험하는 환경과 세계를 뜻하며, 우리의 현실을 정의한다. 행위력은 사람들이 스스로 생각하고 행동해 우리가 경험하는 환경과 세계를 창조하는 능력이다. 모든 기업은 구조와 행위력을 고려하고 행동한다.

그러나 두 가지 구성 요소의 관계와 우리에게 미치는 영향은 두 가지 중 어느 것을 앞세우느냐에 따라 극적으로 달라진다.

수십 년 동안, 비즈니스와 기업 세계는 어떤 사업에 가능성이 있는지를 검토해 계획을 세울 때 그 사업이 무엇인지를 먼저 분석해야 한다고 권고받아왔다. 사회학적인 용어로 말하면, 구조와 환경을 우선 고려해야 한다는 시각이다. 좀 더 쉽게 비유하자면 이런 것이다.

'여기 체스판과 말이 있다. 어떻게 하면 체스를 가장 잘 둘 수 있겠나?'

이미 규칙과 행동 요령 대부분이 외부의 힘으로 결정된 상황에서, 한낱 배우에 불과한 기업은 본질적으로 자신을 체스판 위의 말이라고 생각하게 된다. 이것이 시장 현실이 되고 프레임이 된다. 또는 학문적 용어로 말하자면, 기업과 리더들이 선택하고 행동하는 데 지침으로 삼는 제한된 합리성이 된다. 이 시각에 따르면, 현재의 시장과 환경이 기업이 판단해야 할 무대다. 회사들은 그 무대 안에서 무엇이 가능하고, 이윤이 나고, 현명한 선택인지를 판단하게 된다. 마치 체스판처럼, 이미 규칙과 다른 플레이어들의 움직임까지 정해놓은 '외부 환경'이 기업이 마땅히 해야 할 다음 단계를 결정하고 제한한다는 뜻이다.

우리가 새로운 게임을 만들 수 있고, 현재 체스판에서의 제한을 풀어내고 완전히 새로운 가능성을 발견할 능력이 있다는 사실은 대부분 우리의 상상력 공간에서 배제된다. 게임이란 규칙대로 해야 하는 것이라고 믿도록 조건 지어져 있기 때문에 대부분 사람이 규칙을 벗어나려 하지 않는다. 구조가 우리의 행위력을 제한하는 곳이 바로 여기다.

이와는 대조적으로 비파괴적 창조를 만들어내는 기업들은 이벨링, 도시, 매켈비 등이 그랬듯이 행위력으로 일을 풀어간다. 체스판으로 시작하는 것이 아니라 자신의 마음과 상상력으로 시작해 어떤 사업을 할 수 있는지, 또 어떤 사업을 해야만 하는지를 생각한다. 지금 그 사업이 어떤 상황인지와는 상관없이 말이다. 그들은 기존의 사고방식을 확 바꿔 자신의 마음, 생각, 아이디어를 끌어모아 새로운 현실을 창조하기 위해 애쓴다. 그리고 자신의 마음, 상상력, 자유의지, 즉 다른 시각을 가지는 능력을 무한히 신뢰한다. 그들은 환경을 바꾸고, 자신이 그린 세계를 창조할 능력을 스스로 갖추고 있다고 인식한다.[4]

이런 이유로 그들은 세상이 당연시하는 제한된 합리성에 얽매이지 않는다. 구조를 따르는 사람들이 당연하게 받아들이는 모든 것에 대놓고 의문을 품고 다시 상상한다. '왜 안 돼?', '만일 된다면?'이라고 묻는다. 이런 사고방식 덕분에 그들은 다른 사람이 보지 못하는 것을 보고, 당연시하는 것을 더 깊이 파고든다. 그리고 무엇이 가능한지, 어떻게 하면 만들어낼 수 있는지 그 가능성을 재해석한다. 그러나 이런 상상력을 대부분 사람은 써보지도 않는다. 오히려 상상력을 엉뚱한 곳에 낭비하는 경향이 있다. 일이 잘 안되리라고 상상하고, 왜 될 수 없는지를 상상한다. 어떻게 하면 해낼 수 있을지는 상상도 하지 않는다.

이벨링이 그 기사를 읽었을 때를 생각해보라. 구조에 초점을 두고 일을 벌이고자 했다면, 시도하기 어려운 상황에 막혀 고개를 떨구고 할 수 있는 일이 별로 없다고 탄식했을 것이다. 현재의 상황에 압도당해 상상력을 사용할 여유조차 없었을 것이다. 이벨링은 그러나 새로운 기회를 창조하기 위해 상상력을 발휘하고 창조적으로 해낼 방법을 찾아내고자 노력했다. 결국 낫임파서블랩은 인텔과 파트너십을 맺었고, 리처드 반 애스도 찾아냈다. 도시와 매켈비도 마찬가지다. 구조를 따랐다면 개인과 소상공인들의 거래가 너무 소규모인 데다 부정기적이라는 이유로 비파괴적 시장을 창조할 생각조차 못 했을 것이다. 오히려 상상력은 현재 이런 상황이 된 이유를 설득하고 넘어가게 했을 것이다.

그렇다면 궁금해진다. 이렇게 행위력에 따라 일을 풀어가는 것이 새로운 기회를 창조하고 새로운 문제를 해결해 더 나은 세상을 만드는 것인데도, 왜 구조에 따라 일하는 것보다 뒷전으로 밀렸을까? 그 이유 중 하나는 쉽게 측정할 수 없기 때문에 학계의 연구가 적다는 사실이다. 학문적 연구는 측정 가능한 것에 더 초점을 맞추는 경향이 있어서 보이는 것에 집중하고 보이지 않는 것에는 관심을 두지 않는다. 그래서 사업 환경을 따지는 것이 중심이 됐고, 그 결과 리더들은 자신들의 위대한 강점이자 진정한 부의 원천인 행위력에서 멀어졌다. 현재의 세상을 뛰어넘어 새로운 미래를 만들어내는 상상력과 자유의지 말이다.

행위력 관점은 이런 이유로 경시됐고, 현재 상황을 분석하는 것부터 시작해야 한다고 주장하는 것이 훨씬 더 합리적으로 보이게 됐다. 그러나 합리적인 것은 비파괴적 시장을 창조하지 못한다.

현재의 시장 현실을 점진적 혁신으로 개선하는 것도, 기존 체스판을 파괴하고 재창조하는 돌파적 솔루션도 모두 중요하다. 이런 과정을 통해 경제에 많은 혜택이 생긴다. 하지만 현재 처한 상황에만 초점을 맞추다 보면, 상상력과 행위력을 통해 현 상황을 파괴하지 않으면서도 새로운 체스판을 만들어낼 기회를 놓치게 된다.

제대로 된 사고방식으로 무장하는 것은 비파괴적 창조를 만들어내는 데 필수적인 요건이다. 다음 단계는 기술을 제대로 이해하고 활용하기 위해 올바른 관점을 가지는 것이다.

수단과 목적을 혼동하지 마라

요즘은 기술에 유혹받기 쉽다. 많은 기업과 창업자들이 기술 혁신을 시장 창조의 길로 여긴다. 그들은 큰 기대를 걸고 있는 새 제품에 어떻게 하면 최신 기술을 적용할지에 집중한다. 그러나 목표로 하는 시장에서 수요를 창조하는 데 실패하면서 크게 타격을 입는다. 대개 사람들은 평범하고 단순해서 새 제품이 자신에게 어떤 가치를 줄 것인지 잘 알지 못한다.

여기에 비파괴적 창조자들이 고수하는 두 번째 관점이 있다. 바로, 수단과 목적을 혼동하지 않는 것이다. 그들은 기술을 유용한 도구로 보지만, 궁극적으로 비파괴적 신시장을 창조하는 것은 구매자들에게 가치의 도약을 제공하는 '가치 혁신value innovation'이라는 사실을 잘 알고 있다. 아마 직관에 반하는 얘기로 들릴지도 모르겠다. 비파괴적이든 파괴적이든, 기술은 수많은 시장 혁신에서 핵심적인 요소이니 말이다. 그러나 속지 마라.

새로운 기술이 비파괴적 창조에서 중요한 요소일 때도 더러 있다. 하지만 비파괴적인 새 시장이 열리고 상업적 성공을 거두는 것은 이런 신기술로 가치를 단계적으로 높여갈 때다. 너무나 많은 기업이 이 순서를 잘못 이해하고 있다. 그들은 '기술 혁신을 추구하면 성공할 것이다'라고 생각한다. 그 반대로 해야 한다. 가치 혁신을 추구한다면, 비파괴적 신시장을 개척하는 올바른 길에 서 있게 될 것이다. 가치 혁신은 수요 행동을 자극하는 것이고, 그것이야말로 실제적인 가치다. 가치 혁신은 블루오션 전략과 파괴적 창조에도 모두 적용된다.[5]

가치 혁신은 새로운 기술을 적용해 이뤄질 수도 있다. 스퀘어, 비아그라, M-페사, e스포츠 등과 같은 비파괴적 혁신이 그 예다.

그런가 하면 기존의 제품 기술을 조합한 M:NI, 또는 기술을 거의 사용하지 않은 위사이클러스, 라이프코칭, 핼러윈 반려동물 패션 등의 성공 사례도 있다. 이런 사례들의 중요한 공통점은 우리의 삶과 업무에 긍정적인 변화를 만들어낸다는 것이다. 비파괴적 창조자들은 가치 혁신을 우선시하고, 그다음에 기술을 고려한다. 어떤 강력한 가치를 고객에게 제공할 것인가가 가장 큰 관심사다.

그런데 왜 많은 경제학자가 그와 반대로 주장하는 것처럼 보일까?

성장과 혁신에 관한 경제학적 연구들은 이 두 번째 관점이 틀렸다고 증명하는 듯한 결과를 내보인다. 즉 기술 혁신이 가장 중요한 요소라는 주장이다.[6] 이런 견해에는 나름대로 타당한 이유가 있고, 우리도 이 연구 과정에서 공격을 많이 받아왔기 때문에 잠시 살펴보고자 한다.

성장과 혁신에 관한 경제학적 연구들은 오랫동안 기술 혁신의 영향에 초점을 맞춰왔다. 연구마다 분명히 다른 점들이 있지만, 일반적으로 기술 혁신이 성장과 긍정적 관련이 있다는 결론을 도출했다. 더 높은 수준의 기술 혁신이 더 높은 성장을 가져온다는 식이다. 그러나 이런 연구들과 우리의 연구 사이에는 커다란 차이점이 있다. 바로 분석 수준이다. 면밀한 조사를 통해 알아낸 바에 따르면, 그들은 매크로 수준(국가, 지역, 사회 또는 산업)이나 메소 수준(시장 참여자들의 상호작용 또는 게임 역학)을 살펴본다. 이에 비해 우리의 분석은 마이크로 수준으로, 개별 기업과 수익 성장 등에 집중한다. 문제는 매크로나 메소 수준에서 사실로 확인된 것이 개별 기업 수준에서도 반드시 사실로 인정되는 것은 아니라는 점이다.

경제 분석에서, 특히 매크로 수준에서는 특정 기업이 기술 혁신으로 돈을 벌 수 있느냐 하는 것은 크게 의미가 없다. 경제학자들이 타당한 분석 대상으로 보는 것은 모든 기업이 매크로 경제 성장을 촉진하기 위해 활용할 수 있는 기술적 가능성의 바구니가 확장됐느냐 아니냐다. 이런 연구에서 적절한 질문이란 이런 것이다. 'AI와 같은 돌파적 기술이 창조됨으로써 다양한 산업에서 많은 기업이 이를 활용해 새로운 성장을 창조할 수 있게 됐는가?' 그러므로 경제학자들에겐 기술 창시자가 기술을 상업화하고 그 기술에 대한 수익을 거두는지 아닌지는 주요한 관심사가 아니다. 왜냐하면 기술 창시자가 실패하더라도 다른 기업들이 혁신과 가치를 연결해 성공할 수 있고, 이 돌파적 기술을 지렛대 삼아 효과적으로 활용해서 경제 성장률을 높일 수도 있기 때문이다.

고전적인 사례로 꼽히는 제록스Xerox 팰로앨토연구소PARC의 경우를 보자. 오늘날의 모든 휴대전화와 컴퓨터에 사용되는 그래픽 사용자 인터페이스GUI와 같은 무수한 기술적 혁신을 이룬 곳인데도 문을 닫았다. 이 회사는 GUI와 그 외 많은 기술적 혁신을 통해 상업적 성공을 거두거나 새로운 시장을 창조하거나 성장을 이루지 못했다. 그러나 다른 기업들이 새로운 시장을 혁신하기 위해 활용할 수 있는 기술들의 묶음을 늘리는 데는 크게 기여했다.

스티브 잡스와 애플이 제록스의 기술을 활용한 최초 사례로 꼽힌다. 잡스는 제록스 PARC를 방문했을 때 GUI의 잠재력에 고무됐다. 그는 PARC의 GUI 기술 혁신을 아주 영리하게 가치와 연결해 일반인이 이해하고 편안하게 사용할 수 있는 간단하고 직관적인 인터페이스를 만들어냈다. 이를 통해 애플은 개인용 컴퓨터의 새로운 시장을 개척하고, 이후 아이팟터치와 아이폰 같은 많은 모바일 기기의 운영체제가 된 iOS를 창조했다. 결국 다른 기업들도 이 길을 따랐다.

제록스 PARC의 기술 혁신으로 거시 경제는 성장했다. 그것이 많은 경제학자의 결론이기도 하다. 그러나 PARC 자체는 상업적으로 실패했다. PARC의 GUI를 통해 성장을 촉진한 것은 애플의 가치 혁신이었다. 기술 혁신이 매크로 수준에서 경제 성장에 실제로 기여하는 것은 맞지만, 개별 기업 수준에서는 동일하게 말할 수 없다. 사실 미시경제학의 한 분야인 산업 조직 연구에 따르면, 기술 혁신이 개별 기업의 성과에 미치는 영향을 조사한 결과 변수의 측정 방식에 따라 긍정적이거나 중립적이거나 부정적인 것으로 다양하게 나타났다.[7]

교훈은 이것이다. 의도가 무엇인지를 확실히 하고 어떻게 달성할 것인지에 계속 초점을 맞춰야 한다는 것. 만일 비파괴적 창조를 확실하게 상업적으로 성공시키고 시간과 투자에 대한 보상을 받고자 한다면, 한눈팔지 않고 보상에 집중할 필요가 있다. 목표로 삼아야 할 보상이 바로 가치 혁신이다. 성공한 비파괴적 창조자들은 가치 혁신을 먼저 생각하고, 그 후 그 목적을 달성하기 위해 기술을 고려한다. 만약 순서를 잘못 따른다면, 비파괴적 창조가 더디게 이뤄지거나 심지어는 실패할 수도 있다.

창의력은 소수의 전유물이 아니다

리퀴드페이퍼Liquid Paper라는 제품을 사용해본 적이 있는가? 글이나 타이핑 실수를 감추기 위해 사용하는 흰색 불투명 액체 말이다. 대부분 아는 것이다. 문서를 작성하다가 잘못된 정보를 입력했다는 것을 알게 되면 수정하기 전에 그 부분을 하얗게 칠하는 제품이다. 1950년대에 처음 나올 때 미스테이크아웃Mistake Out(실수 제거제)이라고 불렸던 리퀴드페이퍼는 거대한 비파괴적 시장을 만들어냈다. 당시 미국 전역의 비서들은 타이핑을 하다가 나오는 실수를 수정하느라 애를 먹고 있었다. 잘못된 것을 고치려면 사실상 그 페이지를 다시 타이핑해야 했다. 엄청난 스트레스였고, 추가 작업을 해야 했으니 많은 시간과 비용이 들었다. 이런 문제를 해결한 리퀴드페이퍼는 비서들에게 즉시 인기를 끌었고 학생이나 직장인들에게도 필수 도구가 됐다.

오늘날 리퀴드페이퍼는 뉴웰브랜즈Newell Brands가 소유하고 있다. 그러나 이 비파괴적 혁신을 창조한 사람은 기업가도, 혁신 전문가나 과학자도 아니었다. 당시 텍사스은행에서 비서로 일하던 싱글맘 베티 네스미스 그레이엄Bette Nesmith Graham이었다. 어린 아들 마이클(나중에 포크 록 그룹 '더 몽키스'의 멤버가 됨)과 함께 살면서 추가 수입이 필요했던 그레이엄은 취미인 그림 그리기를 활용해 연휴 동안 은행 창문을 장식하곤 했다. 그러다가 잘못 그린 그림을 수정할 때는 지우는 것이 아니라 위에 덧칠하면 된다는 것을 새삼 깨닫게 됐다. 그녀는 흰색 템페라 페인트 한 병을 사무실로 가지고 와 타이핑 실수가 났을 때 덧칠하기 시작했다. 상사 중에는 페인트 쓰는 것을 꾸짖는 이들도 더러 있었지만, 동료들은 그녀의 '실수 제거제'를 갖고 싶어 했다.

혁신의 아버지로 불리는 조지프 슘페터가 기업가를 최고의 위치에 올려놓은 이래, 기업가에 대한 숭배가 계속돼왔다. 슘페터의 세계에서는 기업가의 창의성, 대담성, 본능적 배짱 등이 성장과 혁신 그리고 새로운 시장을 만들어내는 핵심 동력이다. 슘페터의 표현을 빌리자면, 기업가는 소중히 보호돼야 할 희소 자원이다. 하지만 이런 신화가 우리의 정신과 마음에 깊이 자리 잡으면서 기업가는 일반인과 달리 원래 고독하고, 직관적이며, '창의적인' 사람들로 여겨지는 경향도 생겨났다. 이런 구분은 슘페터의 사상에서는 의도치 않은 결과겠지만, 창의성과 혁신의 원천을 보는 시야를 좁히고 말았다.

여기에 비파괴적 창조자들이 갖춰야 할 세 번째 관점이 있다.

비파괴적 창조자들은 기업가나 창의적인 사람들을 소중하게 여기면서도, 그들을 과대평가하면 그 외 일반인들의 창의성과 기여를 과소평가하게 된다는 점을 인식하고 있다. 그러면 인간의 창의성과 아이디어의 광범위한 영역이 경시되고 인정받지 못하게 된다. 실제로는 그것이야말로 현재 산업의 경계를 넘어선 곳에서 완전히 새로운 문제를 해결하고, 완전히 새로운 기회를 붙잡아 비파괴적 창조를 실현하기 위해 필요한 것인데도 말이다. 리퀴드페이퍼는 비서이자 타자기 사용에 불편함을 겪는 소비자인 그레이엄의 아이디어로 시작됐지만, 다니던 직장에서는 그녀의 창의성이 인정받지 못했다. 물론 수백만 달러 규모의 비파괴적 시장으로 실현되기까지는 그녀의 아이디어 이상의 것들이 더해졌을 것이다. 하지만 기업은 창의성의 원천을 좁게 보고 이런 아이디어들을 간과하는 일이 없도록 만전을 기해야 한다.

어린이들이 창의적이라는 것은 잘 알려져 있다. 그들이 만들어내는 가상 게임, 채소보다 먼저 디저트를 먹어야 한다며 줄줄이 늘어놓는 창의력 넘치는 핑계들, 상상해서 말하는 공상의 이야기들을 생각해보라. 창의성은 젊은 사람만의 전유물도 아니다. 젊은이와 노인, 배운 사람과 못 배운 사람 등 모두의 영역이다. 이를 증명하고 싶다면 소셜 미디어만 보면 된다. 거기엔 날마다 창의성, 유머, 새로운 시도가 넘치는데 이곳이야말로 소수가 아니라 다수가 차지하고 있는 영역이다. 마이크로파이낸스업의 창시자인 무함마드 유누스는 극빈층의 창의성과 회복력을 봤고, 그들은 유누스가 옳았음을 보여줬다. 선도적인 학술 저널인 〈매니지먼트 사이언스 Management Science〉에 발표된 연구에서, 혁신 전문 학자 그룹과 3M 관리자들은 그레이엄과 같은 현장 실무자로부터 얻은 통찰력이 세상에 없던 새로운 문제 또는 기회를 해결하는 데 중요하다는 사실을 발견했다.[8]

물론 모든 사람이 동일한 창의성을 갖고 있는 것은 아니다. 그러나 대부분 사람은 충분히 창의적이다. 아리스토텔레스 이후로 사람들의 타고난 창의력과 다양한 시각을 활용하는 이 인식을 바탕으로 하는 '대중의 지혜wisdom of crowds' 개념이 논의돼왔다. 제임스 서로위키James Surowiecki가 쓴 동명의 책에서 이 개념을 소개해 인기를 끌기도 했다. 그는 문제를 해결하고 혁신을 촉진하는 데 평범한 수준의 일반인들이 힘을 합할 경우 집단적으로는 가장 우수한 개인들보다 더 나은 성과를 낸다고 밝혔다.[9] 이 주제는 '집단 과학', '집단적 지혜', '창의적 지성' 등 다양한 이름으로 연구됐지만 아이디어의 기본적인 내용은 일관적이다. 그룹 내에 구성원들의 다양성과 같은 긍정적 상호작용이 가능한 역학 관계가 주어진다면, 집단적인 지혜가 일부 엘리트들보다 뛰어날 수 있다는 것이다.[10]

실제로 경영과 경제의 역사는 천부적인 기업가 리더와 집단의 지혜가 합쳐져 쓰여왔고, 앞으로도 그럴 것이다. 시장 창조적 혁신, 특히 비파괴적 창조를 실현하기 위해서는 창의성과 혁신력에 대해 포괄적인 시각을 가져야 한다. 이런 능력은 보편적인 것이고, 그래서 일반인들도 기업가들과 함께 기여하면서 상업적으로 성공할 기회를 극대화할 수 있다.

비파괴적 창조를 실현하기 위해서는 서로 다른 시각과 기술을 가진 사람들의 네트워크가 필요하다. 아이디어를 개발하고 다듬고, 여럿이 힘을 합쳐 해결해야 한다. 무엇을 배워야 하고 반대로 무엇을 잊어야 할지 결정해야 하고, 실마리가 어디에 있는지 이곳저곳에서 조사해야 하며, 그 모든 것을 모아 우리가 제공할 것을 실현해야 한다. 이는 혼자서는 할 수 없는 일이다. 믹 이벨링은 이렇게 말했다.

"이전에 만들어본 적이 없는 것을 만들 때는 무엇이 필요한지 확신할 수 없다. 그러므로 관계된 사람 모두를 참여시키고 그들의 두뇌와 목소리를 우리 게임에 투입해야 한다. 가깝건 멀건 사람들을 찾아 자문도 구해야 한다. 낫임파서블랩이 대니얼의 사례에서 도움을 받은 남아프리카의 목수 리처드 반 애스, 인텔, 물리치료사와 엔지니어들이 모두 그런 사례다. 또 M:NI를 만들 때 중증 청각 장애를 가진 팝 가수 겸 작곡가 맨디 하비Mandy Harvey가 참여한 것도 같은 맥락이다. (…) 아무것도 숨기지 않는다. 유치해 보이거나 직관에 반하는 아이디어도 적극적으로 공유한다. 그런데 가끔 그

속에 천재성이 숨어 있다. 모든 사람이 기여할 수 있는 뭔가를 가지고 있다."[11]

표 6-1은 비파괴적 창조를 이뤄내기 위해 필요한 세 가지 관점을 보여준다. 이를 활용해서 당신은 올바른 방향을 잡고 있는지 확신할 수 있고, 대화와 추론 및 판단을 끌어낼 수 있다. 적절한 관점을 공유하고 왜 중요한지 논의함으로써, 당신의 팀은 비파괴적 창조를 위해 필요한 창의적 문화를 함께 구축할 수 있다. 다음을 확인해보라.

- 우리는 구조로 이끄는가, 아니면 행위력으로 이끄는가?
- 우리는 기술이 가장 중요하다고 생각하는가, 아니면 가치 혁신과 실질적 가치 제공에 초점을 맞추고 있는가?

그림 6-1 **비파괴적 창조를 위한 관점 전환**

전통적인 관점		비파괴적인 관점
기존의 시장과 환경을 수익성이 있는 것으로 보고 무대를 설정한다. 이때 행위력은 구조에 제약을 받는다.	→	구조가 아니라 행위력으로 이끈다. 현재 있는 그대로의 세계에 구속되는 것을 거부한다. 개별 기업은 기존의 시장과 환경을 넘어 새로운 기회를 상상하고 창출할 수 있다.
기술 혁신을 시장 창조의 경로로 인식한다. 따라서 새로운 기술에 초점이 맞춰진다.	→	먼저 가치 혁신을 생각한다. 그다음 가치 혁신을 이루기 위한 기술 등 지원 요소를 찾는다.
기업가와 창의적인 사람들이 시장 창조 혁신의 주도자다.	→	재능 있는 개인뿐만 아니라 집단의 지혜가 새로운 시장을 창출하는 데 중요한 역할을 한다.

● 우리는 소수의 사람만을 통해 아이디어와 답을 찾고 있는가, 아니면 많은 사람의 창의력을 활용하고 있는가?

이런 질문들과 세 가지 관점은 비파괴적 시장을 창조하는 과정에서 사고와 실천을 위한 나침반 역할을 할 수 있다. 이 나침반을 염두에 두고, 다음 장으로 넘어가자. 다음 장에선 비파괴적 시장을 창조하기 위해 필요한 세 가지 구성 요소를 설명한다. 그리고 첫 번째 구성 요소에 초점을 맞춰 의미 있고 동기를 부여하는 방식으로 비파괴적 기회를 찾아내고, 구조화하고, 평가하는 구체적인 행동 요령과 방법론을 소개할 것이다.

비파괴적 기회를 찾아내라

상업적으로 흥미로운 비파괴적 기회를 찾기 위해 마음을 열고 창의적인 아이디어를 활용하는 데 필요한 관점을 명확히 했다면, 다음 단계는 생각을 행동으로 옮기는 것이다. 성장과 혁신을 추구하고자 하는 최고경영진, 그런 의도를 실현해야 하는 실무자, 새로운 비즈니스를 고려하는 창업가는 목표를 이루는 데 필요한 실천 단계와 방법론을 이해해야 한다.

이를 해결하기 위해 우리는 창조 과정에 일정한 패턴이 있는지, 있다면 어떤 것인지를 연구했다. 그 패턴을 통해 '어떻게'의 비밀을 밝혀내기 위해서였다. 우리의 목표는 비파괴적 창조자들의 반복적인 사고 과정과 행동을 정확히 찾아내 체계화하는 것이었다. 그러면 다른 조직들도 이 패턴을 적용해 비파괴적 창조를 실현하는 데 도움을 받을 수 있다고 봤기 때문이다.

연구를 완성하고 보니, 비파괴적 신시장을 창조하고 장악한 기업이나 개인들에게는 세 가지 기본적인 구성 요소가 있었다. 그림 7-1에 정리했는데, 첫 번째 구성 요소는 추구할 비파괴적 기회를 발견하는 것이다. 두 번째는 그 기회를 감추고 있는 기존 가정들을 드러내고 재구성해 해결할 방법을 찾는 것이다. 그리고 세 번째는 '높은 가치와 낮은 비용'의 방법으로 그 기회를 실현하는 데 필요한 지원 요소들을 확보하는 것이다. 이런 구성 요소들은 대개 실행 단계로 간주될 수 있다.

그림 7-1 비파괴적 창조를 실현하기 위한 세 가지 구성 요소

| 세 번째 구성 요소: 기회를 현실로 만들기 |
| 높은 가치, 낮은 비용의 방식으로 기회를 실현하기 위해 필요한 자원을 확보한다. |

| 두 번째 구성 요소: 기회를 찾을 방법 강구하기 |
| 기회를 감추고 있는 기존의 가정들을 드러내고 재구성해 해결할 방법을 찾는다. |

| 첫 번째 구성 요소: 비파괴적 기회 발견하기 |
| 해결하고자 하는 아주 새로운 문제나 기회를 발견한다. |

이 장에서는 첫 번째 구성 요소와 해당 도구 및 프레임워크를 구체적으로 살펴볼 것이다. 그리고 이어지는 두 장에서 두 번째, 세 번째 구성 요소를 설명할 것이다.

먼저 목표를 명확히 해라

어떻게 하면 산업 경계 밖에 있는 비파괴적 기회를 찾아낼 수 있을까? 먼저, 목표를 명확히 해야 한다. 파괴하거나 경쟁하는 것이 아니라 완전히 새로운 문제를 해결하거나 완전히 새로운 기회를 찾아내는 것이 목표다. 의도가 명확해야 비파괴적 창조에 집중하도록 정신을 똑바로 차릴 수 있다. 그렇지 않으면 시장 창조 노력을 기울이면서도 부지불식간에 경쟁과 파괴라는 익숙한 개념에 의지하게 된다. 세상, 산업, 직업, 일상생활에서 심각하지만 간과되는 문제들을 생각해보라. 특히 당신이 흥미로워하는 분야 가운데 사람들이나 회사들이 해결하지 못한 문제가 없는지 살펴보라. 불타오르고 있는데 아직 잡지 못한 기회는 없는지도 잘 찾아보라. 이런 기회가 실현된다면 사람들과 지역사회의 삶에 실질적인 변화를 가져올 수 있다.

무언가를 크게 걱정한다면 그 문제가 중요한 이슈라는 뜻이다. 만약 사람들이나 조직이 해결하는 데 어려움을 겪고 있고 이를 해결하는 것이 정말로 큰 변화를 가져올 수 있다면, 이 문제는 실제 시장과 연결된 유망한 비파괴적 기회일 가능성이 크다.

열정도 중요하다. 창조의 여정에서 마주치게 될 피할 수 없는 실수와 제약에도 불구하고 해보겠다는 의지를 유지하고 끈질기게 도전할 수 있게 하는 것이 바로 열정이다. 열정이 있다면, 수건을 던지고 기권하고 싶다는 유혹은 쉽게 받지 않을 것이다. 우리는 본능적으로 문제를 해결하고 타인에게 긍정적인 영향을 주고자 하는 욕구를 갖고 있다. 또 다른 사람들을 위해 의미 있는 기회를 창조하는 것에서 내적인 만족감을 느낀다. 이런 내적 동기가 창조 여정에 당신과 팀의 등을 밀어준다. 거대한 에너지의 원천인 것이다.

제1장에서 살펴봤듯이, 간단한 위생용 생리대 제작기를 개발해 인도의 시골 여성들에게 판매한 아루나찰럼 무루가난담은 시골 여성들의 위생 문제를 해결하는 데 강한 열정을 갖고 있었다. 당시 인도에선 2억 명 이상의 여성이 비위생적인 천 등을 생리대로 사용하고 있었다. 게다가 생리 기간에는 불결하다는 이유로 오두막에 격리돼야 했다. 무루가난담의 열정이 너무나 강해서 마을 사람들이 귀신에 씌었다며 그를 나무에 거꾸로 매다는 퇴마식까지 준비했지만, 그는 의지를 굽히지 않았다. 그는 마을에서 쫓겨났지만 여성의 건강과 복지에 대한 열정은 결코 포기하지 않았다.

킥스타터 창립자인 페리 첸Perry Chen, 얀시 스트리클러Yancey Strickler, 찰스 애들러Charles Adler 등은 창의성이 얼마나 중요한지를 잘 알았고 자신의 꿈을 이루고자 하는 예술가들의 열망에 깊은 열정을 품고 있었다.

프로디지파이낸스의 캐머런 스티븐스와 공동창업자들은 젊은이들의 해외 유학 분야에 열정을 쏟았다. 그들은 세계적 수준의 교육이 젊은이들의 삶을 변화시키고 세계에 대한 더 넓은 시야를 만들어주는 길임을 확신했다.

비파괴적 창조를 위한 두 가지 접근 방식

우리는 기업과 개인이 비파괴적 시장을 창조하기 위해 두 가지 주요한 접근 방식을 취할 수 있다는 것을 발견했다. 그림 7-2에서 볼 수 있는 대로, 하나는 기존에 존재하지만 탐구되지 않은 문제나 과제에 대응하는 것이고, 다른 하나는 기존 산업의 범위를 벗어나 새로 나타나는 문제나 과제에 대응하는 것이다. 대규모 조직이냐 소규모 조직이냐, 거대한 비파괴적 시장을 창조하려는 것이냐 아니면 적당한 비파괴적 시장을 창조하려는 것이냐와 관계없이 똑같은 두 가지 길이 적용된다.

그림 7-2 **비파괴적 창조를 위한 두 가지 접근 방식**

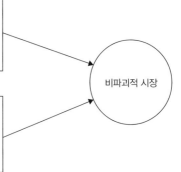

기존 산업의 경계를 넘어 그동안 고려되지 않았던 문제들을 다룬다. 그냥 받아들여왔거나 아무런 조치를 취할 수 없다고 여겼던 것에 대해 해결책을 제공함으로써 비파괴적 시장을 창출한다.

경제, 사회, 환경, 기술 또는 인구통계적 측면에서 벌어지는 변화로 기존 산업의 경계를 벗어난 새로운 문제를 다루며, 이에 대한 해결책을 제공함으로써 비파괴적 시장을 창출한다.

비파괴적 시장

기존에 존재했지만 탐구되지 않은 이슈나 문제에 주목하기

새롭게 발생한 문제나 기회라고 해서 반드시 갑자기 나타나거나 이전에 존재하지 않았던 것을 의미하지는 않는다. 오히려 오랫동안 존재했지만 이를 해결해야 할 문제나 새로운 시장 창조의 기회로 인식하지 못했을 수도 있다. 의식적이든 무의식적이든, 사람들이 '원래 그런 것'으로 받아들였기 때문에 무시되거나 간과됐을 수도 있다. 아니면 이미 오래전에 유명한 기업이나 개인이 이 문제를 해결하고자 시도했으나 실패하는 바람에, 사람들이 본질적으로 불가능하거나 건드릴 수 없는 것으로 여기고 다시 시도하지 않았을 수도 있다.

기존에 존재해온 문제 또는 기회가 때로는 당연한 것으로 받아들여져서, 사람들이 비시장적인 해결책을 조합해 해결해오고 있는 경우도 적지 않다. 예를 들어 산후 관리 문제가 그렇다. 대부분의 산모가 출산 후 몇 개월 동안 신체적으로나 정서적으로 많은 부담을 겪는 상황에서 가족이나 친구에게 도움을 청하거나 사회적 지원을 받는 비시장적인 해결책에 의존해왔다. 이 문제를 시장을 통해 해결하기 위해 탄생한 것이 산후조리원으로, 새로운 비파괴적 시장을 형성했다. 산후조리원은 산모들이 출산 후 신체적·정신적 회복을 위해 머물 수 있는 곳이다. 이런 시설은 처음 한국의 여러 기업이 시작하면서 성장했고, 현재는 아시아 전역으로 빠르게 확산되고 있다.

이처럼 비파괴적 시장은 생활의 한 부분으로 당연하게 받아들여지거나 그냥 감내해야 했던 문제를 새로운 사업 기회로 전환함으로써 생성되기도 한다. 많은 비파괴적 시장 창조자가 이런 방식을 따랐다. 예컨대 그라민은행과 킥스타터는 시장 솔루션이 없는 기존 문제를 해결하기 위해 시작됐다. 방글라데시에서 대부분의 인구는 몇십 년 동안 하루 몇 달러로 생활해왔으며 대개 신용이 없는 것으로 여겨졌다. 이에 따라 가난이 대물림됐고, 이는 인생의 현실적인 어려움으로 간주됐다. 그러던 중 무함마드 유누스가 이 문제를 시장 솔루션을 통해 해결하기로 하면서 상황이 변했다. 킥스타터의 창업자들은 대부분의 창작 프로젝트가 자금 부족 탓에 사람들의 머릿속에 그대로 머물러 있고 실현되지 못한다는 것을 알았다. 킥스타터는 예술 커뮤니티가 번영할 수 있는 새로운 자금 조달 기회를 제공하는 시장 솔루션으로 이 오래된 문제를 해결했다.

믹 이벨링과 낫임파서블랩이 한 일도 이런 사례 중 하나다. 청각 장애인들이 음악을 경험할 수 없다는 사실은 갑자기 나타난 것이 아니라 항상 존재해온 문제였다. 이벨링과 낫임파서블랩은 이를 청각장애인들의 불운하고 피할 수 없는 운명이 아니라 새로운 창조의 기회로 바라봤다. 그리고 이 문제에 대한 시장 솔루션을 제공하고자 M:NI를 통해 변화를 이끌었다.

파크24타임스, 산후조리원, 스퀘어리더, 리퀴드페이퍼, 비아그라, 위사이클러스, 프로디지파이낸스도 마찬가지다. 더 과거로 돌아가서, 별것 아닌 것 같아도 필수품이 된 차창 와이퍼, 식기세척기, 여성 생리대 등은 수많은 비파괴적 창조의 몇 가지 예에 불과하다. 이들은 모두 시장 솔루션을 사용해 기존에 존재했지만 탐구되지 않은 문제들을 해결해 산업의 경계를 넘어서는 비파괴적 창조를 이뤘다.

새로 떠오르는 이슈나 문제 찾아내기

기존 산업 영역을 벗어나 새로운 필요나 문제에 대응하는 것은, 비파괴적 창조에 대한 더욱 직관적이고 명백한 방법일지도 모른다. 사회경제적·환경적·인구통계적·기술적 변화는 사회나 사람들의 삶에 영향을 미치며 새로운 문제, 기회, 이슈를 발생시킨다. 이처럼 새로 떠오르는 필요나 문제에 효과적인 시장 솔루션을 제공함으로써 비파괴적인 새 시장을 개척할 수 있다.

퉁웨이Tongwei 그룹을 생각해보자. 깨끗한 저탄소 에너지에 대한 글로벌 압력이 증가함에 따라 중국에서는 2030년까지 탄소 배출을 제한하기 위해 녹색 에너지 사업을 강화하기로 했다. 탄소 배출 문제가 가장 심각한 곳은 동부와 중부 지방이었다. 이곳에 산업 활동이 집중돼 전력 수요가 증가했기에 친환경 에너지의 필요성과 기존의 석탄 중심 에너지 공급 간에 점점 격차가 커졌다. 그러나 이 지역은 인구가 밀집돼 있고 대부분의 농지가 농업용으로 예정돼 있어서 녹색 에너지 생산 시설을 건설할 수 있는 땅이 부족했다.

이런 새로운 요구 사항을 파악한 퉁웨이 그룹은 양어장 사업을 활용해 완전히 새로운 비파괴적 녹색 에너지 시장을 창조하기 시작했다. 퉁웨이 그룹은 중국 동부와 중부에 있는 수십만 명의 양식업자와 수백만 에이커의 양어장 수역에 서비스를 제공하는 수산물 사료 공급 업체다. 양식업은 이미 농부들과 지방정부의 중요한 수입원이었는데, 퉁웨이는 그냥 방치된 수면을 활용해 녹색 에너지를 생산하면 수자원의 경제적 가치를 훨씬 더 높일 수 있다고 판단했다.

그래서 퉁웨이는 혁신적인 가두리 양식장 시설에 물 기반 태양광 시스템을 통합해 비파괴적인 어업 통합형 태양광 산업을 창조했다. 태양광 패널은 수면에 설치돼 물의 온도를 낮추고 조류의 증식을 줄여 양식장의 생산량을 증가시켰다. 한편, 수면에 설치된 태양광 패널은 전기도 생산했다. 이런 비파괴적 창조의 결과가 어장에는 수입 증가, 지역에는 새로운 녹색 에너지원 제공, 지방정부에는 세입 증가, 그리고 퉁웨이 그룹에는 수익성이 매우 높은 신규사업으로 나타났다. 퉁웨이 그룹은 양어장 사업의 수자원을 활용해 비파괴적인 녹색 에너지 어업 시장을 창조했고, 그 사업은 중국 전역으로 빠르게 확장되고 있다.

이번에는 식품, 특히 김치 얘기를 해보자. 한국 회사인 위니아만도는 한국인들이 직면한 새로운 문제를 해결하는 과정에서 15억 달러에 이르는 비파괴적 기회를 찾아냈다. 김치는 배추에 마늘을 비롯한 각종 양념을 버무려 발효시킨 음식으로 한국인 식단의 핵심이다. 2017년 한국인은 1인당 매월 평균 약 3킬로그램의 김치를 섭취했다. 4인 가족 기준으로는 한 달에 12킬로그램 정도다. 전통적으로 한국 가정은 김치를 대량으로 담가 발효시키며, 김칫독에 묻어서 연중 최상의 맛과 신선도를 유지했다.

한국은 1980년대 후반에서 1990년대 초반 사이에 산업화와 도시화가 급격하고 대규모로 진행됐다. 사람들은 도시로 이동해 아파트에서 생활하고, 점점 더 바쁜 삶을 살게 됐다. 이제 그들에겐 김치를 항아리에 담아 묻을 마당이 없었다. 심지어 마당이 있는 사람들도 김칫독 묻는 작업을 번거로운 일로 여겼다. 그래서 김치를 냉장고에 저장해 발효시켰다. 하지만 그런 가전제품은 전통적인 김치 보존 방법과는 크게 차이가 있었다. 맛이 거의 나지 않았으며, 일주일도 못 가 상하기 일쑤였고, 강한 냄새가 냉장고 안의 다른 음식에 스며들었다. 김치를 많이 먹는 만큼 공간도 많이 차지했다.

위니아만도는 이런 새로운 도전을 새로운 비파괴적 시장 창조의 기회로 봤다. 사람들의 생활 방식은 변화했지만 김치에 대한 사랑은 여전했기 때문이다. 그 결과로 김치냉장고 딤채라는 비파괴적 시장 솔루션을 창조하게 됐다. 딤채는 김치가 전통적으로 발효되고 저장되던 방식을 모방한 혁신적인 가전제품이다. 딤채는 직접 냉각 방식을 사용하고(전통적인 냉장고는 간접 냉각 방식이다), 다공성 점토 항아리와 유사한 습도를 유지하며, 전통 냉장고보다 몇 도 낮은 온도를 유지한다. 문을 수시로 여닫지 않기 때문에 김칫독과 같이 냉각 상태가 일정하게 지속되며, 온도 변동으로 김치의 맛과 신선도가 손상되지 않는다.

1996년 출시된 이 새로운 비파괴적 시장 솔루션은 곧 한국 가정에서 기존 냉장고만큼 필수적인 존재가 됐다. 2014년까지 한국 가구의 85% 이상이 딤채를 구매했으며, 오늘날 이 비중은 90% 이상으로 높아졌다. 한국인들이 오래된 모델을 교체하고 새로운 제품을 구매함에 따라 20%의 성장률을 보이고 있다.

마찬가지로, 현재 1,600억 달러 이상의 가치를 갖고 있는 사이버보안 산업은 조직에 대한 사이버 공격의 급증하는 위협에 대응해 비파괴적으로 창조됐다. 널리 보급된 인터넷 접속, 스마트폰, 클라우드 컴퓨팅, 사물인터넷의 발전과 함께 발생한 것이다. e스포츠, 스마트폰 액세서리, 남성용 화장품, 핼러윈 반려동물 패션 등은 막대한 규모의 비파괴적인 신규 시장 중 일부에 불과하다. 모두가 새롭게 나타나는 요구 사항과 문제에 대응해 창조됐으며, 사람들의 삶에 영향을 미치고 있다.

비파괴적 기회를 발견하는 세 가지 방법

지금까지 소개한 두 가지 접근 방식은 비파괴적 시장을 창조하고 검색하는 노력을 올바른 방향으로 이끌어줄 수 있는 문제 또는 기회를 이해하는 데 도움을 준다. 이를 알지 못하면 파괴적 문제에 초점을 맞추는 바람에 기껏 문제를 해결하고도 비파괴적 시장을 새롭게 만들어내지 못할 위험이 있다. 첫 단계에서 기회가 '무엇인지'를 아는 것이 중요하기는 하지만, 기회를 발견하고 선명하게 인식하는 방법도 알아야 한다. 그것이 아직 알려지지 않은 것인지 또는 새롭게 등장한 것인지 상관없이 말이다.

우리의 연구 결과, 기업과 개인이 비파괴적 기회를 발견하기 위해 따라갈 수 있는 세 가지 방법이 있다(그림 7-3 참조).

그림 7-3 비파괴적 기회를 발견하는 세 가지 방법

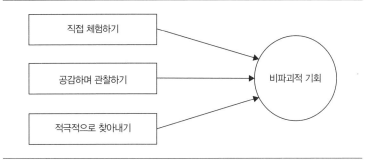

직접 체험하기

킥스타터의 공동창업자인 페리 첸은 비주류 음악을 선보일 콘서트를 개최하고자 했지만, 아이디어를 실현하는 과정에서 큰 벽에 부딪힌 적이 있었다. 그는 이 아이디어에 대한 열정이 있었고 친구들을 포함한 다른 사람들이 그런 콘서트를 즐길 것이라는 믿음도 있었다. 하지만 돈이 부족해서 결국 콘서트를 열지 못했다. 이 사실이 첸을 깊이 괴롭혔다. 그는 당시 전자 음악 작업을 하는 예술가로서, 수많은 창작자가 매일 비슷한 벽에 부딪히고 있다는 사실을 알고 있었다. 그들의 예술은 자금 부족 때문에 중단되곤 했다. 첸은 기존에 존재했지만 탐구되지 않은 이 문제에 대한 해결책이 예술가들에게 정말로 큰 도움이 되리라고 확신했다. 그 해결책이 바로 킥스타터였다.

프로디지파이낸스의 공동창업자인 캐머런 스티븐스는 말레이시

아에서 일할 때 인시아드 MBA 과정에 지원하기로 했다. 인시아드는 세계 최고의 경영대학원 중 하나로, 프랑스 퐁텐블로 캠퍼스에는 학생의 70%가 유럽 외부에서 온다. 입학허가서가 도착했을 때 그는 매우 기뻤다. 하지만 그의 기쁨은 곧 좌절과 실망으로 바뀌었다. 그는 프랑스에 현지 보증인이 없었고, 담보물이나 신용 기록도 없어서 대출을 받을 수 없었다. 스티븐스는 가까스로 HSBC와 대출 협상을 하게 됐는데, 그 은행은 필요한 자금의 75%에 해당하는 대출을 해주는 조건으로 100%의 유동자산을 제공하라고 요구했다. 스티븐스는 이렇게 회고했다.

"내가 말했어요. '당신은 지금 상황이 어떻게 돌아가는지 전혀 이해하지 못하시는 것 같네요. 제가 이미 돈이 있다면 여기 와서 도움을 청했겠어요?' 정말 말도 안 되는 일이었죠."

스티븐스는 등록을 연기하고 등록금을 모으기 위해 일을 계속해야 했다. 마침내 등록금을 내고 캠퍼스에 들어선 그는 자신이 겪은 일이 자신만의 문제가 아니라는 사실을 알게 됐다. 그는 이렇게 말했다.

"국경을 넘어 자금을 조달하는 게 까다로워서 많은 사람이 중도에 포기하는 것을 봤습니다. 현지 보증인이나 담보물 없이 자금을 조달하는 것이 얼마나 어려운지 동기들과 자주 이야기를 나눴어요. 아무도 주목하지 않았지만 아주 큰 문제였죠."[1]

그래서 같은 인시아드 MBA 학생들이자 스티븐스와 공동창업자가 된 미하 제르코Miha Zerko와 라이언 스틸Ryan Steele은 그동안 당연한 것으로 여겼던 이 문제를 시장 솔루션으로 해결했다.

그리고 3M의 아트 프라이를 떠올려보라. 그는 교회 합창 연습 중에 책갈피가 떨어져서 당황하는 일이 잦았다. 그때마다 옆 사람들 어깨너머로 지금 합창단이 몇 페이지를 보고 있는지 알아내야 했다. 그러다가 스펜서 실버가 실험실에서 개발한 제품을 떠올렸다. 표면에 부착은 되지만 딱 달라붙지는 않는 접착제였다. 프라이는 이 문제를 진지하게 생각했다. '이것이 내가 매번 겪는 문제를 해결할 수 있을까? 더 나아가, 이 문제가 실제로는 3M이 직장인들을 위해 새로운 시장을 창조할 기회는 아닐까? 직장에서 알림과 메모를 간편하게 붙이고 뗄 수 있다면, 기억해야 할 일을 하나 줄여주는 것 아닐까?'

존재하지만 탐구되지 않았거나 새롭게 등장한 문제를 직접 체험하는 것은 비파괴적 기회를 발견하는 한 가지 방법이다. 리더들은 주의를 기울이고 잠시 멈춰 직접적인 경험에 몸을 내맡겨야 한다. 혁신가들은 그런 일을 그냥 넘어가지 않는다. 적극적으로 인식하고 주의를 집중해 깊이 생각하면서 이를 해결하는 것이 세상에 어떤 실질적인 변화를 가져올지 고민한다. 영향이 클 것으로 보이고 시장 잠재력이 의미 있는 규모라고 생각되면, 의도적으로 그것을 탐색하고 실현하기 위해 노력한다.

잭 도시와 짐 매켈비가 스퀘어리더로 해결하려고 했던 것이 그런 문제였다. 개인과 소상공인들은 신용카드로 결제를 받을 수 없어서 매출을 날리고 있었다. 매켈비 자신이 유리 공예 사업에서 그런 경험을 했기에 잭 도시와 함께 문제점을 생각했고, 이 새로운 시장이 얼마나 많은 이들에게 혜택을 줄 수 있는지에 집중해 열정을 불태웠다. 마찬가지로, 베티 네스미스 그레이엄은 타이핑을 하다가 실수하면 그 페이지를 다시 타이핑해야 하는 것이 싫었다. 동료 비서들이 같은 문제를 겪으면서도 간과한 것과 달리, 그녀는 문제를 해결하려고 노력했다. 그 결과 '실수 제거제'라는 히트 상품을 탄생시켰다.

당신이나 회사가 직접 경험하고 있지만 아무 산업도 해결해주지 않는, 지금까지 당연시해온 문제가 있는가? 새로 나타나는 문제 중에서 당신이나 비즈니스에 진정한 기회를 창조할 수 있는데 아직 산업이 이런 문제에 대응하지 못하고 있는 것은 없는가?

공감하며 관찰하기

비파괴적 기회를 발견하는 두 번째 방법은 리더들이 간접적으로 공감을 통해 경험하는, 기존에도 있었지만 탐구되지 않았거나 새롭게 나타나는 문제에 주의를 기울이는 것이다.

위사이클러스 창업자인 빌리키스 아데비이-아비올라는 나이지리아 라고스에서 태어나 미국에서 여러 해를 보낸 후 IBM에서 소프트웨어 엔지니어로 일했다. 어느 해 고향에 돌아온 그녀는 라고스의 빈민가에 살고 있는 1,000만 명이 넘는 사람들의 생활 환경을 보고 놀랐다. 거리에는 쓰레기가 마구 나뒹굴고 있었고 주민들은 지방정부의 쓰레기 수거 서비스를 이용할 수 없었다. 그녀는 라고스의 빈민가에서 살아본 적이 없었다. 미국으로 이민하기 전에도 라고스의 부촌에서 살며 유명한 중학교에 다녔다. 그녀는 이곳의 악취를 그냥 지나칠 수 없었다. 그들의 고통을 느끼며 고민하는 동안 비파괴적 기회를 발견했다. 그녀가 내놓은 해법은 빈민가의 거리를 청소하는 일자리를 만들었고, 수거한 쓰레기를 재활용하는 방법으로 가난한 사람들에게 추가 수입을 안겨줬다.

화이자가 비아그라로 알려진 비파괴적 기회를 발견한 방법도 생각해보라. 연구팀은 혈압 치료용 약물에 대한 임상 시험을 진행하고 있었다. 그러나 임상 시험 대상자들에게 피드백을 받는 과정에서 놀라운 발견을 하게 됐다. 한 남성이 약물을 복용하자 밤에 더 자주 발기하게 됐다고 말했다. 그 방에 함께 있던 피험자들이 서로 고개를 끄덕이며 동의하는 장면은 많은 의미를 담고 있었다. 이것이 화이자가 비파괴적 기회를 발견한 방법이다. 그들은 발기부전 문제의 솔루션을 개발할 수 있다고 판단했고, 이 문제에 대한 해결책을 찾고 있는 다른 기업이 없다는 사실도 알고 있었다.

어린이 교육방송인 CTW의 공동창립자 로이드 모리세트Lloyd Morrisett는 어느 날 아침 유치원생인 딸이 TV에서 테스트 패턴을 보고 있는 것을 발견했다. 그 순간 그의 마음에 무언가가 켜졌다. 그는 TV가 미국 전역의 유치원 아이들을 교육하는 새로운 기회를 열 수 있는지 조사하기 시작했다. 그리고 자신이 관찰한 바와 생각을 당시 PBS 프로그래머였던 조앤 갠즈 쿠니Joan Ganz Cooney와 공유했다. 쿠니는 어린이들이 TV와 상호작용하는 모습을 주의 깊게 관찰했다. 그 결과, 아이들이 TV에 쉽게 빠져들 뿐만 아니라 그 시절 유명하던 상업 광고의 멜로디를 쉽게 외우고 따라 부른다는 걸 알게 됐다. 이것이 모리세트와 쿠니, 즉 〈세서미 스트리트〉의 공동창작자들이 TV를 미국 전역의 유치원 아이들을 위한 매체로 활용할 비파괴적 기회를 발견한 계기였다.

당신이나 당신의 회사가 관찰하는 기존의 문제 또는 새롭게 등장하는 문제 중에 실제로 기회를 창조할 수 있는데도 이를 해결하고자 하는 산업이 아직 존재하지 않는 것은 없는가?

적극적으로 찾아내기

비파괴적 기회를 발견하는 세 번째 방법은 의도적으로 찾는 것이다. 낫임파서블랩의 창립자인 믹 이벨링과 그의 팀은 '인류를 위한 기술'이라는 핵심 가치와 일치하는, 불가능하다고 여겨지는 문제나 기회를 적극적으로 찾고 있다. 그들은 직간접적으로 알고 있는 모든 곳에 연락해 문제가 있는지 묻고, 때로는 현장을 방문해 직접 조사하는 등 가능한 방법을 총동원한다. 이렇게 해서 이벨링은 대니얼 프로젝트와 M:NI로 이어지는 비파괴적 기회를 발견했다.

낫임파서블랩은 특히 의학과 관련된 새로운 문제나 기회를 적극적으로 찾기 위해 사람들에게 제안을 요청한다. 만약 그 제안 내용이 합리적이고 자신들의 핵심 가치와 일치하며, 그 문제에 대한 해결책이 실제적인 차이를 만들 수 있다고 생각되면, 팀은 시장 솔루션을 만들기 위해 나선다. 이벨링은 "오늘 가능한 모든 것은 한때는 불가능하다고 여겨졌습니다. 지금은 불가능으로 여겨지는 것이 가능성을 향해 나아가고 있고요. 그것이 가치 있고 우리가 열정적으로 추구하는 대상이라면, 왜 지금이 아닐까요? 그리고 왜 우리가 아닐까요?"라고 말한다.[2]

당신은 지금의 산업이 대응하지 못하는 새로운 문제를 해결하고 새로운 기회를 창조하기 위해 적극적으로 문제를 찾고 있는가? 이를 효과적으로 달성하기 위한 메커니즘 또는 절차를 갖고 있는가?

기회에 대한 평가와 구조화

두 번째 구성 요소로 넘어가기 전에 두 가지 조치를 취해야 한다.

첫째, 자신 외에 이 문제나 기회에 관심을 갖는 사람들이 있는지, 그들이 누구인지 알아봐야 한다. 발견해낸 비파괴적 기회의 시장 잠재력이 얼마나 되는지, 시장에 줄 영향은 얼마나 되는지를 경제적 이익과 사회적 이익 측면에서 평가해야 한다. 이런 평가를 거침으로써 그 기회가 목표를 달성하기에 적합한 후보인지 아닌지 파악할 수 있다.

둘째, 기회를 구체적이고 동기를 부여하는 방식으로 설정해야 한다. 너무 막연하게 설정하면 그 범위에 압도돼 집중력을 잃을 수 있다. 특히 시작 단계에서 목표를 달성하고 실현할 기회로 여길 수 있도록, 당신과 팀이 그 실행 가능성을 상상하고 자신감을 갖고 도전할 수 있는 방식으로 설정해야 한다.

비파괴적 창조를 실현한 리더들이 이런 조치를 어떻게 취했는지 살펴보자.

잠재 시장의 규모를 가늠해라

지금까지 상세히 다룬 비파괴적 시장의 창시자들처럼, 찾아낸 기회가 단지 당신에게만 긴급한 문제가 아니라는 것을 확인해야 한다. 실제로 다른 사람들에게도 깊은 관련이 있는 문제여야 하며, 따라서 진정한 시장 잠재력과 영향력을 갖추고 있어야 한다. 다시 말해, 당신 외에 누가 진정으로 관심을 갖는지 명확히 알아야 한다. 그러면 자원과 시간을 투입하기 전에 잠재 시장의 규모를 평가할 수 있다.

잭 도시와 짐 매켈비는 스퀘어리더로 해결하고자 한 비파괴적 기회가 매켈비만이 아니라 대다수 소상공인에게 중요한 문제임을 알고 있었다. 근본적인 질문은 시장 잠재력이 얼마나 될지, 어떤 사람들이 깊은 관심을 갖게 될 것인지였다. 이 질문에 대답하기 위해 두 사람은 조사를 시작했고, 수백만 명의 소규모 상인뿐만 아니라 소기업 및 자영업자들이 신용카드 결제 수단을 갖추지 못했다는 사실을 발견했다. 간단히 말해서, 이 문제는 매켈비와 그의 친구들에게만 해당하는 것이 아니었다. 문제를 해결한다면 시장 잠재력은 거대할 것으로 판단할 수 있었다.

방글라데시의 가난한 사람들이 어떤 상황에 처했는지 이해하기 위해 조사하던 무함마드 유누스는 너무나 놀랐다. 단돈 22센트 정도의 소액만 대출해줄 수 있어도 가난한 여성 한 명의 삶을 변화시킬 수 있다는 사실을 알게 된 것이다. 이 금액은 개발원조 기관들이 가난 문제를 해결하기 위해 언급하는 수억 달러와는 너무나 거리가 먼 것이었다. 유누스는 제자들과 함께 대학교 바로 옆의 조브라 지역을 연구하는 프로젝트를 시작해 문제의 보편성을 알아봤다. 문을 두드리며 찾아다니면서 그는 이 지역 전체 인구의 절반 이상이 바구니를 짜거나 쌀을 체로 거르거나 잠자리 매트를 만드는데도 수입이 너무 적어 경제적인 상황을 개선할 기회가 전혀 없다는 것을 발견했다. 이를 방글라데시 전체로 추론해본 유누스는 삶을 바꿀 수 있는 '몇 달러짜리' 소액대출 시장이 거대한 잠재력을 가졌다는 것을 알 수 있었다.

당신이 발견한 비파괴적 기회가 스퀘어리더, 그라민은행, 〈세서미 스트리트〉처럼 많은 사람에게 영향을 주고 관련성을 갖출 필요는 없다. 중요한 것은 당신 조직의 규모와 포부, 그리고 당신이 무엇을 열정적으로 추구하느냐다. 비파괴적 창조의 규모는 클 수도 있고 작을 수도 있다. M:NI는 비파괴적인 새 시장을 열었지만 e-스포츠와 비교하면 규모는 훨씬 작다. 당신과 당신의 회사에 가장 적합한 것은 당신만이 결정할 수 있다. 당신의 영향력은 작은 방식으로도 크게 나타날 수 있다. 그러나 여전히 다른 사람들이 당신이 발견한 비파괴적 기회를 가치 있게 여길지 확인해야 한다. 큰 포부를 갖고 있다면 그 문제로 고통받는 사람들의 수가 많거나 혜택을 받을 수 있는 사람들의 수가 상당한 규모가 되는지 확인해야 한다. 그리고 작은 포부를 갖고 있다면 대상 인구에게 흥미로운 가치를 전달할 수 있는 문제나 기회인지 확인해야 한다.

꿈은 크게, 그러나 시작은 작게

창조의 여정을 계속해나가기 위해서는 시장 잠재력의 규모를 평가하는 것뿐만 아니라 도전 과제를 세분화하는 것도 중요하다. 문제 또는 기회의 범위에 압도돼 결국 동기 부여가 되지 않을 수도 있기 때문이다. 도전이 벅차 보이면 문제를 해결할 수 없으리라고 느껴

질 수도 있다. 특히 가용 자원이 제한적일 때는 더욱 그렇다. 팀의 동기가 떨어지고 포기하기 쉬워지며 집중력을 잃을 수도 있다.

낫임파서블랩은 남수단의 전쟁터에 있는 모든 사지절단 피해자의 문제를 해결하려고 하지 않았다. 그 대신 팀은 '대니얼이 스스로 움직여 밥을 먹을 수 있는 팔을 만들어보자'라는 방식으로 원자화했다. 훨씬 더 개인적이고 인간적인 접근이었다. 프로디지파이낸스의 공동창업자들은 처음부터 전 세계의 고등 교육 희망자를 위한 국제적 자금 조달 문제를 해결하려고 나선 것이 아니었다. 궁극적으로는 그에 가까워졌지만, 시작 단계에서는 '인시아드에 지원한 학생들을 위해 국경을 넘는 자금 조달 문제를 해결해보자'라고 원자화함으로써 도전 과제를 더 간단하고 개인적으로 느껴지게 했다. 마찬가지로 무함마드 유누스는 방글라데시 전체에서 극심한 가난 문제를 해결하려고 나선 것이 아니었다. 그는 도전 목표가 너무 거창해도 신뢰할 수 없다는 것을 알고 있었다. 만약 그가 거창한 목표를 내세웠다면 팀원들은 건성으로 "물론 그렇죠"라고 대꾸했을 것이다. 팀원들에게 신뢰받고 영감을 주기 위해 그는 도전을 세분화했으며, 한 마을에서 소규모 대출을 시작해 이에 대한 시장 솔루션을 상상할 수 있게 했다.

포착한 비파괴적 기회를 세분화할수록 달성 가능성이 훨씬 커진다. 도전 과제를 인간적인 규모로 설정하면 마음이 놓이고, 창의성이 자유로이 활동하게 된다. 반면, 기회를 너무 넓게 풀어놓으면 바로 겁을 먹을 수 있다. 어디서부터 시작해야 할지 갈피를 잡지 못해 쉽게 길을 잃을 수 있다. 그러나 그것을 세분화하면, 전체 크기가 어떻든지 달성 가능해 보인다.

다음 장에서는 두 번째 구성 요소를 자세히 알아본다. 비파괴적 기회를 발견하고 활용할 때 적용할 수 있는 프로세스와 도구를 제시한다.

BEYOND DISRUPTION
8
—
기회를 잡는 방법을 강구하라

비파괴적 기회를 발견하고 적절하게 평가하고 구조화했다면, 이제 그것을 해결할 방법을 찾아야 한다. 이 단계에서는 기회가 왜 누락되거나 처리되지 않았는지 이해하는 것부터 시작한다. 즉 기회를 감추고 있는 기존 가정을 파악한 다음, 여기에 도전하고 재구성하는 것이다. 여기서 기존의 가정이란, 발견해낸 비파괴적 기회가 이론적으로는 속할 것으로 보이지만 실제로는 속하지 않는 산업이 갖고 있는 현재의 가정을 의미한다. 이곳에서 답해야 할 질문은 이 문제를 이론적으로 처리해야 할 산업이 무엇이며, 왜 처리하지 않았는지다.

우리의 연구 결과, 비파괴적 기회는 해당 산업의 전통적인 가정들 때문에 간과되곤 했다. 특히 비즈니스의 위험-수익 평가, 목표

그림 8-1 **가정-함의 프레임워크**

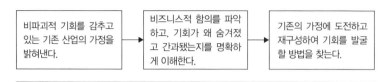

고객층, 비즈니스의 범위에 관한 전통적인 가정들이 그렇다. 이런 전통적인 가정의 비즈니스적 함의를 파악하면, 기회가 왜 숨겨졌고 간과됐는지 이유와 방법이 분명해지므로 가정에 도전하고 재구성할 기회를 찾을 수 있다. 그림 8-1은 이 과정이 어떻게 작동하는지를 보여준다.

기회를 가렸던 가정들을 찾아내라

기회를 가렸던 가정들을 발견하고 비즈니스적 함의를 더욱 체계적으로 도출하는 데 유용한 가정-함의 분석을 소개한다. 가정-함의 분석은 현업에서 발견하고 대응해야 했던, 기회를 놓친 산업의 내재적 및 명시적 가정을 확인하고 해체하는 데 도움이 되는 한 장짜리 분석표다. 분석해야 할 주요 가정들은 산업 비즈니스 모델의 핵심 요소와 관련이 있으며, 위험-수익 평가, 목표 고객 및 사업 범위에 관한 것이다. 이런 분석을 수행함으로써 기존 산업에서 어떻게 기회가 가려졌는지를 발견할 뿐만 아니라 그 가정들에 도전해 기회를 찾아내는 방법도 알아볼 수 있다.

프로디지파이낸스를 예로 들어보겠다. 이들은 외국에서 고급 학위 교육을 받기 위한 학자금 대출이라는 비파괴적 기회를 발견했다. 세계적으로 기업들은 점점 더 고급 학위와 국제 경험을 갖춘 인재를 채용하려고 한다. 그러나 학생들은 외국에서 학위를 취득하고자 할 때 학자금 조달에 어려움을 겪는다. 특히 등록금이 높은 우수 대학에서는 이 문제가 더 심각하다. 이 문제는 비즈니스, 공학, 법학, 행정학 등 다양한 분야에서 석사 학위를 취득하려는 유학생들에게 해당한다.

이론적으로 볼 때, 이 문제를 다뤄야 하는 업종은 은행업이었다. 실제로 국제 학생 수는 이전 20년 동안 200% 이상 증가했지만, 전통 은행들은 해외 유학 대출의 수요가 급증하고 있다는 사실을 인식하지 못했다. 그 이유는 무엇일까? 산업 내에서 이 비파괴적 기회를 인지하고 대응하지 못하게 한 장기간의 가정들은 무엇이었을까?

이 질문에 대답하기 위해 프로디지는 은행 업계의 가정들과 함축된 의미를 두 가지 시나리오로 파악했다. 첫 번째는 입학 예정자들이 고국 은행에서 대출을 받는 경우이고, 두 번째는 학생들이 유학하는 나라의 현지 은행에서 대출을 받는 경우다.

표 8-1은 기존 은행의 시각에서 유학 학자금 대출에 대한 가정-함의 분석을 정리한 것이다. 은행업은 이런 대출을 업종과 영역을

표 8-1 **가정–함의 분석**

해외 유학생들을 위한 학자금 대출에 대하여

기존 은행 산업	가정	함의
위험–수익 평가 (대출 요구 사항)	대출을 실행할 때는 탄탄한 국내 신용 보고서와 고용 기록이 필요하다. 이러한 요건이 충족되지 않을 경우 국내 담보 또는 보증인이 필요하다. 해외 유학으로 예상되는 미래의 수익은 알 수 없다. 대출 요구 사항을 충족하지 못했는데 자금을 지원하는 것은 극히 위험하다. 따라서 대출은 불가하다.	대부분의 외국 학생은 대출 요건을 충족하지 못해 해외 대출에 접근할 수 없다. 외국에서 교육을 받고자 할 때는 대부분 스스로 자금을 마련하거나 가족의 지원을 받는다. 해외 유학으로 예상되는 미래의 수익이 측정 가능하고 어느 정도 확실하지 않다면, 대출 요건은 엄격하게 적용될 것이다.
주요 고객	교육 대출은 시민 및 영주권자가 주요 고객이다. 해외 교육 대출의 경우에는 시민 및 영주권자 중에서도 필요한 재정적 자격을 갖춘 사람들만이 고려할 수 있는 잠재 고객이다.	학생 비자를 가진 외국 학생들이 자신의 유학 목적지 국가에서 교육을 받기 위해 대출을 받는 것은 불가능하다. 또한 자신의 본국에서도 외국 유학 대출을 받기는 쉽지 않다. 외국 유학 대출을 찾는 사람들은 은행의 주요 고객이 아니다.
사업 영역	해외 유학 대출 비즈니스는 한정적일 수밖에 없다.	해외 유학 대출은 은행의 주요 사업 영역에 속하지 않는다.

벗어난 비즈니스로 간주했다. 표에서 첫 번째 열은 비즈니스 모델의 세 가지 핵심 요소를 보여준다. 비즈니스의 위험–수익이 어떻게 평가되는지, 비즈니스의 대상 고객은 누구이며, 비즈니스의 위치는 전체 비즈니스 범위 중 상대적으로 어디에 있는지를 나타낸다. 두 번째 열은 프로디지가 파악한 기존 은행의 주요 가정을 보여주며, 세 번째 열은 그 가정들이 세 가지 요소 각각에 대해 갖는 비즈니

스 함의를 구체화한 것이다.

발견한 내용을 종합한 결과, 프로디지는 은행 산업이 탄생 초기부터 본질적으로 지역에 제한돼 있다는 점을 알게 됐다. 은행bank이라는 단어 자체가 18세기 이탈리아로 거슬러 올라가는데, 거래상들이 지역 시장에서 '벤치banka(반카)'에 앉아 시장 참여자에게 돈을 대여했던 것에서 유래한다. 현대 은행도 대출을 지역적으로만 제공하는 전통을 이어왔는데, 채무 불이행 위험을 줄이는 데 필수적이라고 믿었기 때문이다. 이런 대출을 원하는 사람은 국내 담보를 제시하고, 은행은 신원이나 국내 고용 이력 또는 신용 기록을 기반으로 대출 희망자의 신용을 평가했다.

글로벌화 시대로 진입해 자본, 상품, 인적 자원의 이동성이 크게 증가했음에도 은행은 개인 대출 비즈니스의 지역적 기반을 고수했다. 학자금 대출을 어떻게 다뤄야 할지에 대한 그들의 내재적 및 명시적 가정들은 이처럼 지역화된 전통 관행에 근간을 두고 있다.

표에서 알 수 있듯이, 은행은 학자금 대출의 위험-수익에 관한 여러 가지 가정을 한다. 그들은 신청자의 신용가치와 상환 의사를 판단하기 위해 강력한 지역 신용 보고서가 필요하다고 가정한다. 외국의 신용 기록은 의심스럽고 관련성이 없는 것으로 여기며, 이해하거나 검증하기도 어렵다고 생각한다. 은행은 탄탄한 고용 이력과 신뢰할 만한 직장임을 쉽게 확인할 수 있어야 신용가치가 있고 채무 불이행 위험이 낮다고 가정한다. 하지만 그런 직장, 소득 및 고용 이력조차 은행이 소재한 지역에 기반을 둔 것이어야 검증하기 쉽다고 전제한다. 그렇지 않을 경우 은행은 요청한 대출 금액에 상당하는 규모의 지역 담보 또는 대출을 보장하는 지역 보증인을 요구한다.

프로디지의 공동창업자인 캐머런 스티븐스가 대출 상담을 한 유일한 은행인 HSBC가 그에게 유동자산을 은행에 제공하면 그 자산의 75%를 대출해주겠다고 얘기한 사례를 떠올려보라. 다시 말해 신청자의 과거 기록과 현재 자산만이 학자금 대출 승인의 유효한 근거로 취급되며, 그것도 반드시 은행 소재지에 기반을 두어야 했다.

은행의 학자금 대출 대상 고객은 시민 또는 영주권자이며, 외국 국적자에게는 대출을 제공하지 않는다. 외국 학생들은 임시 체류와 교육 대출의 장기적 성격 사이에 불일치가 있어 은행에는 '도피' 위험이 있다고 인식된다. 심지어 시민과 장기 체류자도 은행의 신용가치 기준을 통과해야 교육 대출을 고려받을 수 있다. 비즈니스 범위 관점에서 은행은 국내 또는 지역 사용을 목적으로 하는 학자금 대출에 집중할 뿐이며, 외국에서의 학업을 위한 대출은 고위험으로 간주한다. 왜냐하면 국경을 넘어 법적 조치를 취하기가 어렵고 비용이 많이 들기 때문이다. 게다가 그런 일은 그들의 비즈니스 영역에 속하지 않는다. 그래서 해외 학자금 대출을 위험이 높은 것으로 여기며, 주요 비즈니스 범위에 포함하지 않는 것이다.

기회를 놓친 비즈니스적 함의를 알아내라

오랫동안 받아들여진 가정과 관행들의 함의가 명확하게 도출됐다. 표 8-1에서 볼 수 있듯이, 외국 학생들은 영주권이 없고 현지 신용 기록, 현지 고용 기록, 현지 담보물이 없어 신용가치를 확립할 방법이 없기 때문에 각국 은행들은 국제 학생들에게 대출을 하는 데 관심이 없었다. 그런데 안타깝게도, 대부분 학생에게는 대출 상환을 보장해줄 만한 현지 보증인이 없었다.

해당 학생들의 본국 금융기관들도 국내 대출 사업에 집중했다. 기존의 학자금 대출 상품은 국내에서 교육을 받는 학생들을 대상으로 설계됐다. 이런 은행들은 외국에서 고급 학위를 취득하고자 하는 이들에 대한 대출을 본업이 아니며 특별히 리스크가 높다고 간주했다. 은행은 과거 데이터와 현재 자산에 따라 대출을 평가한다. 그런데 국제 학생들은 대체로 젊고, 풍부한 신용 및 고용 기록이 없으며, 최상위 대학원 교육에 필요한 금액을 담보할 정도의 자산도 갖고 있지 않다. 또 학생이 공부를 마친 후 외국에서 자리를 잡을 가능성도 있다. 대출을 상환하지 않고 외국으로 도피할 경우, 청구를 하기가 법적으로 어렵고 비용이 많이 든다는 추가적인 리스크가 있다.

결과적으로, 입학 예정 학생들의 고국 은행들은 대부분 유학을 위한 대출을 상담할 의사가 없었다. 설령 상담을 한다고 해도 상당한 담보를 요구하며, 일부 국가에서는 30% 이상의 끔찍하게 높은 이자율을 매겼다. 대출 신청자들은 또 엄청난 서류 작업을 요구받았고, 그나마 대출이 돼도 등록금 중 일부만 받을 수 있었다. 표에서 확인할 수 있듯이, 대부분의 유학생은 스티븐스처럼 자기가 자금을 마련하거나 가족의 지원에 의존했다. 이런 선택지가 없는 학생들은 등록금이 모일 때까지 수년간 공부를 연기하거나 꿈을 포기해야 했다. 당연한 얘기지만, 신흥 및 개발도상국 출신 학생에겐 이런 문제가 더 많이 발생했다. 최상위 학위 프로그램 대부분이 선진국에 있고, 이들과 신흥 및 개발도상국 간의 소득 격차가 크기 때문이다.

기회를 포착하기 위해 가정을 재구성해라

이런 이해를 바탕으로, 프로디지는 은행 업계의 가정에 도전하고 재구성해 해외 대학원 유학 자금 조달을 위한 대안 모델을 개발했다. 먼저, 위험-수익 평가로 시작했다. 회사의 창립자들은 인시아드 출신이어서 학생들이 입학 전에 축적한 자산이나 소득, 신용 기록이 얼마나 적은지와 관계없이 한 가지 확실한 사실이 있음을 알고 있었다. 통계에 따르면, 인시아드와 같은 최상위 경영대학원을 졸업하면 평균적으로 급여가 상당히 상승해 이전 직장의 두 배를 받으며, 대부분 10만 달러에서 100만 달러 범위에 이르게 된다. 게다가 인시아드를 비롯한 최상위 MBA 프로그램의 졸업생들은 전 세계 주요 기업들로부터 여러 건의 취업 제안을 받을 가능성이 크다. 그들의 수익 가능성은 은행들이 가정한 것과 달리 '불확실한' 것이 아니라 사실상 확실하며, 졸업생들은 고소득자 계층으로 올라갈 것이었다.

프로디지는 인시아드와 같은 선도적인 대학원에 입학하기 위해 필요한 요건도 고찰했다. 학생들은 우수한 대학 성적과 높은 시험 점수는 물론, 동아리나 스포츠 활동에서의 리더십 경험과 같은 인상적인 성과가 있어야만 입학허가를 받을 수 있었다. 이에 따라 프로디지는 대출을 받는 이들이 갖고 있는 집중력, 결단력, 이행력을 평가하는 견고하고 입증된 지표들이야말로 이들의 재무적 책임감을 보여주는 것이 아닐까 생각했다. 입학을 위해 이 정도의 노력을 기울였고, 졸업 후에는 명성 있는 직장을 얻기 위해 노력한 사람들이 모든 위험을 감수하며 빚을 갚지 않을 이유가 있을까? 오히려 그들은 자신의 신용을 신중히 쌓고 대출을 상환하며 성공의 길을 갈 것이다. 프로디지는 학생이 입학한 학교 프로그램의 명성, 졸업 후 소득과 고용 통계 등의 데이터를 확보한다면 학생의 졸업 전 연봉 수준과 신용 데이터보다 훨씬 정확한 신용가치와 연체 위험 모델을 개발할 수 있으리라고 결론 내렸다.

프로디지는 또 법적 대응 가능성과 집행력이 은행들이 국내 교육 대출에 집중하는 주된 이유라는 사실을 알게 됐다. 그런데 요즘처럼 글로벌하고 높은 연결성을 가진 세계에서 프로디지가 글로벌 집행 인프라를 구축하지 못할 이유가 있을까? 물론 신용평가는 각국에서 다르게 이뤄질 수 있지만, 프로디지는 현지의 지식을 활용해 신용 행동이 다른 지역과 국가에서 어떻게 반영되는지 이해하고 채무자가 연체하는 경우 효과적으로 불이익을 줄 방법을 알아낼 수 있으리라고 생각했다. 스티븐스는 이렇게 설명했다.

"신용 보고 관점에서 덜 세련된 국가에서조차 현지 시장에서 연체 정보를 수집해 연체자가 모기지나 다른 형태의 신용을 획득하기 매우 어렵거나 불가능하게 할 수 있습니다."[1]

이와 같은 방식으로 프로디지는 시간에 맞춰 대출을 상환하는 데 상당한 동기를 가진 글로벌 집행력을 확립했고, 그 결과 누적 연체율이 1% 미만으로 나타났다.

게다가 국경을 넘어선 온라인 대출 플랫폼 덕분에 프로디지는 한 나라에 국한되지 않고 전 세계 어느 곳에서나 학생들의 잠재력을 효과적으로 평가할 수 있게 됐다. 이를 통해 프로디지는 특정 나라에서 유학 오는 학생들뿐만 아니라 전 세계 모든 나라에서 오는 학생들을 위해 오랫동안 방치돼 있던 문제를 해결할 수 있었고, 잠재적으로 크고 비파괴적인 새 시장을 창조할 수 있었다. 프로디지는 특히 국경을 넘어선 온라인 학자금 대출 플랫폼이 개발도상국 출신 학생들에게 많은 이익을 제공할 수 있다고 판단했다. 이들은 그 외의 방법으로는 외국 대학원 공부를 위한 자금을 지원받기 어려웠던 사람들이다. 이런 이해를 바탕으로 프로디지는 이 비파괴적 기회를 확대할 방법을 찾았다.

은행들은 왜 이런 기회를 놓쳤을까

프로디지의 창립자들과 마찬가지로, 무함마드 유누스는 농촌 지역에서 극빈층을 위한 신용을 제공하는 비파괴적 기회가 원래 속해야 할 산업은 상업 은행이라고 판단했다. 그러나 당시 방글라데시 인구의 약 50%가 하루에 단 몇 달러로 생활하고 있었음에도 상업 은행은 이 시장 기회를 완전히 무시했다. 왜 그랬을까? 그라민은행이 이 시장을 열기 위해 도전하고 재평가해야 했던 상업 은행의 가정은 무엇이었을까?

유누스는 두 가지 주요 가정 때문에 가난한 시골 사람들이 은행의 대상 고객이 되지 못했다는 사실을 발견했다. 첫째, 대출 신청서를 읽고 작성해야 하는데 글을 읽을 수 있는 사람이 드물었다. 둘째, 대출을 신청하려면 은행을 방문해야 하는데 그것도 문제였다. 이들은 은행 건물에 들어가는 것을 겁낼 정도로 위축돼 있었다.

은행의 대출 위험 및 수익성 평가와 그에 따른 대출 조건 중 신용가치와 관련하여 가난한 시골 사람들은 은행이 설정한 모든 기준을 충족하지 못했다. 안정적인 소득, 강력한 신용 기록, 표준 자산 또는 담보가 필요했기 때문이다.

유누스는 또 상업 은행의 업무 범위에는 가난한 시골 사람들과 같은 대규모 집단에 대한 금융 서비스가 포함돼 있지 않다는 사실을 발견했다. 이런 현실은 은행 기본 비즈니스 모델의 가정에서 비롯됐는데, 더 큰 대출로 소수의 고객에게 더 많은 이익을 창조하는 것이 아주 작은 대출로 많은 수의 고객에게 이익을 창조하는 것보다 낫다는 가정이었다. 이는 아주 작은 소액대출은 고려할 가치가 없다는 의미를 내포하고 있었다.

가정과 그에 따른 사업적 영향을 명확하게 확인한 후, 유누스는 기회를 찾기 위해 프로디지파이낸스가 한 것과 같이 각각의 가정을 재구성하는 작업을 진행했다. 은행이 대출 계약을 완료하고 상환의 법적 의무를 확립하기 위해 글을 읽는 능력을 요구하는 것은 사실이다. 그러나 유누스는 이를 달성하는 유일한 방법이 법적 계약뿐인가에 의문을 제기했다. 글을 읽을 수 없는 상황에서도 신뢰와 같은 사회적 자본의 형태로 법적 계약을 대신할 수 있지 않을까? 게다가 도시 은행과 그 직원들이 가난한 시골 사람들을 겁주어 은행에 들어가거나 신용을 요청할 상상조차 할 수 없게 했다면, 그라민은 자사 은행원들을 마을로 보낼 수 있지 않을까? 은행원들이 현지 사람들처럼 입고, 현지 사투리로 말하며, 마을 주민들에게 쉬운 용어로 생산적 목적에 쓸 적은 금액의 대출을 어떻게 받을 수 있는지 설명할 수 있을 것이다.

신용도와 관련해 유누스는 담보의 가장 기본적인 전제에 의문을 제기했다. 그는 가난한 사람들이야말로 마을 생활에서 신뢰와 사회적 담보를 확보하고 있다고 생각했다. 부자와 달리 가난한 사람들은 공동체에서 자신의 지위를 소중히 여기기 때문에 채무 불이행 위험을 감수할 수 없으리라고 추론했다. 그들은 자신의 생존과 가족의 안녕이 마을 사람들의 지원에 달려 있기 때문에 평판이 가장 귀중한 자산임을 알고 있다. 소액대출을 허용하면 가난한 사람들은 빵 굽기, 쌀 체질하기, 매트 짜기 같은 기존 기술을 활용해 소득을 창조하고 대출금을 상환하고 소기업을 시작할 수 있다.

이 접근 방식은 빈곤의 악순환을 끊는 것을 목표로 했다. 그라민 은행은 적은 수의 고객에게 더 큰 대출을 실행하는 전통적인 비즈니스 모델이 아니라, 다수를 위한 소액대출을 성공적인 비즈니스 모델로 만들려고 했다. 물론 도심의 값비싼 건물 대신 시골 판잣집을 은행 사무실로 사용하기로 했다.

은행들의 기존 가정을 파악하고 그들의 사업적 영향을 밝혀내면서, 유누스는 왜 은행들이 시골 가난한 사람들에 대한 마이크로파이낸스 시장 기회를 무시하거나 놓쳤는지 명확히 알 수 있었다. 은행들이 대출의 위험-수익을 어떻게 평가하고, 누구를 대상으로 삼으며, 사업 범위가 무엇인지에 대한 가정에 도전하고 재구성함으로써 그는 기존 은행 업계의 경계를 넘어서는 기회를 발견했다.

인도 크리켓 시장의 재창조

가정-함의 분석이 금융에만 적용되는 것은 아니다. 모든 분야에 적용할 수 있다. 인도에서 가장 사랑받는 스포츠인 크리켓을 예로 들어보겠다. 크리켓은 많은 사람에게 사랑받아 인도의 '종교'로 불릴 정도로 인기가 있다. 그럼에도 골수팬들을 제외하고는 그렇게 많은 인도인이 정기적으로 경기를 관람하거나 시청하지 않았다. 심지어 국가대표팀이 경기에서 졌을 때는 시청률이 급락했다.

100년 이상의 역사를 가진 인도 크리켓 관리기구인 인도크리켓관리위원회Board of Control for Cricket in India, BCCI는 새로운 부회장 랄리트 모디Lalit Modi와 함께 기존의 인도 리그를 침해하지 않고 골수팬들의 열정을 억제하지 않으면서 모든 인도인이 실시간으로 스포츠를 즐길 새로운 기회를 창조할 수 있다는 가능성을 봤다. 이 경우, 이 시장 기회가 자연스럽게 속한 업계는 BCCI 자체였다. 따라서 질문은 다음과 같았다.

- 인도 크리켓 업계는 오랫동안 고수해온 어떤 가정들 탓에 이 시장 기회를 놓쳤을까?
- 그 가정들을 어떻게 해제해 재구성할 수 있을까?

위험-수익 관점에서 인도 크리켓의 비영리 스포츠협회 및 관리기관으로서 BCCI의 비즈니스 모델은 인도 크리켓의 전통 가치를 보호하고 홍보하는 것이 운영 목표라는 가정에 근거하고 있었다. 이는 스포츠의 국제적 기준과 역사적인 규칙, 특히 '테스트 크리켓'이라고도 알려진 클래식 5일 경기와 ODIOne Day International라고도 알려진 원데이 경기를 준수한다는 것을 의미했다. 전통을 존중한다는 점에서 인도 팀에는 오직 인도인만이 출전할 수 있었다. BCCI는 이런 전통에서 벗어나면 이미지가 훼손될 수 있다고 봤기 때문에 전통과 일치하는 경기 수를 늘림으로써 수익을 증대시키는 것이 더 안전한 선택이라고 여겼다.

그에 따라 BCCI의 대상 고객은 고전적인 크리켓의 고결함과 보수주의를 숭배하는 크리켓 순수주의자들로 국한됐다. 이들은 선수들의 힘과 능력, 인내심이 긴 게임 시간 동안 시험받는 전통적인 경기를 존중하는 사람들이었다.

사업 범위 측면에서는 국내 선수들이 참가하는 기존의 국가 및 지역 리그 경기가 스포츠의 주요 수익원이었다. BCCI의 사업 목표는 티켓 매출과 이벤트 후원을 극대화하기 위해 이를 관리하는 것이었다.

이런 오래된 가정들과 그 영향은 표 8-2에서 확인할 수 있다. 본질적으로 BCCI는 국제적인 기준과 전통에 초점을 맞춰 영국 및 웨일스 크리켓협회가 2003년에 도입한, 현대화되고 훨씬 더 다이내믹하며 단축된 '트웬티20Twenty20' 대회 방식을 간과했다. 이 대회

표 8-2 **가정-함의 분석**

인도에서의 크리켓에 대해

기존 리더십 체제에서의 BCCI	가정	함의
위험-수익 평가	BCCI의 임무는 인도 크리켓의 전통을 존중하고 보존하는 것이다. 이에 따라 인도 팀에서는 오직 인도인만이 출전할 수 있다. 또한 전통적인 방식의 5일 경기와 원데이 경기 형식을 유지한다. 비영리 공공기관으로서 전통적인 실천 방식에서 벗어나 성장을 위한 변화를 도모하는 것은 상업적 동기로 간주될 수 있으며 이미지를 손상시킬 수 있는 위험을 내포한다. 수입을 증가시키기 위해서는 전통에 부합하는 기존 크리켓 경기의 수를 늘리는 것이 더 안전하다.	더 다이내믹하고 즐거운 크리켓 게임을 채택할 현대화 기회를 놓치고 있다. 국제 선수들이 참여해 3시간 동안 진행되는 트웬티20 게임 형식은 관객에게 즐거움을 선사한다. 긴 시합은 TV 중계에 적합하지 않기 때문에 보다 많은 크리켓 시청자를 유치하고 TV 중계로 큰 수익을 창출할 기회를 놓치고 있다. 성장과 수익이 제한되어 있어 인도 선수들은 국제적인 동료들에 비해 낮은 급여를 받고 있다.
주요 고객	인도의 열렬한 크리켓 팬들은 스포츠의 전통적 가치를 지지한다. 크리켓의 성장을 위해 골수팬들의 기반을 확대하는 동시에 전통을 유지하는 것이 목표다.	크리켓 비고객인 인도인 대다수를 대상으로 재미와 스릴 같은 비전통적 가치를 제공하지 않아 크리켓 고객 기반을 넓힐 기회를 놓치고 있다.
사업 영역	현재 국가 및 지역 리그에서 국내 선수들이 참여하는 경기는 주요 수익원이다. 비즈니스의 목표는 이러한 경기를 최대한 관리하여 입장료 판매 수익과 이벤트 후원금을 극대화하는 것이다.	기존 비즈니스 영역을 확장할 기회를 놓치고 있다. 국제 스타들이 참여하는 미디어 친화적인 짧은 경기를 개최한다면 대중의 호응을 얻어 수익 기반을 확대할 수 있을 것이다.

는 며칠이나 걸리던 경기 시간을 3시간으로 단축해 크리켓 이벤트를 빠르고 참석하기 쉽게 했다. BCCI는 순수한 크리켓 팬들을 대상으로 하는 바람에 재미와 스릴의 중요성을 놓치고 있었다. 전통적인 경기는 크리켓 골수팬이 아니면 며칠을 투자해 참석하기에는 너무 길고 느렸다. 게다가 이런 경기 형식은 TV 중계에도 부적합해 대중적인 TV 시청률과 수익성 있는 후원 수입을 놓칠 수밖에 없었다.

이런 함의를 이해하고, BCCI는 모디의 지지로 기존의 가정을 재구성해 '크리켓테인먼트'라는 완전히 새로운 비즈니스를 창안했다. 빠른 진행을 위해 3시간짜리 트웬티20 형식의 경기 방식을 따르는 인도프리미어리그, 즉 IPL을 도입했고 춤, 음악, 불꽃놀이 조명 쇼도 함께 진행했다. 이 새로운 리그에는 인도인뿐만 아니라 국제 크리켓 선수들도 참여할 수 있게 해 플레이의 수준과 화려함, 국제적인 위상을 높였다. 리그의 팀들을 프랜차이즈로 운영하고 비영리단체가 아닌 영리기업으로 설립함으로써 BCCI는 타이쿤, 발리우드 스타, 창업가, 그 외 유명인들이 팀 소유주가 될 방법을 찾았다. 이에 따라 새로운 리그의 분위기를 더욱 띄웠을 뿐만 아니라 각 팀이 크리켓 경기의 훌륭한 플레이를 위해 안정적인 자금을 확보하고 선수들에게 보상할 수 있게 됐다. 이 과정에서 BCCI의 비용 구조도 점차 낮아졌다.

흥미로운 짧은 경기는 모든 연령층을 매혹했고 이벤트 참석과 수익성이 높은 TV 후원을 통해 폭넓은 시청자 층을 확보할 수 있었다. 그리고 BCCI가 인도에서 스포츠를 관리하는 기구이기 때문에 새로운 리그 일정을 기존 국내 및 국제 경기 일정과 조율할 수 있었다. 그 덕에 기존의 크리켓 리그 경기와 갈등을 빚지 않았으며, 시청자(또는 크리켓 선수들)가 희생하지 않고도 새로운 리그 경기를 즐길 수 있게 했다.

BCCI는 IPL을 시작함으로써 크리켓테인먼트라는 새로운 비파괴적 시장을 창조했다. 2008년 첫해부터 IPL은 엄청난 반응을 얻었다. 경기는 매진됐고 2억 명의 인도인과 1,000만 명의 해외 시청자가 TV 중계를 본 것으로 추정됐다. 2021년 기준 IPL은 약 60억 달러의 가치를 지닌 것으로 평가됐으며 시청 인구는 4억 명 이상으로 증가했다. IPL의 창설을 통해 BCCI는 평탄한 성장선을 급격한 상승곡선으로 변화시켰다. 또 크리켓에 대한 열정을 전파함으로써 스포츠에 관심 있는 청소년들이 참여하여 최상위 수준에서 경쟁할 수 있도록 영감을 불어넣었다.

자신의 믿음에 충실하라

가정-함의 분석을 수행할 때는 두 가지 사실을 염두에 둬야 한다. 하나는 다른 사람들의 가정을 자신의 것으로 받아들이는 함정에

빠지지 말아야 한다는 것이다. 그리고 다른 하나는 전문가들의 비난에 대비해야 한다는 것이다.

다른 사람들의 가정을 받아들이지 마라

독립적인 시각을 발전시키고 공개적으로 의문을 제기할 용기를 가져야 한다. 〈세서미 스트리트〉의 공동창작자인 조앤 갠즈 쿠니는 취학 전 아동 대상 에듀테인먼트 분야의 혁신적인 아이디어를 제시했다. 이 기회는 자연스레 교육 분야 전문가들에게 속한 것처럼 보였지만, 이들은 다른 가정들을 갖고 있었다. 이 가정들은 기존의 이론들에서 나왔는데 판타지(캐릭터들을 생각해보라)와 현실을 혼합하는 것은 아이들을 혼란스럽게 하므로 피해야 한다는 것, 유치원 아이들이 배우기 위해서는 '보기만' 하는 것이 아니라 실제로 '해야' 한다는 것, 이미지가 흐릿한 가상의 동물보다는 선생님이 최고의 교육자라는 것 등이었다. 그리고 유아의 짧은 집중력 때문에 이런 방식은 효과적이지 않다는 것도 있었다. 하지만 쿠니가 새롭게 구성해 보여준 대로 학습할 내용이 판타지, 음악, 이야기로 포장돼 표현될 때 집중력이 유지된다는 것이 증명됐다.

당시 〈세서미 스트리트〉의 방식은 교육산업과는 정반대였다. 유머, 노래, 애니메이션을 사용해 어린이의 주의를 끌고 유지하는 것은 상업적인 TV 방식과 더 닮았다. TV 광고주들이 상품을 판매하기 위해 광고를 사용하는 것처럼, 〈세서미 스트리트〉는 징글과 반복을 이용해 문자와 숫자를 가르치는 식으로 전혀 상상하지 못했던 방식을 사용했다.

이른바 전문가들의 지적에 낙담하지 마라

교육 전문가들과 정부 관계자들은 조앤 갠즈 쿠니와 로이드 모리세트가 찾아낸 비파괴적 기회에 호기심을 보였지만 초기에는 의심과 회의를 표했다. 심지어 미국 교육청에서도 교육 TV 자체를 경멸했으며 "정신을 멍하게 하고 건방지며 아마추어적"이라고 혹평한 사람도 많았다.[2] 어린아이들의 관심을 끌고 유지시킬 수 있는지, 심지어 그 방송을 통해 뭔가를 배울 수 있는지도 의심받았다.

캐머런 스티븐스를 포함한 프로디지파이낸스 공동창업자들 역시 노력 끝에 발견해낸 비파괴적 기회를 포기하라는 강력한 회유를 받았다. 그건 불가능하다고들 했다. 남들이 그들에게 말해준 이유는 "금융은 정말로 엄격하게 규제되는 산업이다", "은행들도 국경을 넘어 대출을 못 하는데, 어떻게 너희가 할 수 있겠느냐?", "신용은 미래 가능성이 아닌 과거 데이터를 기반으로 평가하는 것이다" 등이었다.

그리고 무함마드 유누스에게도 사람들은 그가 찾아낸 비파괴적 기회가 처음부터 저주받을 운명이라고 비난을 퍼부었다. 금융계와 정부 관계자들은 그 아이디어를 조롱하고 그를 무시했다.

이처럼 전문가들한테서 이런 기운 빠지는 비판이 나오게 돼 있다는 걸 당신도 미리 알고 있어야 한다. 이러리라고 예상하고 있으면 실제로 그런 비판을 받더라도 낙담할 가능성이 훨씬 작아진다. 더욱 중요한 것은, 전문가들의 반응에서 가치 있는 교훈을 찾아내기 위해 평정심을 유지할 수 있다는 점이다.

- 당신이 놓친 중요한 문제를 그들이 제기했나?
- 그들의 의견을 참고해 기회를 개척하는 방법에 대한 아이디어를 강화할 수 있을까?
- 왜 이 기회가 주목받지 않은 상태로 남아 있었는지 당신이 놓친 숨겨진 복잡성을 그들이 밝혀줬나?

비판을 칼이 아니라 아이디어에 대한 스트레스 테스트 또는 학습, 나아갈 길을 밝혀주는 방법으로 바라보라. 이런 이해를 바탕으로, 다음 장에서는 세 번째 구성 요소를 탐구한다. 기회를 실현하는 방법, 그리고 성공을 위해 필요한 역량과 자신감 사이의 조화에 대해 이야기할 것이다.

기회를 현실로 만들어라

기회를 발견하고 도전할 방법을 찾았다면, 다음 단계는 실현하는 것이다. 세 번째이자 마지막 구성 요소는 '높은 가치'와 '낮은 비용'으로 목표를 달성하는 것이다. 이 장에서는 우선 필요한 주요 지원 요소를 제시하고 그것들을 확보하는 방법을 안내한다. 그런 다음, 관련된 사람들이 비파괴적 기회에 지적으로나 감정적으로 참여하고, 실제로 행동에 옮기고 실현하기 위해 헌신적인 자세를 갖추도록 어떻게 이끌 수 있는지 설명한다.

그림 9-1은 비파괴적 창조를 달성하기 위한 세 가지 구성 요소에 걸친 주요 작업 단계를 묘사한 전반적인 프레임워크다. 그림에서 볼 수 있듯이 이 프로세스는 비파괴적 기회를 발견하는 것으로 시작해서(첫 번째 구성 요소), 기회를 잡는 길을 찾는다(두 번째 구성

그림 9-1 비파괴적 창조를 실현하기 위한 프레임워크

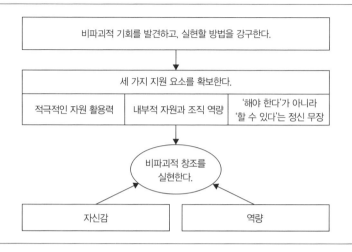

요소). 기회는 기존부터 존재했지만 개척되지 않았거나, 기존 산업의 경계 외부에서 새롭게 등장할 수 있다. 그런 다음, 이 프로세스는 세 번째 구성 요소로 넘어간다. 기회를 실현하기 위해 필수적인 세 가지 지원 요소인 적극적인 자원 활용력resourcefulness, 내부적 자원과 조직 역량, '해야 한다'가 아니라 '할 수 있다'는 정신 무장 등을 소개하고 어떻게 하면 그것을 확보할 수 있을지 설명한다. 여기서 '높은 가치'와 '낮은 비용'으로 그 기회를 실현하는 방법을 배울수 있다.

전체 프로세스는 당신의 접근 방식이 성공으로 가는 올바른 길인지, 아니면 수정하고 다시 개발해야 하는지를 판단할 수 있는 도구에 대한 설명으로 마무리된다. 이 도구는 두 가지를 기반으로 구성돼 있다. 첫째는 기회에 대한 팀원들의 집단적인 자신감이고, 둘째는 성공적인 실행을 위한 역량이다.

세 가지 지원 요소

적극적인 자원 활용력

적극적인 자원 활용력은 '세상은 네가 먹을 수 있는 굴 천지다(굴 속에 귀중한 진주가 들어 있는 것처럼 세상은 가능성과 기회로 가득 차 있다는 의미-옮긴이)'라는 속담을 반영한다. 즉 세상의 지식, 전문성, 자원, 역량 등을 창의적으로 연결하고 활용하는 능력이다. 이 능력을 갖추고 있다면 당신이 발견한 비파괴적 기회를 실현하기 위해 필요한 것을 모두 소유하지 않아도 된다. 오히려 당신 자신의 자원과 역량만 사용하는 것보다 훨씬 더 높은 성과를 달성할 수 있게 해줄뿐더러 상대적으로 적은 비용, 적은 자본, 더 높은 전문성과 속도로 이룰 수 있다.

적극적인 자원 활용력은 구글링Googling이나 덕덕고잉DuckDuck-Going을 통해 당신이 해결책을 찾기 어려워하는 것부터 시작하는 여러 요소로 이뤄져 있다. '우리에겐 이를 해결할 전문 지식이 부족하다'라고 생각하기보다는, 그것을 알고 있는 사람이나 알고 있을지도 모르는 사람을 찾아서 모든 것을 배울 수 있도록 노력하라. 세상에는 무료로 이용할 수 있는 다양한 지식과 교육 기회가 있지만, 실제로 활용하는 사람이나 조직은 많지 않다. 어떤 것이든 직접 연구해서 답을 찾기가 지금만큼 수월했던 적이 없다. 팟캐스트에서 영업 기술을 배우거나 유튜브에서 대량 생산을 위한 3D 프린팅 사용법을 배우거나 칸 아카데미Khan Academy에서 코딩을 배울 수 있다. 마음만 먹으면 디자인, 원료 조달, 재무, 포장 등의 분야도 섭렵할 수 있고 심지어 나라별 또는 지역별 세금과 규제까지도 배울 수 있다. 기술적인 것부터 과학적이고 형이상학적인 것까지 대부분 주제에 대해 무료로 제공되는 다양한 지식, 교육, 정보가 있다는 사실을 절대 허투루 넘기지 말기 바란다. 주요 분야의 선도적인 사상가와 실천가들을 포함해 대부분 주제를 다루는 팟캐스트, 비디오, 디지털 기사들을 민첩하게 활용해 비파괴적 기회를 실현하고 포착하라.

믹 이벨링, 대니얼 벨커, 그리고 낫임파서블랩은 M:NI를 실현하기 위해 노력했다. 음악 기술 작가인 벨커는 진동, 귀의 청각 기능, 뇌·귀·피부 사이에서 발생하는 신경 전달에 관한 과학적 연구 자료를 찾아봤다. 벨커 자신은 과학자도 뇌 전문가도 청각학 박사도 아니었고 이벨링 역시 마찬가지였다. 그렇지만 적극적인 자원 활용력을 통해 거의 비용 없이 최상의 지식을 활용해 M:NI를 가능케 할 단서를 찾아냈다. 그리고 이를 실현하는 과정에서도 다양한 연구 자료의 도움으로 장애물을 극복할 수 있었다.

프로디지파이낸스도 유사하다. 창업자인 캐머런 스티븐스는 해외 대출 집행이나 외국에서의 채무 불이행에 대응하는 전문가가 아니었다. 그러나 그와 그의 공동창업자들은 견고한 비즈니스 모델을 구축하는 데 이 문제가 핵심 요소임을 확인한 후, 지역 신용 모범 사례를 샅샅이 뒤졌다. 그리고 인터넷을 통해 국가별·지역별로 신용 행동을 규정하는 기본 규칙을 최대한 알아보는 등 적극적인 자원 활용력을 발휘해 글로벌 대출의 기반을 개척했다. 그들은 스타트 라인에서는 문외한이었지만, 결승선에 이를 때쯤에는 전문가가 돼 있었다.

비파괴적 기회를 실현하기 위해 어떤 지식 또는 깊은 이해가 필요한가? 그것에 대한 목록을 작성하고 인터넷에서 검색을 시작하라. 넓은 매개변수로 출발해 넓은 지식 영역을 포괄적으로 탐색하라. 그런 다음 필요한 사항을 구체적으로 정리하고, 누구에게서 도움을 얻을 수 있는지 핵심 인물들이 검색될 때까지 좁혀가라.

자원 활용력은 또 다른 요소를 포함하고 있다. 즉 의도적으로 다른 산업이나 분야 또는 병렬 상황을 찾아보는 것이다. 따라서 현재나 과거에 존재하는 단서와 창의적인 사례를 찾아내 비파괴적 창조를 실현하는 데 적용할 수 있다. 킥스타터의 페리 첸, 얀시 스트리클러, 찰스 애들러 등은 예술가들이 역사적으로 작품에 자금을 지원받은 방법을 이해하기 위해 오랜 시간을 거슬러 올라갔다. 그 결과, 단순히 메디치 가문이나 교회만이 예술 작품을 지원한 게 아니라는 점을 발견했다. 때로는 대규모의 청중이 창조적인 작품에 자금을 제공하기도 했다. 예를 들어 알렉산더 포프Alexander Pope가 그리스어로 출간된 《일리아스》를 영어로 번역한 작업에서는 750명이 자금을 제공했고, 그 대가로 첫 번째 판에 그들의 이름을 실었다. 이것은 킥스타터가 자금 제공자를 위한 금전적 인센티브 대신 예술가의 웹사이트에 이름을 올려 투자 참여를 인정해주는 등의 보상 제공 방법을 결정하는 데 중요한 단서가 됐다.

마찬가지로, 〈세서미 스트리트〉를 구현할 때 조앤 갠즈 쿠니는 광고 산업에서 노래, 색상, 속도, 음운 연관성 등의 방법을 빌려와 아이들의 주의를 끌었다. 그리고 게임 제작자들은 세계적 스포츠 대회에서 영감을 얻어 e-스포츠 리그를 실현했다. 또한 글로벌 e-스포츠 챔피언십 대회를 개최하는 방법, 흥미를 불러일으키고 알리는 방법, 방송 라이선스를 통해 대회를 수익화하는 방법 등에 대한 통찰력도 얻었다.

다른 산업이나 분야, 유사한 상황 또는 시기는 어떤 통찰력을 제공할 수 있을까?

직면한 장애물을 극복하기 위해 혁신적인 아이디어나 방법을 찾으면서 이런 질문을 떠올릴 때는 자유롭고 폭넓게 사고하기 바란다. 그러면 퍼즐의 빠진 조각을 채우기 위해 시작한 여정에서 필요한 것을 발견할 수 있다.

자원 활용력의 세 번째 요소는 조직이나 기존 팀 외부에 있는 자원, 재능, 기술적 전문성, 역량을 인식하고 공식적 또는 비공식적인 협력 관계를 통해 그것들을 활용하는 것이다. M:NI 프로젝트에서 믹 이벨링은 심한 청각장애를 가진 미국 팝 가수 맨디 하비에게 연락을 취했다. 그는 몸의 다른 부위의 피부 진동이 소리 감각과 어떻게 대응되는지, 추가적인 센서가 필요한지, 귀가 아니라 피부에서 뇌로 전달되는 음악 경험을 효과적으로 만들려면 어떤 강도와 진동이 필요한지 등에 대해 이벨링의 팀원들이 갖지 못한 관점으로 통찰력을 제공했다. 이벨링은 또 애브넷과 협력해 M:NI의 매끄럽고 가벼우며 편안한 진동 기술 조끼를 제조하는 데 기술적 도움을 받았다.

프로디지파이낸스를 보자. 그들은 공식적으로 세계 최고의 대학들과 협력해 졸업생의 고용 여부, 연봉 결과, 경력 궤적, 시험 점수 등 내밀한 데이터베이스에 접근할 수 있었다. 이를 통해 프로디지파이낸스는 학생들의 장래 수익 가능성을 기반으로 신뢰할 수 있는 새로운 위험-수익 평가 모델을 구축했다. 이 과정에서 프로디지는 새로운 비파괴적 시장이 탄생하면 대학들의 고급 학위 프로그램에 외국 학생들이 더 많이 지원하게 되리라는 긍정적 전망을 제시했고, 이에 대학들은 프로디지에 자신들의 전문 지식을 공유할 동기가 강해졌다. 학자금 대출이 원활해지면 입학허가를 받은 외국 국적 학생들의 등록 가능성도 더 커질 것이 분명했다.

이번에는 스퀘어의 예를 보자. 소규모 사업 및 개인을 위한 신용카드 결제의 비파괴적 시장을 만들기 위해 짐 매켈비와 잭 도시는 애플 아이폰에 투입된 모든 연구개발 성과를 사실상 무료로 활용했다.[1] 어떻게 그랬을까? 그들은 자신들의 비파괴적 창조의 중요한 구성 요소가 사람들이 어디에서나 신용카드 결제를 처리하기 위해 가지고 다닐 수 있는 장치여야 한다고 생각했다. 그런 다음 매켈비는 그 장치를 찾기 시작했다.[2] 그리고 마침내 아이폰이 신문, TV, 카메라, 지도, 앨범, 심지어 스테레오처럼 작동할 수 있다는 것을 알아냈다. '그렇다면 우리가 이 기기에 내재된 기술을 신용카드 처리에 활용할 순 없을까?'

스퀘어는 곧바로 그 작업을 추진했다. 신용카드 결제를 위해 카드를 긁는 스퀘어리더는 아이폰의 헤드폰 잭에 직접 연결되며, 다른 스마트폰에서도 사용할 수 있었다. 그리고 헤드폰 잭은 보편적이고 개방적인 표준이기 때문에 스퀘어는 이 뛰어난 디바이스를 사용하기 위해 애플과 협력하거나 대가를 지불할 필요가 없었다. 이렇게 해서 스퀘어는 돈을 거의 들이지 않고 비파괴적 시장을 구축했다.

- 외부 조직에서 누구를 동원해야 비파괴적인 솔루션을 실현할 수 있을까?
- 필요한 자원을 어디에서 구할 수 있을까?

- 어떤 조직이 기술적 전문성이나 역량을 갖추고 있을까?

외부 개인과 기업의 전문성, 역량 및 규모의 경제를 활용하면 비용을 상당히 줄이고 역량 공백도 충분히 메울 수 있다.

자원 활용력의 마지막 요소는 이미 존재하지만 활용되지 않는 사회적 자본을 찾아내는 것이다. 사회적 자본은 특정 사회나 공동체에 사는 사람들의 규범, 이해, 유대관계, 상호 약속을 의미한다. 극도로 가난한 사람들은 문맹이 많고 담보물이 없다는 사실을 확인한 무함마드 유누스는 그들의 굳은 사회적 유대관계를 기반으로 대출을 실행했다. 그리고 실제로 그들은 빌린 자금을 생산적으로 사용해 대출을 성실히 상환하고 가난의 악순환을 끊기 위해 노력했다.

그라민은행의 대출 방식은 다음과 같다. 대출을 받으려면 5명의 마을 주민이 모여 상호 지원 그룹을 형성해야 한다. 그러고 나면 그룹이 지정한 1명의 구성원에게 은행이 소액대출을 제공한다. 그 사람이 일정 기간 대출을 규칙적으로 상환하는 경우에만 그룹의 다른 구성원이 대출을 요청할 수 있다. 이는 어떤 구성원도 연체하지 않도록 눈에 띄는 동료 압력을 조성하며, 각 그룹이 유대감과 다른 구성원을 실망시키지 않으려는 높은 도덕적 의무감을 느끼는 구성원만을 선택하도록 자연스럽게 동기를 부여한다.

제대로 활용되지 않는 사회적 자본을 찾아내고 활용함으로써 그라민은행은 극도로 가난한 사람들이 처음으로 금융 서비스에 접근할 수 있게 했을 뿐만 아니라 대출 승인, 집행, 회수 및 계약에 따른 비용을 상당히 낮출 수 있었다. 상환율이 무려 98%에 달한다.

콩트니켈의 핵심 과제는 은행 이용이 어려운 500만 프랑스인들에게 '상자 속의 은행'을 효과적이고 저렴한 방식으로 배포하는 것이었다. 이 과제에 대응하기 위해 회사는 그 사람들이 사회적으로 편안하게 느끼고 자주 방문할 수 있는 장소를 찾기 위해 노력했다. 그리고 그 해답을 담뱃가게와 신문판매점 등 흥미로운 장소에서 발견했다. 현지 사람들은 매일같이 그곳에 모여 대화를 나누고 신문이나 담배, 우표, 복권, 휴대전화 충전기 등을 구매한다. 이런 매장들은 은행 계좌를 개설하지 못하는 사람들에게 특별한 사회적 공간을 제공한다. 담뱃가게와 신문판매점은 이미 전국적으로 존재하며, 영업시간도 길고, 심지어 외진 시골에도 있다. 콩트니켈은 이들과 협력해 저비용의 기본 은행 계좌를 배포했다. 매장들이 좋은 위치에 있고 사람들이 자주 방문했기에 콩트니켈은 입소문을 통해 브랜드 인지도를 빠르게 높였으며, 광고비는 들지 않았다.

시장 기반의 경제 수단만을 활용해 비파괴적 창조를 실현하려 할 게 아니라 사회적 자본을 활용할 수 있는지 고민해봐야 한다. 어떤 사회적 규범이나 이미 정착된 신뢰 관계(프랑스 라포스트의 집배원들이 시민들과 맺은 것과 같은), 상호 간의 약속, 높은 수준에서 이해관계의 일치(M:NI를 만들어내기 위해 이벨링이 청각장애에 관심을 기울인 것과 같은) 등 활용할 수 있는 것이 없는지 찾아봐야 한다.

내부적 자원과 조직 역량

비파괴적 기회를 실현하는 것은 조직이 이미 보유하고 있는 자원과 조직 역량, 그리고 구축하거나 확보하는 자원에 달려 있다. 모든 것을 외부에서 해결할 수는 없다. 공식적이든, 비공식적이든, 파트너십을 통해서든 말이다. 그리고 그럴 필요도 없다. 기술, 자본, 연구개발 또는 생산 시설과 같은 유형의 자원과 조직 역량뿐만 아니라 조직과 팀의 지식과 노하우에 새겨진 비물질적 자원도 살펴봐야 한다. 디자인, 미니어처화, 코딩, 사회적 영향력, 팀워크, 브랜드 인식 등이 여기 속한다.

- '높은 가치'와 '낮은 비용'이 동시에 가능하도록 어떻게 내부 자원을 활용해 비파괴적 기회를 실현할 수 있을까?
- 효과적이고 효율적인 방식으로 기회를 실현하기 위해 조직 또는 팀의 기존 지식과 기술을 어떻게 활용할 수 있을까?
- 또 필요한 것을 구축하거나 창의적으로 확보하기 위해 어떻게 기존 지식과 기술을 활용할 수 있을까?

퉁웨이 그룹을 다시 보자. 중국 수산 업계의 오랜 선두 주자인 이 그룹은 2000년대 중반에 태양광 패널에 필수적인 폴리실리콘 제조로 사업 다각화를 추진했다. 그런데 2010년대 초중반에 중국이 2030년까지 탄소 배출을 규제하겠다는 의지를 밝히자 중국 서부의 토지가 풍부한 곳에서 친환경 에너지 생산 시설이 많이 건설됐다. 그러나 이런 시설이 가장 필요한 동부와 중부 지역에서는 산업 활동이 집중돼 전력 수요가 급증하고 있었다. 인구 밀집 지역은 정부가 농업 용도로 할당한 토지가 대부분이기 때문에 친환경 에너지 시설을 건설할 토지가 부족했다. 그 대신 이 지역에는 수산물 양식에 사용되는 많은 양의 물이 있었다.

퉁웨이는 수산 업계에 오랫동안 몸담아왔기에 양식장의 위치와 물의 특성 등을 잘 알고 있었다. 또 이 지역의 양식업자들이나 지방정부와 강한 관계와 파트너십을 구축해왔는데, 이는 다른 기업들이 갖지 못한 자원이었다. 퉁웨이는 양식장을 단순히 양식업에 국한하지 않고, 자사의 지식과 관계를 활용해 동부와 중부 지역을 위한 비파괴적 기회를 제공할 수 있다고 판단했다. 즉, 새로운 친환경 에너지 시설을 세우는 것이다.

퉁웨이는 수산업체로서 물과 관련된 전문지식과 양식업에서 쌓인 노하우, 태양에너지 관련 전문성을 창의적으로 결합해 기술적으로 실행 가능한 태양광 패널과 양식 수역을 통합하는 혁신적인 방법을 개발했다. 이는 양식업자들에게 추가 수익을 제공하고 지방정부의 세수를 늘려주는 동시에 기업에는 새로운 성장 가능성과 사업 기회를 제공했다. 이런 비즈니스 모델은 통웨이신에너지 Tongwei New Energy라는 기업을 탄생시켰다. 양식업자들과 지방정부에 통웨이가 요구한 것은 사용되지 않는 수면을 임대해 활용할 수 있게 해달라는 것이었다. 통웨이 그룹은 수면 아래에서 양식업자들의 생산량을 증가시키는 동시에 수면 위에서는 친환경 에너지를 공급하는 구조를 성공적으로 구현했다. 기존 산업에 비파괴적이면서 모든 이해관계자에게 이익을 가져다주는 승리였다.

통웨이는 대부분 내부 자원과 조직 역량을 창의적으로 결합하고 활용함으로써 성공을 거뒀다. 그러나 앞서 언급한 대로, 비파괴적 기회는 이미 보유한 자원 및 조직 역량과 함께 새로운 자원과 능력을 구축해 실현할 수도 있다. 포천 500대 기업인 중국의 핑안보험 Ping An Insurance이 수십억 달러 규모의 비파괴적 기회로 중국 내에 기본 의료 서비스를 실현한 것을 생각해보라. 서구 국가에는 고품질의 의료 시스템이 확립되어 있지만, 중국에서는 그렇지 않았다. 공식적으로 인정된 사설 의사나 독립적인 일반 의사 시스템이 없어 의료에 접근하는 것이 여전히 어려운 문제였다.

역사적으로 중국인들은 사소한 건강 문제나 우려가 있을 때도 신뢰할 수 있는 주요 공공병원과 그곳에 있는 검증된 의사들만을 찾았다. 문제는 그중 거의 50%에 달하는 사람들이 큰 공공병원에 갈 필요가 없었다는 점이다. 그들은 가벼운 문제 또는 일반적이거나 만성적인 질환에 대해 의사와 상담하기 위해 가는데, 그곳의 의사들은 고도로 특화돼 있으며 이미 과부하 상태였다. 그래서 공공 병원은 엄청난 부담을 받았고, 의사들은 하루에 100명 이상의 환자를 상담해야 했으며, 환자들은 상담 시간이 몇 분밖에 되지 않는 실망스러운 경험을 해야 했다. 이에 따라 특히 작은 도시나 오지 사람들은 자가진단을 선택하거나 인가받지 않은 클리닉을 찾아갈 수밖에 없었다. 결과적으로 오진이 많았고, 환자들의 건강에 심각한 영향이 미쳤다.

이미 존재하지만 아직 해결되지 않았거나 탐구되지 않은 이 문제에 대응하기 위해 핑안은 강력한 평판과 풍부한 자금력을 활용해 핑안굿닥터Ping An Good Doctor를 설립했고, 자금을 지원하고 브랜드를 알렸다. 그러나 비파괴적 시장을 실현하기 위해서는 중국인들이 신뢰하고 이용하기를 원하는 검증된 의사들의 네트워크가 필요했다. 그런 의사들은 이미 국내 몇 안 되는 최고 등급의 병원에 고용돼 과로한 상태였기 때문에 파트너십이나 추천 시스템은 작동하지 않았다.

이 문제를 해결하기 위해 가능성을 모색한 결과, 상위 병원에서 근무한 경력이 있는 전문 의사들로 구성된 유사한 팀을 구축할 수 있다는 것을 알게 됐다. 사실 최고의 병원에서는 의사들 사이의 경쟁이 치열했다. 의사들은 커리어를 관리하기 위해 우수한 의학 기술과 업적뿐만 아니라 탄탄한 연구 기록도 갖춰야 했는데, 연구는 병원 평가의 주요 기준 중 하나였다. 실무 경험이 풍부하지만 연구에 대한 야망이나 흥미가 덜한 의사들은 동료 압박이 강해지고 승진 기회의 가망성이 떨어지면 직장을 그만두고 다른 기회를 찾아 나섰다. 이들 중 일부는 수준이 낮은 의료기관에서 자리를 찾기도 했다. 다만 중국에서는 독립 실무를 시작하는 것이 주류로 인정되지 않는 경향이 있기에 의사를 그만두고 건강 관련 다른 직업으로 이동하는 사람들이 더 많았다. 예를 들면 제약 회사의 영업 대표로 옮겨가는 식이다. 그때까지 임상 훈련에 들인 노력을 날려버리는 결과지만, 이 역시 그들의 선택이었다.

핑안은 이런 일류 의사들을 내부로 가져올 수 있는, 그동안 경시된 자원으로 인식했다. 핑안은 그들에게 의학 실무를 계속할 수 있고, 새로운 목적에 참여하며 좋은 급여와 스톡옵션을 제공받을 수 있는 유망한 기회를 제시했다. 그리고 이들의 이전 경력, 즉 대형 병원과의 연관성이 핑안에 대한 신뢰성을 높여 일반 대중이 핑안의 의료 서비스를 쉽게 받아들이게 했다.

서비스 제공 비용을 낮추기 위해 핑안은 규모를 확대해야 했으며, 전국 어디서나 쉽게 접근할 수 있는 인터넷 플랫폼을 구축해 주요 의료 서비스 이용 수단으로 활용했다. 그 덕에 의사 사무실이나 외래 진료 시설과 같은 돈이 많이 드는 물리적 기반 시설에 대한 투자를 줄일 수 있었다. 고급 의사들이 저비용 온라인 플랫폼을 통해 사람들에게 서비스를 제공할 수 있게 되자 핑안은 30초 이내의 응답 보장, 24시간 진료 가능, 처방전을 2시간 이내에 집까지 배달 등 탁월한 구매자 가치를 제공했다. 텍스트와 그래픽, 음성 통화, 비디오 통화를 통해 상담할 수 있으며 환자와 의사가 사진과 문서를 즉각적으로 업로드하고 교환할 수 있었다. 이 플랫폼은 사람들이 언제 어디서나 저렴한 비용으로 핑안의 서비스에 접근할 수 있게 해 사용자들에게 이전에 상상조차 할 수 없었던 가치를 제공했다.

핑안의 비파괴적 신시장인 핑안굿닥터는 중국의 병원 중심 의료 시스템을 대체하는 것이 아니라 보완하는 역할을 한다. 고품질이면서도 저렴한 인터넷 기반 시스템으로 장기적인 건강 관리를 지원함으로써 방대한 인구의 만성적이고 일반적인 건강 요구를 충족시키는 동시에, 대형 공공병원의 부담을 줄이고, 심각한 질환을 앓는 사람들에게 의사들이 더 생산적으로 서비스를 제공할 수 있게 해준다.

핑안굿닥터는 설립 4년 만인 2018년 8월 홍콩 증권거래소에 상장했다. 이 회사는 2억 명 이상의 등록 사용자와 월간 활성 사용자 3,290만 명을 보유한 하이테크 유니콘으로 꼽힌다. 현재 시가총액은 200억 달러가 넘는다.

퉁웨이와 핑안은 세 가지 기반 요소를 모두 활용하여 비파괴적인 제품과 서비스를 개발하는 데 성공했지만, 그들이 이미 보유한 내부 자원과 조직 능력을 창의적으로 활용하고 새롭게 확보한 것이 핵심이었다. 여기에 외부 자원 및 역량을 활용하여 비용이 거의 또는 전혀 들지 않는 방식으로 비파괴적인 제품과 서비스를 개발했다. 반면 투자는 주로 내부 자원과 조직 역량을 구축하는 데 집중했으며, 구매자에게 독창적이고 매력적인 서비스를 제공했다.

스퀘어는 애플의 아이폰과 기타 스마트폰을 무료로 활용하면서도 자체 리더기인 스퀘어리더에 내부 자원을 집중했다. 신용카드를 긁는 작은 흰색 플라스틱 하드웨어 장치다. 짐 매켈비의 디자인 역량을 바탕으로(그는 장인급의 유리 공예인이었다) 스퀘어가 장치를 직접 설계하고 제조했다. 목표로 한 것은 잘 작동하는 건 기본이고 매력적이며 작고 귀여운 리더기였다. 사람들이 미소 지으며 언급할 정도로 매력적인 제품으로 만들어 스퀘어의 비파괴적 창조가 입소문을 타게 하려는 것이었다. 회사가 디자인과 제조를 자체적으로 처리했기에 하드웨어의 외관·느낌·기능을 신속하게 변경하거나 개선할 수 있었고, 테스트 및 재테스트를 통해 문제를 해결하고 올바르게 조정할 수 있었다.

'해야 한다'가 아니라 '할 수 있다'는 정신 무장

적극적인 자원 활용력과 내부적 자원 및 조직 역량에 더해 비파괴적 창조를 실현하기 위한 세 번째 요소는 '할 수 있다'라는 관점에서 생각하고 질문하는 것이다. 비파괴적 창조를 실현하기 위해 비즈니스 모델과 기술이 무엇이어야 하는지 묻지 말고, 이를 번영하는 기회로 바꾸면 무엇이 될 수 있는지 물어보라. 왜냐하면 '해야한다'는 압박감을 주거나 제한하기가 쉽기 때문이다. 우리의 마음을 얼어붙게 하고 창의적 상상력을 마비시키는 경향이 있다. 답을 찾으려고 하기에 답이 즉시 나타나지 않는 경우가 생기고, 보통은 그럴 때 포기하기 시작한다. 더우이 '해야 한다'는 자유롭게 생각할 수 있게 해주는 대신 선택지를 걸러내는 체로 작용한다. 우리의 무의식에는 이미 그것들을 배척한 것으로 기록돼 있기 때문에 지나치게 간단하거나 너무 과감한 아이디어는 묵살되기 쉽다. 심지어 우리의 정신 공간에 들어오지 않을 수도 있다.

그에 비해 '할 수 있다'는 우리에게 에너지를 주고 압력을 덜어준다. 정답이 아닌 가능성에 대해 생각하도록 요청하며, 그래서 우리는 멀리 그리고 광범위하게 생각할 수 있게 된다. 유누스가 신용도를 보장하기 위해 탐색되지 않은 사회적 자본을 찾아봤을 때, 쿠니가 전통적인 교사를 대체하기 위해 장난기 넘치는 털북숭이 머펫을 찾아봤을 때, 퉁웨이가 새로운 친환경 에너지 시장을 실현하기 위해 가두리 양식장 사업자를 파트너로 인식했을 때와 같이 폭넓게 생각할 수 있다.

또한 '할 수 있다'는 최종적인 답을 찾는 대신 가능한 해결책과 퍼즐 조각을 찾기 위해 새로운 돌들을 뒤집을 수 있게 한다. 때로는 예상치 못한 사람들이나 장소에서 퍼즐 조각이 발견되기도 한다. 믹 이벨링과 그의 팀이 대니얼을 위해 3D 팔과 손을 만들기 위해 남아프리카의 목수에게 도움을 청한 것을 떠올려보라. '할 수 있다'는 충분히 생각하거나 검토하지 않고 모든 제안을 즉각적으로 판단하려는 우리의 본능을 조절하는 역할도 한다. 우리는 현재 이해하고 있는 바를 영원한 것처럼 여기지만 실제로는 변할 여지가 있는 것도 많다. 이 사실을 깨닫게 되면 생각을 다시 하고, 다른 사람들의 생각에 마음을 열며, 흔히 인정하고 진실로 받아들였던 것을 의심할 준비가 된다. 그러면 '안 될 거야'라는 영역에서 빠져나와 호기심·개방성·가능성의 영역으로 들어가며, 종국에는 비파괴적 창조의 메커니즘을 실현할 수 있게 된다.

짐 매켈비와 잭 도시에게로 돌아가 보자. 매켈비가 아이폰을 활용해 신용카드 결제를 처리할 기회를 발견했을 때는 애플의 전용 독dock 커넥터(충전 케이블을 꽂는 곳)를 통해서만 전자 하드웨어를 연결할 수 있었다. 독 커넥터를 사용하려면 애플의 기술 사양을 준수하고, 긴 승인 절차를 거치고, 로열티를 지불해야 했다. 하지만 '해야 한다'보다는 당시에 이단적인 질문으로 여겨졌던 '할 수 있을까?'에 매켈비는 더 흥미가 더 있었다. '소형 헤드폰 잭을 사용해 리더기를 전화기에 연결할 수 있을까? 신용카드의 데이터를 헤드폰 잭의 출력으로 나타낼 수 있다면?'

빙고! 스퀘어는 이 일을 성공적으로 이뤄냈다. 저비용을 실현한 것은 물론이고 굉장한 확장 가능성을 확보하게 됐으며, 로열티를 지불할 필요도 없었다. 스퀘어는 세계에서 처음으로 아이폰의 독

커넥터를 우회한 회사가 됐다.

'할 수 있다'라는 마인드는 매우 중요하다. 불가피한 도전이나 장애물 또는 시장을 창조하는 혁신에 포함되는 작은 문제들이 생기더라도, 잘 대처하고 코스를 조정할 수 있게 해준다. 또한 사람들이 자신의 아이디어가 옳다는 데 집착하기보다 기회를 실현하는 데 더 집착하게 해준다. 그래서 무언가가 작동하지 않을 때 팀은 더욱 쉽게 다음으로 이동하고 방향을 바꾸며, 그것 말고 무엇을 할 수 있을지 상상하고, 구체적인 아이디어와 기회를 실현할 또 다른 방법을 시도하고 반복하는 과정을 더욱 신속하게 진행할 수 있다.

프로디지파이낸스는 명문 대학원 MBA의 졸업 후 급여, 고용 및 경력 성과에 관한 직접적인 과거 데이터를 기반으로 견고하고 미래 지향적인 위험-수익 평가 모델을 구축한 후, 해외 유학 대출 사업을 위해 전통 은행들에 자금 지원을 요청했다. 프로디지는 이 모델이 은행들에 안도감을 제공하고 새로운 비파괴적 수익원을 제공할 것으로 기대했다. 그러나 전통 은행들은 받아들이지 않았다. 그들은 기존의 가정과 관행에 사로잡혀 있었으며, 이는 이전 장에서 설명한 것과 같다. 그리고 2008년 금융위기가 찾아오면서 프로디지가 은행들에 품었던 희망은 완전히 사라졌다.

금융 세계가 무너지고 은행들이 프로디지에 등을 돌렸을 때, 팀은 다른 이들의 충고에도 불구하고 수건을 던지지 않았다. 프로디지 팀은 일반적인 은행 이외에도 자금을 확보할 수 있는 곳을 열심히 찾아보며 오히려 상상력을 더 불태웠다. 그러던 중 동문들에게 다가간다는 아이디어를 떠올렸다. 동문들이라면 자신의 출신 대학 졸업생들의 고용 전망, 초기 연봉, 예상 경력 궤적을 잘 알 것이다. 더욱이 그들에겐 투자할 돈이 있을 것이며, 외국 학생들이 직면한 자금 조달의 어려움을 이해하고, 대출 상환 능력과 동문에 대한 신뢰를 가지고 있을 것이다. 마침내 프로디지는 동문들에게 다가가 성공적으로 자금을 확보해 비파괴적 창조를 실현했다.

이 회사는 튼튼한 재무 성과와 제로에 가까운 연체율을 바탕으로 전략을 변경했다. 아일랜드 증권거래소에서 특수목적회사를 활용해 더 넓은 투자자 네트워크를 대상으로 대학생 채권을 발행하기로 한 것이다. 이윽고 은행들이 참여하기 시작했다. 은행의 고액 순자산가와 홈오피스 투자자들은 프로디지의 채권을 매수함으로써 견고한 경제적 수익을 얻는 한편 사회에 긍정적인 영향을 미칠 수 있게 됐다. 프로디지는 MBA, 법학, 공학, 의학 학위에 대한 대출로도 확대해 최고의 학교에서 제공하고 있다. 2022년 기준 이 회사는 150개국 850개 이상의 최고 순위 대학에서 3만 명 이상의 학생들에게 15억 달러 이상을 대출해줬다.

어떤 혁신이든 기회를 실현하기 위해서는 당신의 비파괴적 창조가 도움을 주고자 하는 사람들이나 조직, 시장을 대상으로 한 신속한 테스트를 통해 프로토타입 솔루션에 대한 실제 피드백을 얻어야 한다. 여기에서 중요한 것은 신속함이다. 속도가 빨라야만 실시간으로 작동하는 것과 작동하지 않는 것을 배울 수 있는 반복적인 피드백 루프를 만들 수 있고, 그럴 때 재정적 위험을 최소화하면서 솔루션을 유연하게 조정할 수 있다. 시장 테스트의 응답에 따라 프로토타입 솔루션을 신속하게 실험하고 유연하게 조정하거나 전환하여 목표를 정확히 맞추려면, '할 수 있다'는 마음가짐이 꼭 필요하다.[3]

성공으로 이끄는 자신감과 역량

세 가지 구성 요소가 함께하면, 비파괴적 창조를 실현하기 위한 역량competence과 자신감confidence을 구축할 수 있다. 우리는 비파괴적 창조를 이루려는 사람들이 자원과 능력에 제한을 받아 실수를 저지르는 걸 자주 목격했다. 하지만 앞서 보여준 것처럼 자원 조달 능력과 할 수 있다는 마인드를 갖춘다면, 조직 외부에서 필요한 자원과 기술과 능력을 창의적인 방법으로 확보할 수 있다.

역량은 단지 내부 자원과 조직 역량뿐만 아니라 자원 조달 능력과 마인드에서도 나온다. 따라서 역량뿐만 아니라 자신감도 중요하다. 발견해낸 비파괴적 기회를 실현할 구체적인 아이디어에 대한 강한 집단적 자신감은 참여하는 사람들이 기회에 지적으로나 감정적으로 공감하고 행동에 헌신한다는 것을 의미한다. 역량과 행동에 대한 자신감이 결합하면, 비파괴적 기회를 성공적으로 추진할 수 있다. 둘 중 하나만 가지는 것은 권장하지 않으며, 만약 그런 상황에 처한다면 위험 수준이 높아진다.

이 장을 마무리하면서, 올바른 길을 걷고 있는지를 판단할 수 있는 프레임워크를 제공하고자 한다. 그림 9-2는 자신감-역량 맵을 보여준다. 그림에서 볼 수 있듯이, 이 맵은 사분면으로 구성돼 있다. x축은 역량을, y축은 집단적인 자신감을 나타낸다. 특정 아이디어를 개발해 '추진' 사분면에 도달했다면 기회를 실현하는 데 성공할 가능성이 크다는 의미다. 만약 아이디어가 두 가지 모두에서 낮은 평가를 받아 '포기' 사분면에 속한다면, 새로운 아이디어를 찾아야 한다. 팀이 시장에 대한 충분한 자신감이 없거나 발견해낸 비파괴적 기회의 잠재력이 부족하거나, 기회를 실현하기 위해 확보한 자원과 역량에 대한 신뢰가 부족하다는 의미이기 때문이다.

마지막으로, 우리가 관찰한 바에 따르면 두 가지 '재고' 사분면 중 하나에서 구체적인 아이디어를 개발하는 과정이 시작되는 것이 보통이었다.

예를 들어, 프로디지파이낸스는 시장에 대한 집단적인 자신감 수준이 매우 높았고, 비파괴적 기회를 실현할 방법을 알고 있었다. 그러나 앞서 언급한 대로, 은행과의 협력에서 역량이 부족했다. 이를 맵에 대입해본다면 왼쪽 상단의 '재고' 사분면에 속한다고 할 수 있다. 그래서 프로디지는 은행에 초점을 맞추는 대신 동문들을

그림 9-2 **자신감-역량 맵**

	낮음	높음
높음	재고	추진
낮음	포기	재고

자신감*

역량**

* 아이디어에 대한 집단적인 자신감
** 자원 활용력, 조직 역량, '할 수 있다'는 마음가짐

통해 자금을 모집하고 글로벌 실행 조직을 구축하는 방향으로 아이디어를 수정함으로써 '추진' 사분면으로 이동했다.

반면 비아그라의 화이자 팀은 혁신적 기회를 실현하기 위해 필요한 역량과 모든 자원, 능력을 보유하고 있었다. 그러나 집단적 자신감이 부족했다. 오른쪽 하단 '재고' 사분면(높은 역량, 낮은 집단적 자신감)에 속한다는 얘기다. 이를 '추진' 사분면으로 옮기기 위해서는 기업의 집단적 자신감을 높여야 한다. 나중에 비아그라로 알려진 실데나필이라는 약물은 처음에는 혈압 치료제로 개발됐는데, 혈압 임상 시험에서 저조한 성과를 냈기에 실패한 약물이라는 느낌을 줬다. 이 때문에 경영진과 조직 전반에 불안감과 조심스러움이 번졌다. 그러나 발기부전을 치료하기 위해 이 약물을 성공적으

로 재사용할 수 있음을 입증하는 발기부전 연구를 진행하는 동안 경영진의 집단적 자신감이 높아졌고, 이 팀은 '추진' 사분면으로 이동할 수 있었다.

사업이든 인생이든, 성공이 직선적인 경로로만 이뤄지는 것은 아니다. 그렇다고 해서 성공을 이루기가 지극히 어렵다는 의미는 아니다. 단지 자신감과 역량 측면에서 자신의 위치를 알아야 하며, 프로디지와 화이자가 했던 것처럼 '추진' 사분면으로 이동하기 위해 자신의 아이디어와 행동을 다시 살펴봐야 한다는 얘기다. 그럴 때 자신감-역량 맵이 도움이 될 것이다. 마지막 장에서는 비파괴적 창조에 적합한 몇 가지 영역과 매력적인 미래를 함께 만들어가는 방법에 대해 이야기해보자.

함께 더 나은 세상을
만들어나가자

당신의 손안에 스마트폰이 있고 와이파이만 연결돼 있다면, 구글이나 덕덕고 검색으로 어떤 지식에든 손쉽게 접근할 수 있다. 궁금증도 금세 해결할 수 있고, 문제에 대한 해결책이나 창조하고자 하는 기회와 관련된 지식에도 금세 다가갈 수 있다. 또 수백만 명의 사람들과 동시에, 또는 어떤 개인과도 무료로 연결하고 의사소통할 수 있다. 오늘날 스마트폰이 있고 브로드밴드로 연결되는 일반인은 30년 전 미국 정부보다 더 많은 정보력을 갖추고 있다. 이 디지털 기술로 가능해진 권력은 소수의 전유물이 아니다. 선진국과 개발도상국, 도시와 농촌, 잘사는 사람과 못사는 사람 사이의 디지털 격차가 줄어드는 가운데 점점 더 많은 사람이 이런 권력을 갖게 된다.

우리의 상상력과 디지털 기술로 어떤 일을 할 수 있느냐는 우리가 해결하려는 문제의 종류와 창조하려는 기회의 종류에 달려 있다. 그중에서도 비파괴적 창조는 기존 산업이나 기업 또는 직업을 대체하지 않으면서 완전히 새로운 문제를 해결하고, 기존 산업의 경계를 넘어 새로운 기회를 창조함으로써 우리 모두가 혁신하고 성장할 수 있는 길을 여는 방법이다. 앞으로 비파괴적 창조가 일어날 가능성이 큰 몇 가지 분야를 살펴보자.

첫 번째 세계 인구의 노화, 특히 선진국에서의 노인 인구 폭증이 있다. 가족 관계가 약화되고 가족이 서로 멀리 떨어져 살게 되면서 노인들은 점점 고립되고 가족적인 연결과 육체적인 접촉이 드물어진다. 이런 현대적인 삶의 어려움은 노인들의 신체적·감성적 삶을 풍요롭게 해줄 비파괴적 창조의 기회를 제공한다. 또 사람들이 점점 더 오래 살게 되면서 건강하고 활기찬 삶을 유지하고자 하는 욕구가 증가한다. 이처럼 새롭게 부상하는 개인 건강 문제를 해결해야 한다. 이들에게는 시간과 함께 축적한 풍부한 지혜를 활용해 삶에 활력을 부여할 수 있게 해줄 새로운 플랫폼도 필요하다. 그리고 중요한 장기의 손상으로 고통받는 사람들이 늘어날 텐데, 이들에게는 자연스럽게 기능하는 생체공학적 인간 장기가 필요하다. 이 모든 것이 새로운 기회가 될 것이다.

두 번째는 기술과 관련이 있다. 시간이 갈수록 디지털 기술이 우리 삶의 모든 측면에 점점 더 깊숙이 침투함에 따라 개인의 주권과 새로운 수준의 개인정보 보호, 전반적인 전자 감시로부터 보호받고자 하는 요구가 급증하고 있다. 그 이면에는 반대 의견을 억압하는 움직임에 대한 우려도 있다. 개인정보를 공유하거나 차단해 자유선거에 영향을 미치는 것, 정치적 및 이념적으로 편향된 온라인 뉴스 및 이벤트, 신뢰의 붕괴와 그에 따른 비용 등의 새로운 문제에 대한 해결책이 필요하다. 이런 문제들을 해결하는 시장을 창조할 수 있다면 사회적으로 큰 파장을 일으킬 수 있을 것이다.

세 번째는 에너지다. 2030년경이 되면 세계 에너지 수요는 2016년 대비 50% 증가할 것으로 예상된다. 게다가 자동차가 점차 화석연료에서 전기로 전환되면서 전기 수요가 급증할 것으로 보인다. 폭증한 에너지 수요는 무엇으로 충당할 것이며, 세계는 전기 수요 증대에 어떻게 대응할 것인가? 태양과 바람 등 새로운 에너지원이 속속 개발되고 있지만, 현재의 에너지 용량과 미래 수요 간의 격차는 여전히 크다. 따라서 신뢰성 있고 저렴하며 깨끗한 에너지원을 개발하고, 동시에 기존 저비용 에너지원에서 탄소 포집을 해야 한다. 이 두 가지 방향 모두에 비파괴적 창조의 기회가 있다.

네 번째는 도시화와 빈부 격차 문제다. 개발도상국에서 도시화가 빠르게 진행되고 있다. 인구가 농촌 지역에서 도시로 이동함에 따라 인프라, 신체적 안전, 건강, 지역사회 복지, 빈곤 및 자원 문제가 떠오르고 있다. 아프리카만 보더라도 앞으로 30년 동안 8억 명이 도시로 이동할 것으로 예상된다. 이런 새로운 도전 과제는 비파괴적 창조에 적합한 영역이다.

다섯 번째로, 환경과 관련하여 중요하게 떠오르고 있는 문제도 생각해야 한다. 예를 들어, 쓰레기 배출량이 증가함에 따라 대규모 쓰레기 덩어리인 거대 태평양 쓰레기 지대Great Pacific Garbage Patch와 같은 생태학적 문제가 발생하고 있다. 면적이 이미 프랑스의 세 배를 넘어섰다. 이 쓰레기 지대는 위생 문제를 일으킬 뿐 아니라 어패류의 생존을 위협하며 식량 사슬과 바다의 아름다움을 파괴한다. 이런 문제는 이후 세대를 위해 지속 가능한 세상을 만들 여러 가지 비파괴적 기회를 제공한다.

마지막으로 여섯 번째는 우주다. 지구와 그 대기권을 넘어 우주를 바라보면 소행성에서 지구에 필요한 금속 자원을 채굴하거나, 우주 관광을 하거나, 다른 행성에서 살아가거나 등의 다양한 비파괴적 기회를 상상할 수 있다. 실제로 이런 기회를 실현하기 위해 머스크와 스페이스X가 활발하게 연구하고 있으며, 화성에서 자체적으로 지속 가능한 커뮤니티를 구축하는 것을 목표로 하고 있다. 이 자체만으로도 오늘날 상상하기 어려운 수많은 비파괴적 기회가 탄생할 것이다.

세상은 우리가 만드는 대로 된다. 이 문제들이 해결될 것이냐, 또는 이런 기회가 창조될 것이냐가 문제가 아니다. 문제는 미래를 만들어줄 사람이 누구이며, 기업과 사회의 성장과 번영을 파괴 없이 창조하는 방식으로 이룰 수 있느냐다. 이 책에서 우리는 비파괴적인 시장을 창출한 다양한 혁신 사례를 제시하면서 혁신과 성장에 대한 시각을 확장할 필요가 있다고 강조했다. 이제 비파괴적 창조를 명확히 인식하고 명명하며 이에 대한 관문을 열어야 할 때가 왔다고 생각한다.

우리는 비파괴적 창조가 작게든 크게든 사회적으로 균형을 이루는 경제적 힘의 역할을 할 수 있다고 믿는다. 국내 경제와 전 세계 경제가 성장을 염원하지만 기존의 핵심 주체, 핵심 시장 그리고 현재의 일자리를 대체할 기술의 급속한 변화와 마주하고 있기 때문이다. 지구와 인류가 직면한 수많은 도전을 고려할 때, 혁신적인 시장 창조 솔루션이 필요하다. 파괴적인 것뿐만 아니라 비파괴적인 솔루션까지 찾아낸다면 비즈니스와 사회의 격차를 줄이고, 사람들을 단결시킬 더 좋은 기회가 생기리라고 믿는다. 우리는 이 책에서 완벽한 공식이 아니라 비파괴적 기회를 발견하고, 포착하고, 실현하는 데 필요한 기본 패턴을 제시했다.

달에 사람을 태워 가고 지구로 안전하게 돌아오는 로켓을 만들기로 했을 때, 존 F. 케네디 대통령은 미국에 비파괴적 창조를 추구하도록 요구했다. 그러면 국가에 영감을 주고 미국의 과학적 리더십을 세계에 증명할 새로운 기회를 창조할 것이었다. 많은 이들이 그 도전을 현실적인 기회가 아닌 꿈으로만 여겼다. 비파괴적 기회를 창조하고 확보하기 위해서는 무엇이 필요하냐는 질문을 받았을 때, NASA 엔지니어인 베른헤르 폰 브라운Wernher von Braun은 이렇게 대답했다. "그것을 이루기 위한 의지입니다The will to do it."[1]

예전에는 불가능하게 여겨졌던 일이 의지와 노력으로 가능해졌다. 1969년 7월 20일, 아폴로 11호의 비파괴적 창조로 인류는 달에 착륙했다. 그 규모와 영향력은 역사적으로 '인류를 위한 거대한 한 걸음'으로 인정받았다. 규모와 영향력에서 아폴로 11호와 비교하긴 어렵지만, M:NI를 비롯해 지금까지 소개한 모든 비파괴적 창조 사례는 우리 머릿속 가능성의 선입견에 도전했다.

비파괴적 창조가 단지 지적인 이해에 머물러서는 안 된다. 반드시 실현하겠다는 의지와 올바른 방향과 프레임워크가 있다면, 비파괴적 창조를 체계적으로 추진하고 실현할 수 있다. 그러면 사회적 고통 없이 경제가 성장하는 더 나은 세계로 나아갈 수 있다. 그런 희망을 품고 우리는 이 책을 썼다.

감사의 글

17세기 영국 작가 존 돈John Donne은 이렇게 썼다.

"누구도 외딴섬이 아니다. 모든 사람은 대륙의 한 조각, 그 핵심의 일부다."

누구도 자기 혼자만의 힘으로 설 수 없으며, 모두 누군가에게 의지한다. 이 책을 완성하기까지 우리 저자들도 많은 이들의 도움을 받았다.

우리의 학문적인 고향인 인시아드는 계속해서 독특하고 영감을 주는 환경을 제공해왔다. 이론과 실행이 절묘하게 교차하는 인시아드 특유의 학풍, 세계 각지에서 와서 진정한 글로벌 환경을 함께 만든 교수진과 학생들, 그리고 경영자 과정 동료들로부터 큰 도움을 받았다. 일리안 미호프Ilian Mihov 학장과 피터 젬스키Peter Zemsky

부학장은 지속적인 격려와 기관 차원의 지원을 제공해줬으며, 연구 학장인 릴리 팡Lily Fang도 격려와 지원을 아끼지 않았다. 하비에르 히메노Javier Gimeno 학부장과 우르스 파이어Urs Peyer 학위 프로그램 학장, 우리 연구를 지속적으로 지원해준 프랭크 브라운Frank Brown 전 학장에게도 고마움을 표한다.

특히 인시아드 블루오션전략연구소IBOSI의 선임 연구위원과 연구원 등 탁월한 팀에 큰 빚을 졌다. 우리는 오랫동안 매우 유능한 연구진의 도움을 받았지만 특히 최근 수년간 함께 일한 헌신적인 선임 연구위원들, 즉 미 지Mi Ji 구오영Oh Young Koo, 마이클 올레닉Michael Olenick, 멜라니 피피노Mélanie Pipino의 헌신은 오래도록 잊지 못할 것이다. 완벽을 향한 그들의 열정과 사례 연구를 포함한 지속적인 연구 지원이 없었다면, 이 책은 세상에 나오지 못했을 것이다. 연구원들 가운데 비영리단체 '블루오션 고등학생 경쟁 대회'의 사업 총괄자인 주나이라 무니르Zunaira Munir도 빠뜨릴 수 없다. 이 행사는 세계에서 가장 큰 온라인 사례 발표 대회로 100개국 이상에서 학생들이 참여하고 있으며 계속 성장하고 있다. IBOSI의 코디네이터인 레이철 우호친Rachel Ouhocine에게도 감사를 보낸다.

우리 연구에 애정 어린 신뢰를 보여준 MIT 슬론 경영대학원의 수석 부학장인 제이크 코언Jake Cohen에게도 특별한 감사의 말씀을 전한다. 또한 여러 해에 걸친 연구 여정에서 시간을 내준, 비파괴적 창조와 성장을 이룬 기업과 단체, 모든 경영진에게 고마움을 전한다. 개발 단계에 있던 우리의 연구 결과를 공유했을 때 검토해준 전 세계의 많은 경영진과 학생들의 지원 역시 큰 힘이 됐다. 그들의 도전적인 질문과 사려 깊은 피드백은 우리의 아이디어를 명확하고 날카롭게 다듬는 데 도움이 됐다.

그 밖에도 다양한 시점에서 우리를 지원해준 많은 분이 계셨으며, 그 모든 분께 감사의 인사를 전한다. 그중에서도 블루오션 글로벌 네트워크Blue Ocean Global Network의 글로벌 미디어 담당 국장 카샤 두다Kasia Duda를 특별히 언급하고 싶다. 그가 보여준 남다른 헌신과 뛰어난 업무 수행력, 끈끈한 인내력과 깊은 배려심을 오래도록 간직할 것이다. 캡틴! 당신의 존재가 우리에겐 축복입니다. 블루오션 글로벌 네트워크를 이끄는 로버트 봉Robert Bong도 빼놓을 수 없다. 봉 박사님, 여러 해 동안의 지도와 지원, 그리고 소중한 우정에 감사드립니다.

이 책을 쓰면서 하버드 비즈니스 리뷰 출판사의 토마스 웨델-웨델스보그Thomas Wedell-Wedellsborg와 익명의 세 분 등 리뷰어들의 명민한 의견에 큰 도움을 받았다. 이들의 사려 깊은 의견과 피드백은 이 책을 더욱 알차게 해주었다.

마지막으로, HBR출판사의 멀린다 메리노Melinda Merino에게 특별히 고맙다는 인사를 드린다. 편집자로서 오랫동안 우리와 함께해온 그녀는 우리 아이디어에 깊은 신뢰를 보여주었다. 아울러 하버드 비즈니스 리뷰 팀 전체에도 감사드린다. 아디 이그나티우스Adi

Ignatius 편집장을 비롯한 편집위원회의 든든한 지원과 격려, 정곡을 찌르는 코멘트 덕에 집필 과정을 수월하게 마칠 수 있었다. 특히 우리가 원고 마감에 쫓길 때 보여준 너그러움과 인내심에 감동했다. 또한 원고를 훌륭하게 편집해준 마사 스폴딩Martha Spaulding과 젠 웨어링Jen Waring에게도 깊이 감사드린다.

블루오션의 추억

벌써 20년 전, 가치 혁신 이론과 블루오션 전략을 만났을 때 '인생을 바꾸는 순간은 이렇게 오는구나' 싶었다. 남이 하지 않은 일, 기존에 없던 새 시장을 개척해보고 싶다는 욕심도 그렇게 생겼다. 고생도 했다.

한국경제신문에서 2004년 '가치 혁신 시대를 열자'와 2005년 '블루오션으로 가자' 시리즈를 기획하고, 연재하고, 특강도 다니고, 정부혁신위원으로 활동했다. 가슴 뛰는 시절이었다. 그러나 전파보다 더 관심이 있었던 것은 스스로 블루오션 시장을 개척해보는 것이었다. '대한민국 혁신포럼', '블루오션 파이어니어 대회', '29초 영화제' 등이 그 소산이었다. 열심히 한다고 했지만 세상을 놀라게 할 만한 것은 아니었다. '남 탓'이 많았다.

그런데 미국의 '블루오션 고등학생 경쟁 대회'가 세계 대부분 나라에서 참가하는 초대형 대회로 성장한 것을 보고, 또 프랑스의 한 청년이 '블루오션 어워드Blue Ocean Award'를 만들어 전 세계를 돌고 있다는 기사를 보면서는 결국 '내 탓'이 됐다.

이 책을 번역하기로 한 것은 그 반성의 결과다. 경영 서적을 통해 뭔가를 얻으려면 실천이 중요하다. 특히 혁신론은 새로운 상품, 서비스를 내놓아야 꽃을 피울 수 있다. 제대로 알리고, 소개하고, 특히 꽃을 피우는 데까지 도움을 줄 수 있도록 하자는 게 목표다. 한국비파괴적성장연구소Korea Nondisrptive Growth Institute를 만든 이유가 그것이다.

모든 이론이 그렇지만, 특히 경영 이론은 하나의 렌즈다. 세상을 보는 새로운 눈을 제공한다. 우리는 이 책을 통해 창조 또는 혁신, 즉 새로운 상품과 서비스를 어떻게 만들어낼 것이냐 하는 관점에서 새로운 렌즈를 갖게 됐다. 아무도 건드리지 않았던 문제를 해결하고자 할 때, 또 어떤 이유로든지 드러나지 않은 기회를 찾아내 실현하고자 할 때 새로운 렌즈가 없으면 시작조차 하기 어렵다.

참고로 이번 책에서는 자세한 분석 도구에 대해서는 언급이 없다. 팁을 드리자면, 《블루오션 전략》의 분석 도구를 쓴다는 대전제가 있다는 것이다. 특히 전략캔버스, ERRC, 비고객 등과 관련된 툴들은 바로 쓰면 된다. 《블루오션 전략》의 애독자라면 비고객의 종류가 기억날 것이다. 그중에서 3차 비고객third-tier non-customers이 누구인가. 바로 비파괴적 혁신이 말하는 기존의 산업 경계 외부에, 또는 너머에 있는 사람들이다. 재미있지 않으신가?

그동안 풀리지 않았던, 혼자라서 자신이 없었던 분들이 이 책을 통해 활연관통豁然貫通하는 신비한 체험을 하시길 기대한다.

세계 경영사의 지평을 바꾼 저자들의 사상을 잘 소개하기 위해 애썼다. 그럼에도 실수가 있다면 모두 내 역량이 부족해서다. 모든 분께 감사드린다.

권영설

1
—

1. WHO, 〈시력에 관한 세계 보고서〉, 2019년.

2. 구글 트렌드에 따르면, 'disruption'이라는 단어의 상대적 관심 검색 횟수가 지속적으로 증가하고 있다. 직전 점수에 비해 4배로 증가했으며, 이는 해당 용어에 대한 관심이 높아지고 있음을 나타낸다. 이 용어가 인기를 끌게 된 데는 파괴적 기술 및 혁신에 관한 클레이튼 크리스텐슨의 영향력 있는 연구의 영향이 가장 크다. 그의 고전적인 작품인《혁신기업의 딜레마》를 참고하라. 그는 저가 시장에서 일어나는 파괴가 기존의 위대한 기업들을 도산시키는 것을 관찰하고 이론을 발전시켰다. 그러나 대중은 이 파괴라는 용어를 더 넓은 맥락으로, 즉 새로운 것이 기존 시장 및 업체를 저가와 고가 시장 모두에서 대체하는 혁신 현상을 설명하는 데 사용하고 있다. 우리가 여기서 사용하는 파괴라는 용어는 대중의 일반적인 이해를 말하는 것이다. 최근 연구에 따르면 파괴는 기존 저가 시장과 고가 시장에서, 그리고 자원이 제한된 소규모 기업과 자본이 막대한 대규모 기업 모두에서 발생한다는 점을 보여준다. 최근 연구에 대한 자세한 내용은 12번 주석을 참고하라.

3. 파괴에 대한 찬사 중 대표적인 예는 〈포브스〉의 '연례 파괴 리스트'와 CNBC의 '올해의 파괴자 50' 등이다.

4. 우리 저자들이 비파괴적 창조 이론을 공식적으로 처음 소개한 논문은 〈비파괴적 창조: 혁신과 성장을 다시 생각함(Nondisruptive Creation:

Rethinking Innovation and Growth)〉(Sloan Management Review, Spring 2019, 52-60)이다. 또 우리의 전작 《블루오션 시프트》 제2장을 참고하라.

5. 비파괴적 창조란 창출된 제품이나 서비스가 기존 산업에 비파괴적임을 뜻한다. 이는 기업에 대한 것이 아니라 시장에 대한 것으로 정의된다. 예컨대 애플이 아이팟을 내놓고 나중에 아이튠즈를 출시했는데, 이 둘은 회사 자체에는 파괴적이지 않았다. 애플은 이 신제품으로 대체될 음악 재생 장치나 음악 소매 사업이 없었기 때문이다. 그러나 이 둘은 기존 산업에 대해서는 파괴적이었다. 아이팟은 휴대용 음악 재생 기기 산업을 파괴하고, 아이튠즈는 음악 소매 산업을 파괴했다. 우리의 용어로 보자면 애플이 아이팟과 아이튠즈를 만든 것은 비파괴적 창조의 사례가 아니다. 이 둘은 모두 기존 산업에 대해 파괴적이었기 때문이다.

6. 판매자와 구매자 간의 공식적인 거래를 통해 제공되는 시장 솔루션, 그리고 생리 기간에 더러운 천을 사용하는 것과 같은 비공식적이거나 비시장적인 솔루션을 구별하는 것이 중요하다. 위생 생리대가 여성들이 생리 기간에 옥수수 껍질이나 낡은 천을 사용할 필요성을 없앤 건 맞지만, 이것을 시장 파괴와 혼동해서는 안 된다. 시장 파괴는 혁신적인 제품이나 서비스가 기존 산업과 그 산업의 기업들을 대체할 때 일어난다. 비공식적이거나 비시장적인 솔루션만 있는 곳에서 시장적인 솔루션을 제공하는 혁신은 어떤 기존 시장도 대체하지 않으면서 성장을 만들어낸다. 사실, 많은 비파괴적 창조가 이런 식으로 이루어진다.

7. 과학적 발명과 기술 주도형 혁신이 비파괴적 창조를 이룰 수도 있지만 파괴적 창조로 이어지는 경우도 많다. 예를 들면, 새로운 기술의 자율 주행차는 기존 일반 자동차에 대해 파괴적이다. 또 과학적 발명의 경우에도 아세트아미노펜이나 이부프로펜이 여러 가지 치료에서 아스피린을

상당 부분 대체하기도 한다. 그러므로 과학적 발명과 기술 주도형 혁신을 비파괴적 창조와 혼동해서도, 같은 뜻으로 봐서도 안 된다.

8. 비아그라, 남성용 화장품, 3M 포스트잇, 휴대전화 액세서리, 라이프코칭, 핼러윈 애완동물 패션 등도 유사하다.

9. C. K 프라할라드(C. K. Prahalad)의 영향력 있는 책인 《저소득층 시장을 공략하라》는 세계에서 가장 가난한 수십억 명의 사람들 사이에서 기업이 새로운 시장을 구축함으로써 이익을 얻는 동시에 빈곤을 줄이는 방법을 설명했다. 그의 책은 비파괴적 창조에 대한 것은 아니지만, 거기에 소개된 일부 새로운 시장은 기존 산업 경계 외부에서 창출됐기 때문에 비파괴적인 예시라고 할 수 있다. 마찬가지로 클레이튼 크리스텐슨·에포사 오조모(Efosa Ojomo)·캐런 딜런(Karen Dillon)은 선진 시장의 아직 서비스되지 않은, 가난한 계층을 위한 시장 창조형 혁신이 지속 가능한 번영의 길임을 보여주었다. 이런 연구들이 비파괴적 창조에 대한 것은 아니지만, 비파괴적 창조가 신흥 국가에 미치는 엄청난 잠재적 영향을 시사한다. 같은 저자들의 《번영의 역설》도 참고하라.

10. 세계 최초의 제품이 비파괴적일 수도 있지만, 택시 업계에 대한 우버의 사례나 필름 카메라 산업에 대한 디지털 카메라의 사례와 같이 파괴적일 수도 있다. 이와 관련해서 사피 바칼(Safi Bahcall)의 《룬샷》이 비파괴적 창조를 다룬 것으로 혼동하거나 오해해서는 안 된다. 룬샷은 파괴적일 수도 있고 비파괴적일 수도 있다.

11. 새로운 상품이 기존 시장에 반드시 비파괴적이어야 하는 것은 아니다. 이에 대한 경제적 중요성에 대한 논의는 티머시 브레즈너한(Timothy Bresnahan)과 로버트 고든(Robert Gordon)이 쓴 《새로운 상품의 경제학(The Economics of New Goods)》(University of Chicago Press, 1996)을 참고하라. 또 아마르 비데(Amar Bhidé)의 저작 《벤처

섬 경제(The Venturesome Economy)》(Princeton University Press, 2008)도 참고하라. 이 책에서 그는 비파괴적 기업가 정신이 주도하는 새로운 상품 창출의 중요성에 대해 논한다.

12. 예를 들어, 글렌 슈미트(Glen Schmidt)와 셰릴 드룰(Cheryl Druehl)은 "현재의 시장을 극적으로 파괴하는 혁신이 꼭 크리스텐슨이 말하는 파괴적 혁신인 것은 아니다"라고 주장한다. 그들의 연구에서는 파괴의 두 가지 주요한 패턴, 즉 저가 시장에서 접근하는 경우와 고가 시장에서 접근하는 경우를 나눠서 본다. 이 가운데 고가 시장 접근이 "즉각적이고 강렬하다"라고 강조한다. 그들이 쓴 논문 〈파괴적 혁신은 언제 파괴적인가?(When Is a Disruptive Innovation Disruptive?)〉〈Journal of Product Innovation Management 25, no. 4 (2008): 347-369)를 참고하라. 마찬가지로, A. 수드(A. Sood)와 G. 텔리스(G. Tellis)는 파괴는 하위 공격뿐 아니라 기존 시장의 제품이나 서비스보다 우월한 것을 제공함으로써 시작하는 상위 공격에서도 발생한다고 주장한다. 이는 주류 시장의 파괴가 하위 접근이나 열악한 제품 또는 서비스에 의한 침범에만 한정되지 않음을 보여준다. 그들의 논문 〈파괴의 신화를 벗기다(Demystifying Disruption)〉〈Marketing Science 30, no. 2 (2011): 339-354)에서 확인하라. 조슈아 갠스(Joshua Gans)는 아이폰이 휴대전화 산업을 상위에서 파괴했으며, 이런 파괴의 근원은 크리스텐슨이 정의하는 하위 공격이나 기반 점령 공격에만 국한되지 않는다고 상세히 설명한다. 갠스의 책 《파괴의 딜레마(The Disruption Dilemma)》(MIT Press, 2017)에서 확인하라. 최근 에이탄 뮬러(Eitan Muller)는 파괴가 일반적인 이론이 되기 위해서는 고가 시장에서 일어나는 파괴를 비즈니스의 현실로 받아들여야 한다고 제안했다. 그의 논문 〈파괴를 재정의함: 왜 우버는 파괴적이고, 에어비앤비는 파괴적이지 않은가(Delimiting Disruption:

Why Uber Is Disruptive, but Airbnb Is Not)〉(International Journal of Research in Marketing 37, no.1, 2019)를 참고하라. 이런 연구들은 파괴가 자원이 적은 소규모 기업에서 비롯될 필요는 없으며, 규모 있는 기존 기업에서도 발생할 수 있음을 보여준다.

13. 크리스텐슨이 쓴《혁신기업의 딜레마》를 참고하라.

14. 조지프 슘페터가 쓴 고전《자본주의·사회주의·민주주의》를 참고하라.

15. 우리 저자들의 논문〈비파괴적 창조〉를 참고하라. 이와 관련해 조슈아 갠스는 파괴에 대한 문헌 검토에서 슘페터의 '창조적 파괴'를 파괴의 개념적 기원으로 봤다. 갠스의《파괴의 딜레마》를 참고하라.

16. 비파괴적 창조와 마찬가지로, 파괴적 창조 역시 회사 자체보다는 시장을 기준으로 정의된다.

17. 여기서 파괴적 창조의 정의는 슘페터의 창조적 파괴 개념과 맥락을 같이 한다. 그는 "(창조적 파괴가) 경제 구조를 내부에서 혁명적으로 끊임없이 바꾸고, 옛것을 끊임없이 파괴하며, 새로운 것을 끊임없이 창조한다"라고 설명했다. 슘페터의《자본주의·사회주의·민주주의》를 참고하라.

18. 파괴에 대한 연구는 파괴가 발생하는 이유와 방법부터 파괴적 위협에 대응하는 방법, 파괴적 사고방식까지 다양한 문제를 다룬다. 그러나 파괴로 인해 발생하는 부정적인 사회적 외부성은 거의 주목하지 않는다. 슘페터는 창조적 파괴의 사회 복지적 영향을 인식했지만, 그의 연구는 경제학자의 관점에서 경제 발전과 성장에 대한 장기적인 영향에 초점을 맞춘 것이었다. 그러나 비즈니스적 관점에서 이런 사회적 비용은 회사가 현재와 미래에 비즈니스와 사회를 균형 있게 고려하는 데 큰 영향을 미친다.

19. 조나 버거의 영감을 주는 책《컨테이저스: 전략적 입소문》을 참고하라.

20. 존 힉스의 논문〈복지 경제학의 범위와 현 위치(The Scope and Status

of Welfare Economics)〉(Oxford Economic Papers, new series, 27, November 3, 1975, 307-326)를 참고하라.

21. 폴 로머의 논문 〈증가하는 수익과 장기적인 성장(Increasing Returns and Long-Run Growth)〉(Journal of Political Economy 94, no. 5 (October 1986): 1002-1037), 그리고 그의 또 다른 논문 〈내부적 성장의 원천(The Origins of Endogenous Growth)〉(Journal of Economic Perspectives 8, no. 1 (1994): 3-22)을 참고하라.

22. 가장 넓은 의미에서 혁신이라는 용어는 새롭고 (또는) 독창적인 것을 설명하는 데 사용될 수 있지만, 앞서 언급했듯이, 여기서 우리의 초점은 시장 창조를 가능케 하는 혁신에 한정돼 있다. 이는 새로운 성장의 엔진으로 작용한다.

23. 김위찬·르네 마보안의《블루오션 전략》을 참고하라.

24. 김위찬·르네 마보안의《블루오션 시프트》를 참고하라.

25. 슘페터의 초점은 경제 성장에서 창조적 파괴의 중요성에 있었다. 그에 비해 크리스텐슨의 초점은 기존 기업들이 경계를 허술히 하거나 대응하지 않음으로써 실패하게 된 조직적인 이유를 규명하는 데 있었다. 크리스텐슨은 2015년 스티브 데닝(Steve Denning)과의 인터뷰에서 "파괴라는 개념은 경쟁적 대응을 설명하기 위한 것으로, 성장에 관한 이론은 아니다"라고 말했다. 스티브 데닝의 기사 〈파괴적 혁신에 관한 클레이튼 크리스텐슨의 신선한 통찰(Fresh Insights from Clayton Christensen on Disruptive Innovation)〉(Forbes, 2015년 12월 2일)을 읽어보라.

26. '비소비(nonconsumption)'라는 개념과 비파괴적 창조라는 개념을 혼동해서는 안 된다. 디스크 드라이브 산업의 예에서 알 수 있듯이, 파괴적 혁신 이론에서 비소비라는 용어는 기존 산업의 리더 기업들이 버려둔 저가 시장이나 주변 시장을 설명할 때 사용된다. 이 비소비 시장이 저가

파괴자들에게는 진입의 발판이 되고, 이들이 결국 산업을 지배하게 될 때 기존 리더 기업들이 실패한다고 파괴적 혁신 이론은 설명한다. 크리스텐슨의《혁신기업의 딜레마》를 참고하라. 우리의 용어로 말하자면, 이는 저가 시장에서 발생하는 파괴적 창출의 사례다. 반면 파괴적 혁신 이론에서는 이 용어를 저가 시장이나 저소득층을 위한 시장 솔루션이 없는 프런티어 시장을 설명할 때 사용하며, 그런 비소비 상황을 완전히 새로운 시장 창출의 기회로 간주한다. 크리스텐슨·오조모·딜런의《번영의 역설》을 참고하라. 이 역시 우리의 용어에 따르면, 특정 분야에서 일어나는 비파괴적 창조의 사례가 될 수 있다. '비소비'라는 용어가 사용되는 맥락에 따라 파괴적 창조나 블루오션 또는 비파괴적 창조의 잠재적 시장 기반으로 작용할 수 있다. 구체적으로 말하면 비소비가 기존 산업 경계 내에서 존재할 때는 파괴적 창조의 잠재적 시장 기반으로 작용하며, 기존 산업 경계 외부에 존재할 때는 비파괴적 창조의 기반으로 작용한다. 또 이와 연관된 아이디어인 '수행해야 할 작업(jobs to be done)'을 파괴적 창조를 이루기 위한 도구로 봐서는 안 된다. 비소비와 마찬가지로, 이 도구가 어떤 맥락에서 어떻게 적용되는지에 따라 파괴적 창조, 블루오션 전략, 비파괴적 창조 등을 이루는 데 도움을 줄 수 있다. 또 '수행해야 할 작업'을 통해 고객 경험을 크게 향상시켜 고객들이 현재 사용 중인 제품을 '해고(fire)'하고 당신의 제품을 '채용(hire)'하도록 도울 수도 있다. 그러나 '수행해야 할 작업'이라는 아이디어가 중요하긴 하지만, 비파괴적 창조와 혼동해선 안 되고 동일한 개념으로 간주해서도 안 된다. 크리스텐슨 등의 논문 〈당신 고객들의 '수행해야 할 작업'을 알라(Know Your Customers' 'Jobs to Be Done')〉〈Harvard Business Review, 2016년 9월)를 참고하라.

2

1. 제1장의 12번 주석에서 설명한 대로, 최근 연구에 따르면 파괴적 혁신은 기존 저가 시장부터 고가 시장까지, 자원이 적은 소규모 기업부터 자본력이 막대한 기존 기업까지 모든 곳에서 일어난다는 것이 입증됐다.

2. 버크민스터 풀러는 우주와 그 안에 존재하는 동적인 상호 연결성이 곧 물질적인 존재를 이루는 각각의 물리적 시스템을 설명하는 것으로 여겼다. 그는 꿀벌이 꿀을 모으는 과정에서 의도치 않게 꽃가루를 전파하는 수분(受粉) 시스템을 연구하고 '부수적 효과'라는 개념을 제시했는데, 한 요소의 행동이 의도와 무관하게 우주 안에서 상호 연결된 노드들(nodes)에 영향을 미치는 결과를 초래한다는 뜻이다. 자세한 내용은 그의 저서《시너제틱스 2(Synergetics 2)》(MacMillan, 1979)를 참고하라.

3. 파괴는 일반적으로 패닉과 불안감을 일으키는 요소와 연관돼 있다. 예를 들어, 조슈아 갠스는《파괴의 딜레마》에서 "닷컴 버블 붕괴와 9·11 테러로 전 세계의 경영자들은 불안의 메시지를 받아들였다"라며 이것이 파괴의 특성과 조화를 이뤘다는 점을 고찰한다. 또한 하버드 교수이자 역사학자인 질 레포어(Jill Lepore)는 "파괴는 깊은 불안에 기초한 것"이라고 지적한다. 그의 글 〈파괴 기계: 왜 혁신의 가스펠이 잘못되고 있는가(The Disruption Machine: What the Gospel of Innovation Gets Wrong)〉(New Yorker, June 23, 2014)를 참고하라. 그 밖에도 파괴에 대한 두려움을 다룬 많은 자료가 있다. 특히 폴 라인완드(Paul Leinwand)와 체사레 마이나르디(Cesare Mainardi)의 글 〈파괴에 대한 두려움이 실제 파괴보다 더 해로울 수 있다(The Fear of Disruption Can Be More Damaging Than Actual Disruption)〉(Strategy + Business, 2017년 9월)를 참고하라.

3

1. 짐 매켈비의 글 〈좋은 기업가는 파괴를 목표로 하지 않는다(Good Entrepreneurs Don't Set Out to Disrupt)〉(하버드 비즈니스 리뷰, 2020년 5월)를 참고하라. 그의 뛰어난 책《언카피어블》도 참고하라. 스 퀘어의 창업 얘기를 다룬다.

2. 기존 시장에서 파괴는 고가 시장, 저가 시장 모두에서 발생한다. 제2장 에서 논의한 대로, 두 경우 어디든 공통적인 성공 요인은 기존 제품이나 서비스에 비해 소비자 편익을 얼마나 증대시킬 수 있느냐 하는 점이다.

3. '대체 효과(replacement effect)'로 알려진 경제 분석의 핵심 개념이 다. 케네스 애로(Kenneth Arrow)가 영향력 있는 논문 〈경제적 복지, 그 리고 발명을 위한 자원 분배(Economic Welfare and the Allocation of Resources for Inventions)〉에서 탐구한 이론이다. 이 논문은 R. 넬 슨(R. Nelson)이 편집한 책《발명 활동의 속도와 방향(The Rate and Direction of Inventive Activity)》(Princeton University Press, 1962) 에 실려 있다. 이 이론은 기존 기업들이 새로운 제품이나 혁신을 도입할 때, 기존 제품이나 사업과 그에 따르는 이익이 대체되는 것을 꺼리는 경 향이 있다고 설명한다. 이에 따르면, 사람들은 새로운 일에서 발생할지 도 모를 잠재적 이익을 얻기 위해서는 이미 잘 알고 있는 기존의 이익을 버려야 한다. 하지만 그러면 손해를 볼 수도 있기에 이미 하고 있는 기존 사업을 파괴하는 것을 싫어하게 돼 있다는 것이다.

4. 이 외에도 마이클 터시먼(Michael Tushman)과 필 앤더슨(Phil Anderson)의 훌륭한 연구를 참고하라. 그들은 기업 내에 기존 역 량을 파괴하는 혁신이 증가하면 기업이 그것을 받아들이기가 어 려워진다는 사실을 발견했다. 그들의 논문 〈기술적 불연속성과 조

직적 환경(Technological Discontinuities and Organizational Environments)〉〈Administrative Science Quarterly 31, no. 3 (1986): 439-465)을 참고하라.

5. 갠스는 파괴적 변화를 관리하는 네 가지 방법에 대해 훌륭한 개요와 평가를 제공했다. 각 방법에서는 상충관계가 발생하는데, 더 효과적인 방법일수록 더 많은 비용이 든다는 사실을 강조했다. 그의 책《파괴의 딜레마》를 참고하라.

6. '대체 효과'는 기존 기업이 외부의 파괴적 위협에 맞서거나 '우리 비즈니스를 다른 이들이 파괴하기 전에 스스로 파괴하라'라는 주장에 대응할 때 갖는 동인이다. 이는 비파괴적 창조에 해당하지 않는다. 왜냐하면 비파괴적 창조에서는 기존 기업이 비즈니스(그리고 이에 따르는 이익 및 성장)를 파괴할 필요가 없기 때문이다.

7. 우리가 주장하는 바는 파괴적이냐 아니냐와 관계없이, 일반적으로 특정 산업 분야에서는 표준 규제적 검토와 조치가 존재하며 그 영향이 더 커지리라는 점이다. 그러나 일반적으로, 비파괴적 창조는 기존 시장과 그에 따르는 기업 또는 일자리를 대체하지 않기 때문에 규제 및 외부 이해관계자의 저항이 적을 것으로 예상된다.

8. 조직이 현재 수익과 내일의 성장을 확보하기 위해 포트폴리오를 관리할 때, 비파괴적 창조와 파괴적 창조는 이를 달성하는 보완적인 접근 방식이다. 조직은 특정 사업에서는 파괴적 창조를 추구하고 다른 사업에서는 비파괴적 창조를 추구하는 등 다양한 방식을 동시에 사용할 수 있다. 예를 들어, 스페이스X는 재사용 로켓과 계획 중인 완전 재사용형 스타십(Starship, 우주 탐사선) 등을 통해 파괴적 혁신 활동을 벌이고 있다. 동시에 상업용 우주여행, 화성의 커뮤니티 구축, 행성 간 인간 존재의 영역 확장 등 비파괴적 창조도 추구하고 있다.

4

1. 밀턴 프리드먼이 〈뉴욕타임스〉에 쓴 영향력 있는 글을 읽어보라. 이 글은 그의 중심 논제를 잘 요약한 것이다. 〈프리드먼 원칙: 기업의 사회적 책임은 수익을 늘리는 것이다(A Friedman Doctrine-The Social Responsibility of Business Is to Increase Its Profits)〉(New York Times, September 13, 1970), https://www.nytimes. com/1970/09/13/archives/a-friedman-doctrine-the-social -responsibility-of-business-is-to.html.

2. 주주 중심 모델에서 이해관계자 중심 모델로 전환하는 일은 꾸준하고 도 별다른 비판 없이 이루어져 왔다. 예를 들어, 2019년에 전미 비즈니 스 라운드테이블(US Business Roundtable)에서는 모든 이해관계자에 게 더 많은 가치를 제공하겠다는 약속을 담은 성명을 발표했다. 미국의 유력 기업 CEO 250명이 서명한 이 성명서는 비즈니스가 단순히 수익 만이 목표가 아니라는 신호를 보냈다. 이와 함께 이해관계자 중심의 흐 름은 전 세계적으로 강해지고 있으나, 이런 접근 방식에 대한 반발도 존 재한다. 이런 점에서 이해관계자에 대한 관심은 새로운 것이 아니다. 예 를 들어, 아돌프 베를(Adolf Berle)과 가디너 민스(Gardiner Means) 는《현대 기업과 사유재산(The Modern Corporation and Private Property)》(Harcourt, Brace, and World Inc., 1932)에서 모든 이해 관계자의 이익을 고려하는 장기적 시각이 이익을 극대화하는 최선의 방법이라고 주장했다. 또 조지프 스티글리츠(Joseph Stiglitz)와 샌포 드 그로스먼(Sandford Grossman)의 초기 작업에서는 주주 중심의 자 본주의가 사회적 복지를 오랜 기간에 걸쳐 극대화하지 못했음을 보여 주면서 이해관계자에 대한 관심을 더욱 강조했다. 그들의 논문 〈정보적

으로 효율적인 시장의 불가능성에 관한 연구(On the Impossibility of Informationally Efficient Markets)〉(American Economic Review 70, no. 3 (1980): 393-408)를 참고하라. 최근에는 마이클 포터(Michael Porter)와 마크 크레이머(Mark Kramer) 등이 비즈니스와 사회 간의 더 나은 조화를 탐구하고 있다. 이들의 논문 〈공유 가치 창출에 관하여(Creating Shared Value)〉(Harvard Business Review, January-February 2011)를 참고하라. 클라우스 슈밥(Klaus Schwab)과 비터 반햄(Peter Vanham)도 저서 《자본주의 대예측》에서 이해관계자 중심 자본주의로 전환해야 한다는 주장을 펼쳤다.

3. 옥스퍼드이코노믹스의 보고서 〈로봇은 어떻게 세상을 바꾸고 있나(How Robots Change the World)〉(June 2019, https://www. oxfordeconomics.com/resource/how-robots-change-the-world/)를 참고하라.

4. 마크 무로(Mark Muro) · 로버트 맥심(Robert Maxim) · 제이컵 휘튼(Jacob Whiton)의 논문 〈자동화와 인공지능(Automation and Artificial Intelligence)〉(Brookings Institution, January 24, 2019)을 참고하라.

5. 기사 〈주식 시장은 이제 컴퓨터와 알고리즘, 그리고 수동적인 관리자들에 의해 운영된다(The Stockmarket Is Now Run by Computers, Algorithms, and Passive Managers)〉(Economist, October 5, 2019)를 참고하라.

6. 칼 베네딕트 프레이(Carl Benedikt Frey) · 마이클 A. 오즈번(Michael A. Osborne)의 논문 〈고용의 미래: 일자리는 컴퓨터화에 얼마나 취약한가?(The Future of Employment: How Susceptible Are Jobs to Computerization?)〉(University of Oxford, September 17,

2013)를 참고하라.

7. D. 아르딜라(D. Ardila) 등의 논문 〈저용량 가슴 컴퓨터 단층촬영에서 3차원 딥러닝을 활용한 폐암 조영 검사(End-to-end lung cancer screening with threedimensional deep learning on low-dose chest computed tomography)〉(Nature Medicine 25 (2019): 954-961)를 참고하라.

8. 스콧 매키니(Scott McKinney) 등의 논문 〈유방암 스크리닝을 위한 인공지능 시스템의 국제적 평가(International Evaluation of an AI System for Breast Cancer Screening)〉(Nature 577 (2022): 89-94)를 참고하라.

9. 예를 들어 오픈AI(OpenAI)의 달-E 2(DALL-E 2), 미드저니(Midjourney), 스테이블 디퓨전(Stable Diffusion) 등은 자연어 설명을 기반으로 원본 이미지와 아름다운 예술 작품을 생성한다. 이 세 가지는 모두 간단하고 추상적인 텍스트 설명을 바탕으로 놀라운 시각물을 만들어낼 수 있다. 오픈AI의 챗GPT(ChatGPT)는 질문에 대답하는 것 외에도 이미 에세이나 이야기를 만들어낼 뿐 아니라 심지어 시를 쓸 수도 있다. 음악 분야도 예외가 아니다. 오픈AI의 주크박스(Jukebox)는 다양한 음악을 생성하며, 뮤즈넷(MuseNet)은 컨트리 음악부터 클래식, 팝까지 다양한 스타일을 결합한 짧은 작품을 만들어낼 수 있다. 창조적인 분야냐 아니냐와 관계없이, 인공지능은 대부분 영역에서 놀라운 속도로 발전하고 있다.

10. 여러 책이 있는데 그중에서도 마틴 포드(Martin Ford)가 쓴 《로봇의 부상: 기술 그리고 고용 없는 미래에 대한 위협(Rise of the Robots: Technology and the Threat of a Jobless Future)》(Basic Books, 2015)을 참고하라.

11. 대니얼 서스킨드(Daniel Susskind)가 쓴 《노동의 시대는 끝났다》를 참고하라.

12. 이 장 앞부분에서 논의한 대로, 이 퍼즐을 완성하는 데는 역량 강화와 재교육, 고용상 장애를 겪는 사람들에 대한 재정적 지원, 인적 자본 투자에 대한 세제 혜택, 그리고 취약한 지역 경제와 지역사회를 지원하는 것을 포함하여 많은 구성 요소가 필수적이다.

5

1. 비파괴적 창조는 시장 창조 혁신의 한 형태이며, 둘이 동일한 게 아니다. 성장 모델에서 보여주듯이, 시장 창조 혁신은 전체 스펙트럼을 포용하는 포괄적인 개념으로 스펙트럼 한쪽 끝에 파괴적 혁신이 있고 반대편 끝에 비파괴적 혁신이 있다.

2. 김위찬·르네 마보안의 《블루오션 전략》을 참고하라. 또 같은 저자들의 《블루오션 시프트》도 참고하라.

3. 기술이 발전함과 함께 사람들이 다양한 장치를 통해 미디어를 소비하게 돼 전반적인 TV 시청률은 수년째 감소하고 있다. 그러나 스포츠는 전통적인 TV의 '구원 천사'로서 여전히 프라임타임 프로그램 중에서 가장 높은 시청률을 유지하고 있다. 이런 상황은 e-스포츠의 등장으로 변화하거나 파괴되지 않았다. 2019~2020 시즌에 미국인들이 가장 많이 시청한 TV 프로그램은 NBC의 〈NFL Sunday Night Football〉이었으며, 같은 해에 NBA 결승 시리즈는 미국에서 약 750만 명이 시청했다. 크리스티나 고프(Christina Gough)의 글 〈미국 TV에서의 스포츠: 통계와 사실(Sports on US TV - Statistics & Facts)〉(Statista.com, 2021년 5월 10일)을 참고하라. 또 2020~2021 시즌에는 NBC의 〈NFL Sunday

Night Football〉과 Fox의 〈Thursday Night Football〉이 미국에서 TV 방송 중 광고비가 가장 비싼 프로그램이었다. 이 프로그램에서 30초 광고는 가격이 각각 78만 3,700달러와 62만 4,600달러로 책정됐다. A. 거트만(A. Guttmann)의 글 〈미국에서 광고비가 가장 비싼 TV 방송 프로그램(Priciest Shows for Advertisers on Broadcast TV in the U.S. 2020/21)〉(Statista.com, 2022년 6월 2일)을 참고하라.

6
—

1. 이 아이디어의 뿌리는 조 베인(Joe Bain)의 '구조-행동-성과 패러다임'으로 거슬러 올라갈 수 있다. 여러 책이 있지만 특히 조 베인이 편집한 《산업 조직(Industrial Organization)》(Wiley, 1959)을 참고하라.

2. 이 견해는 대부분 로버트 솔로(Robert Solow)의 성장 모델에 뿌리를 두고 있다. 이 모델에 대한 그의 초기 논의는 〈경제 성장 이론을 논함(A Contribution to the Theory of Economic Growth)〉(Quarterly Journal of Economics 70, no. 1 (February 1956): 65-94)에 잘 나타나 있다. 이 논문에서 솔로는 기술적 성장이 혁신과 장기적 경제 성장의 핵심 요소임을 입증했다.

3. 기업가를 혁신의 주인공이자 주체로 위치시킨 사람으로는 많은 학자 가운데서도 조지프 슘페터를 꼽을 수 있다. 이런 아이디어는 그의 책 《경제발전론(Theory of Economic Development)》(Routledge, 2021)에서 처음으로 소개됐다.

4. 이 아이디어의 개념적 구성과 논의를 살펴보기 위해 김위찬과 르네 마보안의 논문 〈전략이 구조를 형성하는 방법(How Strategy Shapes Structure)〉(Harvard Business Review, September 2009, 72-80)을

참고하라.

5. 가치 혁신 이론은 신시장 창출의 맥락에서 소개되고 논의됐다. 이는 모든 형태의 시장 창조 혁신, 즉 비파괴적 창조, 블루오션 전략, 파괴적 창조 등에 적용된다. 이론의 개념적 기반과 심층적인 논의를 살펴보려면 김위찬과 르네 마보안의 논문 〈전략, 가치 혁신 그리고 지식경제(Strategy, Value Innovation, and the Knowledge Economy)〉(MIT Sloan Management Review 40, no. 3 (April 1999): 41-54.)를 참고하라. 실용적인 함의에 대해서는 김위찬과 르네 마보안의 또 다른 논문 〈가치 혁신: 고성장의 전략적 논리(Value Innovation: The Strategic Logic of High Growth)〉(Harvard Business Review, January-February 1997, 102-112)를 참고하라.

6. 솔로의 논문 〈경제 성장 이론을 논함〉, 폴 로머의 논문 〈내생적 기술 변화(Endogenous Technological Change)〉(Journal of Political Economy 98, no. 5 (October 1990): S71-S102)를 참고하라.

7. 사르브 데바라지(Sarv Devaraj)와 라지브 콜리(Rajiv Kohli)의 논문 〈정보 기술의 성과 임팩트: 실제 사용이 빠진 링크인가?(Performance Impacts of Information Technology: Is Actual Usage the Missing Link?)〉(Management Science 49, no. 3 (March 2003): 273-289), 라지브 사베르왈(Rajiv Sabherwal)과 아난드 제야라지(Anand Jeyaraj)의 논문 〈기업 성과에 미치는 정보 기술의 임팩트(Information Technology Impacts on Firm Performance: An Extension of Kohil and Devaraj (2003))〉(MIS Quarterly 39, no. 4 (December 2015): 809-836) 등을 참고하라.

8. 3M의 실험을 기반으로 한 연구에 따르면, 제조 업체의 전통적인 접근 방식으로 이뤄진 혁신과 비교할 때 선도적 사용자나 실무자가 이룬 혁

신이 세상의 새로운 문제나 기회를 해결할 때 훨씬 효과적인 것으로 나타났다. 이 3M의 실험은 게리 L. 릴리엔(Gary L. Lilien) 등의 논문 〈선도적 사용자 아이디어 생성 과정의 성과 평가(Performance Assessment of the Lead User Idea Generation Process)〉(Management Science 48, no. 8 (August 2002): 1042-1059)에 발표됐다.

9. 제임스 서로위키의 책 《군중의 지혜》, 톰 켈리(Tom Kelley)와 데이비드 켈리(David Kelley)의 《유쾌한 크리에이티브》를 참고하라.

10. 이 점과 관련해서는 서로위키의 《군중의 지혜》 외에 S. A. 휼렛(S. A. Hewlett)·M. 마셜(M. Marshall)·L. 셔빈(L. Sherbin) 등의 논문 〈다양성은 어떻게 혁신을 가속하는가(How Diversity Can Drive Innovation)〉(Harvard Business Review, December 2013, 30)도 참고하라.

11. 저자들의 연구 인터뷰.

7

1. 사례 연구를 위해 실시된 김위찬·르네 마보안·미 지 등의 인터뷰 〈핀테크: 파괴 없는 혁신: 프로디지파이낸스는 어떻게 고성장과 사회적 선을 동시에 성취했는가(Fintech: Innovation without Disruption: How Prodigy Finance Achieved High Growth and Social Good)〉(Case 6523, Fountainebleu, France: INSEAD, 2019)를 참고하라. 이 연구는 2020년 EFMD 재무 및 금융 사례 연구 최우수상을 받았다.

2. 저자들의 연구 인터뷰.

8

1. 사례 연구를 위해 실시된 김위찬·르네 마보안·미 지 등의 인터뷰 〈핀테크: 파괴 없는 혁신〉을 참고하라.
2. 마이클 데이비스(Michael Davis)의 책 《거리의 친구들: 세서미 스트리트의 완전한 역사(Street Gang: The Complete History of Sesame Street)》(Penguin Books, 2009, 109)를 참고하라.

9

1. 짐 매켈비의 홀륭한 책 《언카피어블》에서 이 문제를 자세히 다룬다. 자신과 잭 도시가 함께 스퀘어리더를 창조하고 구현하는 과정에서 자원 활용력의 다양한 요소를 어떻게 효과적으로 적용했는지 보여준다.
2. 짐 매켈비의 《언카피어블》을 참고하라.
3. 신속한 프로토타이핑과 시장 테스트와 관련하여 유용한 자료가 많다. 에릭 리스(Eric Ries)의 《린 스타트업》, 스티브 블랭크(Steve Blank)의 《통찰로 가는 네 가지 단계: 승리하는 상품을 위한 성공 전략(The Four Steps to the Epiphany: Successful Strategies for Products That Win)》(Wiley, 2020) 등을 참고하라.

10

1. 〈과학: 그것을 이루려는 의지(Science: The Will to Do It)〉(Time, June 27, 1977, https://content.time.com/time/subscriber/article/0,33 009,915108-1,00.html)를 참고하라.

찾아보기

A-Z

김위찬 교수와 르네 마보안 교수는 인시아드에서 전략학을 가르치고 있다. 프랑스의 퐁텐블로Fontainebleau에 있는 인시아드 블루오션전략연구소의 공동 디렉터이기도 하다.

그들은 세계적 베스트셀러인 《블루오션 전략》의 공동 저자다. 이 책은 전 세계 47개국에서 400만 부 이상 팔리며 역사상 가장 상징적이고 영향력 있는 전략서 가운데 하나로 인정받고 있다. 또 다른 저작 《블루오션 시프트》는 〈뉴욕타임스〉, 〈월스트리트저널〉(1위), 〈USA투데이〉, 〈로스앤젤레스타임스〉 등에서 베스트셀러에 올랐다. 《블루오션 전략》과 《블루오션 시프트》의 교육 자료는 현재 전 세계 3,000여 개 대학이 채택하고 있다.

두 사람은 최고 권위의 학술지와 경영저널에 많은 논문을 발표해왔다. 중요한 것만 보면 〈경영아카데미저널Academy of Management Journal〉, 〈경영과학Management Science〉, 〈조직과학Organization Science〉, 〈전략경영저널Strategic Management Journal〉, 〈계간관리과학Administrative Science Quarterly〉, 〈국제비즈니스연구저널Journal of International Business Studies〉, 〈하버드비즈니스리뷰Harvard Business Review〉, 〈MIT슬론경영리뷰MIT Sloan Management Review〉 등에 주로 논문을 실었다. 또 〈월스트리트저널〉, 〈뉴욕타임스〉, 〈파이낸셜타임스〉 등 세계 유수의 언론에도 글을 게재해왔다.

김위찬, 르네 마보안 교수는 학술 및 경영 부문에서 많은 상을 수상했다. 대표적인 것만 꼽아보면 '노벨스 컬로키아 상Nobels Colloquia Prize'의 비즈니스 및 경제 사상 부문 리더십 상을 수상했고, 경영컨설팅기업협회Association of Management Consulting Firms가 수여하는 '칼 S. 슬로언 상Carl S. Sloane Award'도 받았다. 〈패스트컴퍼니〉가 선정하는 리더십 명예의 전당에 올랐고, 국제경영학회가 최고의 오리지널 논문에 수여하는 '엘드리지 헤인즈 상Eldridge Haynes Prize'을 수상했다.

2019년 싱커스50Thinkers50은 그들을 '세계에서 가장 영향력 있는 경영사상가'로 선정했다. 2023년 〈하버드비즈니스리뷰〉는 100주년을 맞아 그들의 연구와 아이디어의 세계적인 영향력을 인정하며 '4대 경영사상가'로 뽑았다.

더 자세한 내용은 blueoceanstrategy.com 및 twitter.com/blueoceanstrategy에서 확인할 수 있다.

블루오션 창시자의 새로운 혁신 전략

비욘드 디스럽션, 파괴적 혁신을 넘어

제1판 1쇄 발행 | 2023년 7월 21일
제1판 4쇄 발행 | 2023년 10월 23일

지은이 | 김위찬, 르네 마보안
옮긴이 | 권영설
감수 | 김동재
펴낸이 | 김수언
펴낸곳 | 한국경제신문 한경BP
책임편집 | 윤효진
교정교열 | 공순례
저작권 | 백상아
홍보 | 서은실 · 이여진 · 박도현
마케팅 | 김규형 · 정우연
디자인 | 권석중
본문디자인 | 디자인 현

주소 | 서울특별시 중구 청파로 463
기획출판팀 | 02-3604-590, 584
영업마케팅팀 | 02-3604-595, 562   FAX | 02-3604-599
H | http://bp.hankyung.com   E | bp@hankyung.com
F | www.facebook.com/hankyungbp
등록 | 제 2-315(1967. 5. 15)

ISBN 978-89-475-4905-9   03320